22만 6천 편입합격생의 선택

김영편입 영어

독해

워크북 1단계

22만 6천 편입합격생의 선택

김영편입 영어 독해

워크북 1단계

PREFACE

편입영어시험을 준비하는 데 있어서 가장 필요한 것은 무엇일까요? 수험생이라면 누구나 기출문제라고 답할 것입니다. 기출문제는 내가 대학에 들어갈 수 있느냐 없느냐를 판가름하는 중요한 바로미터이기 때문입니다. 따라서 쉬운 문제부터 어려운 문제까지 실력을 차근차근 쌓아가는 것을 목표로 "김영편입 기출 시리즈"를 단계별로 제작하였습니다.

"그럼 워크북은 왜 필요할까요? 기출문제만 풀어도 충분하지 않을까요?" 이렇게 이야기하는 수험생들이 분명히 있을 것입니다. 그러나 기출문제는 편입하고자 하는 학교에서 요구하는 실력을 수험생이 갖추고 있는지를 확인하는 문제이므로, 반드시 알고 넘어가야 하는 문제이지, 대학에서 기출문제를 다음 시험에 '그대로' 다시 출제하지는 않습니다. 따라서 기출문제를 통해 기출 유형과 출제경향을 익혔다면 이를 토대로 출제된 예상문제를 풀어봄으로써 이론을 문제에 적용할 수 있는 훈련을 하여 유형이 바뀌더라도 틀리지 않고 풀 수 있는 실력을 쌓아야 시험에서 고득점을 획득할 수 있습니다.

이것이 바로 "김영편입 워크북 시리즈"를 제작하게 된 이유입니다. "기출 1단계"에서 쉬운 기출문제를 풀면서 기초 실력을 쌓을 수 있었다면, "워크북 1단계"에서는 이미 학습한 출제 포인트를 새로운 문제를 통해 다시 한 번 숙지하고 반복 학습할 수 있도록 제작했습니다.

"김영편입 워크북 시리즈"는 "김영편입 기출 시리즈"와 동일한 구성으로 단계별 학습이 가능하도록 만든 책입니다. 따라서 "기출 1단계"를 풀고 나서 "기출 2단계"로 바로 넘어가도 좋지만, "기출 2단계"로 가기에는 실력이 아직 부족하다면, 동일 난이도의 "워크북 1단계"로 실력을 다진 후 "기출 2단계"를 학습하시기 바랍니다.

"워크북 1단계"는 편입영어시험의 대표 유형인 문법, 논리, 독해의 3종으로 구성되어 있습니다. 문법의 경우 "기출 1단계"에서 일목요연하게 정리된 이론을 워크북 1단계에서 어떻게 응용해 출제될 수 있는지 확인할 수 있으며, 논리와 독해의 경우 "기출 1단계"를 풀며 습득한 문제풀이 스킬을 어떻게 다양한 문제에 적용해 볼 수 있는지를 체험할 수 있습니다.

문제를 많이 풀어보는 만큼 실력을 빠르게 쌓을 수 있는 방법은 없습니다. '스스로 학습할 수 있도록 제작된 책'이라는 워크북(workbook)의 사전적 의미처럼, "워크북 1단계"를 통해 기본 단계의 문제라면 혼자서도 거뜬히 풀어낼 수 있는 능력을 향상시키기를 바랍니다.

김영편입 컨텐츠평가연구소

HOW TO STUDY

편입 독해 이렇게 출제된다!

- 독해는 편입시험에서 가장 출제 비중이 높은 영역입니다. 특히 상위권 대학의 경우 중·장문의 독해지문을 출제하는 비중이 증가하는 추세입니다.
- 문제의 유형을 살펴보면 제목, 주제·요지, 내용일치, 내용추론, 지시대상, 부분이해, 문장배열, 문장삽입, 빈칸완성 등 다양한 유형이 골고루 출제되고 있습니다. 특히 제목, 주제·요지, 내용일치, 내용추론, 빈칸완성의 출제 비중이 높은 편이므로 이들 유형에 대한 확실한 대비가 필요합니다.
- 지문의 내용을 살펴보면 시사적인 지문보다는 역사, 교육, 심리, 문화, 예술, 의학, 과학 등 학술적인 지문이 많이 출제됩니다. 그러나 그 해의 주요 이슈들은 독해지문으로 출제되는 경우가 많으므로 평소 시사분야에도 관심을 가질 필요가 있습니다.

이렇게 대비해라!

- 독해 학습의 기본은 정확한 문장 분석입니다. 문장의 구조를 파악하고 주어와 동사를 찾아내어 글 전체 내용을 이해하고 추론하는 능력을 기르는 것이 중요합니다.
- 각 대학의 연도별 기출문제를 분석해보면 문제의 유형과 난이도가 거의 유사함을 알 수 있습니다. 따라서 기출문제를 통해 유형과 난이도에 익숙해지는 훈련을 하는 것이 효과적입니다. 또한 목표한 대학의 최근 3~5년간의 기출문제는 필히 풀어보고 철저히 분석해야 합니다.
- 기출문제로 문제의 유형을 충분히 익히고 난 후엔 다양한 실전형 지문으로 훈련을 계속 이어가야 합니다. 독해는 무조건 많은 지문을 학습하는 것이 중요합니다. 또한 다양한 분야의 글을 골고루 학습하면서 배경지식을 함께 늘려가는 것이 필요합니다. 빈출 주제의 경우 배경지식과 핵심 어휘를 함께 익혀두는 것도 고득점을 얻는 데 도움이 될 수 있습니다.

이 책은 이렇게 구성했다!

- 본 교재는 "기출 1단계"와 동일한 구성과 난이도로 제작된 책으로, 최신 기출유형이 반영된 초·중급 난이도의 예상문제를 10가지 유형별로 분류해 구성하였습니다. 따라서 "기출 1단계"에서 학습한 빈출 유형 10가지를 반복 학습하고 기본기를 확실히 다질 수 있도록 했습니다.
- 독해는 가능한 한 최신 지문으로 훈련하는 것이 좋습니다. 이에 본 교재는 단문과 중문 위주의 최근 이슈를 다룬 다양한 지문들을 엄선해 수록했습니다.

실전 문제 TEST

- "기출 1단계"에서 학습한 시험에 자주 출제되는 유형 10가지를 이와 동일한 유형과 난이도로 출제된 실전 문제를 통해 그 유형을 다시 한 번 확인하고 반복 학습할 수 있도록 했습니다.
- 출제 빈도에 따라 각 유형별 지문수를 다르게 구성하였으며, 지문의 내용은 다양한 분야에서 골고루 선정되었습니다.

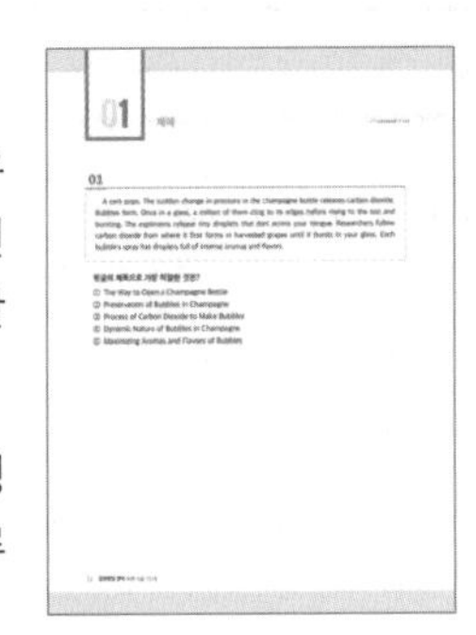

정답과 해설 ANSWERS & TRANSLATION

- 지문 해석은 영문과 우리말 문장을 대조하며 학습할 수 있도록 직역하는 것을 원칙으로 했습니다. 그러면서도 맥락을 이해하는 데 부족함이 없도록 적절히 균형을 잡았습니다.
- 독해를 통한 어휘력 확장은 효과적인 영어 학습법입니다. 본 해설에서는 각 지문을 통해 익힐 수 있는 편입 기본 수준의 어휘를 꼼꼼히 정리했습니다.

CONTENTS

문제편

해설편

교재의 내용에 오류가 있나요?

www.kimyoung.co.kr ➡ 온라인 서점 ➡ 정오표 게시판

정오표에 반영되지 않은 새로운 오류가 있을 때에는 교재 오류신고 게시판에 글을 남겨주세요. 정성껏 답변해 드리겠습니다.

22만 6천 편입합격생의 선택

김영편입 영어 독해

워크북 1단계

01

제목

01 제목

▶▶▶ ANSWERS P.186

01

All industrial nations one day hit an environmental turning-point, an event that dramatizes to the population the ecological consequences of growth. In America that event occurred in 1969 when the Cuyahoga river in Ohio, thick with pollutants and bereft of fish, caught fire. America's Environmental Protection Agency was founded the next year. Strict environmental laws passed by Japan in the 1970s followed the realization that poisonous mercury spilled from a plastics factory was claiming thousands of lives around the bay of Minamata. The fetid smog that settled on Beijing in January 2013 joined the ranks of these game-changing environmental disruptions.

다음 글의 제목으로 가장 적절한 것을 고르시오.

① It never rains but it pours.
② Too much is as bad as too little.
③ Better late than never.
④ To lock the stable door after the horse is stolen.
⑤ Too many cooks spoil the broth.

02

Most people don't pay close attention to prices. Instead, they rely on cues to tell them that a product is being discounted. For instance, in supermarkets, signs with wordings such as "Best Buy" or "Low Price" placed near a product, or goods positioned at the end of an aisle, give the impression that a product is on sale. The supermarket then places a new price tag on top of the old, but it doesn't mean the product is on sale. If you look carefully, you might find that the price of the product hasn't changed. So it goes without saying that consumers should keep tabs on prices so they can spot a real bargain. It's advisable for consumers to compare prices in the market and take note of prices of different items.

What is the best title for the passage?

① Avoid Marketing Strategies
② Find Cues for Discount
③ Look at the Price Tag
④ Be Sure to Bargain the Prices

03

Although the other types of training are effective in the right contexts, there are unique benefits to positive reinforcement. People often find positive reinforcement easier to swallow than other methods of training, since it doesn't involve taking anything away or introducing a negative consequence. It's also much easier to encourage behaviors than to discourage them, making positive reinforcement a more powerful tool than punishment in most cases. Perhaps most important, positive reinforcement can simply be more effective, especially in the long term. Learning accompanied by positive feelings and associations is more likely to be remembered, even beyond the end of the reinforcement schedule.

Which of the following is the best title of the passage?

① Positive Reinforcement and Motivation
② Parenting with Positive Reinforcement
③ Tips for Using Positive Reinforcement
④ Effects of Positive Reinforcement on Learning
⑤ Benefits of Positive Reinforcement

04

Langage has two primary purposes, expression and communication. In its most primitive forms it differs little from some other forms of behavior. A man may express sorrow by sighing, or by saying 'alas!' or 'woe is me!' He may communicate by pointing or by saying 'look!'. Expression and communication are not necessarily separated; if you say 'look!' because you see a ghost, you may say it in a tone that expresses horror. This applies not only to elementary forms of language; in poetry, and especially in songs, emotion and information are conveyed by the same means. Music may be considered as a form of language in which emotion is divorced from information, while the telephone book gives information without emotion. But in ordinary speech both elements are usually present.

위 글의 제목으로 가장 적합한 것을 고르시오.

① Expression and Communication
② Emotion above Information
③ What You Convey with Words
④ Comparison between Language and Music

05

Gary Leon Ridgway, 54-year-old, was pleaded guilty for killing 48 women, making him the biggest serial killer in United States history. He showed no remorse even when he repeated "guilty" 48 times in front of the jury and family members in mourning.

Family members of the victims stood before the podium, mocking him and damning him for what he did. He sat there, emotionless, until a father of one of the women murdered stood up to the podium to offer a few unexpected words.

The father said, "Mr. Ridgway, there are people here that hate you. I'm not one of them. I forgive you for what you have done." Serial killer Gary Ridgway shed tears of remorse after being forgiven by a father of victim.

What is the best title of the passage?

① A Meek Apology
② The Power of Forgiveness
③ The Evil Serial Killer
④ Confessions of a Serial Killer

06

The world crackles with real and imaginary hazards, and distinguishing the former from the latter isn't easy. Should we be afraid that the Ebola virus, which is spread only by direct contact with bodily fluids, will mutate into an airborne superplague? The scientific consensus says that's extremely unlikely. But type "airborne Ebola" into an Internet search engine, and you'll enter a dystopia where this virus has almost supernatural powers, including the power to kill us all. In this bewildering world we have to decide what to believe and how to act on that. In principle that's what science is for. Science is not a body of facts. Science is a method for deciding whether what we choose to believe has a basis in the laws of nature or not. But the method doesn't come naturally to most of us. And so we run into doubts and confusions, again and again.

Which of the following is the best title for the passage?

① Hazards in the World

② A Spread of Superplague

③ The Advent of A Dystopia

④ Skepticism About Science

07

In 1920, fruit-flavored ice pops did not exist. This favorite summer treat was invented accidentally by a lemonade-mix salesperson. One cold night this salesperson left on the window sill a glass of lemonade with a spoon in it. In the morning, the lemonade had frozen solid, with the spoon forming a handle. It gave the salesperson the idea for selling frozen fruit ice on stick. Soon fruit-flavored ice pops were for sale everywhere. They became favorite treats for children.

In the 1930s, many people were unemployed and had little money. Even though frozen treats cost only five cents apiece, many people were so impoverished they could not afford them. The double ice pop — one ice pop with two sticks — was developed during this period to allow two children to share one five-cent treat.

What is the best title of the passage?

① The Background behind Releasing the Ice Pop

② Why the Ice Pop Sale Has Withered

③ Who Enjoyed the Double Ice Pop

④ The Recipe of Fruit-flavored Ice Pop

08

Growing stability in Europe in the late middle ages made possible extensive trade between East and West and within Europe itself. Italian city-states such as Venice and Genoa had trading ports in the eastern Mediterranean and the Black sea — trade that made these cities among the wealthiest cities in Europe. Most historians today generally agree that the plague was likely spread through Eurasia via these trade routes by parasites carried on the backs of rodents. The bacterium Yersinia pestis likely traveled from China to the northwestern shores of the Caspian Sea, then part of the Mongol Empire and by the spring of 1346, Italian merchants in the Crimea, specifically the Genoese-dominated city of Kaffa (today Feodosiya in the Ukraine) brought the disease west. Rats carrying infected fleas boarded ships bound for Constantinople (today Istanbul in Turkey), capital of the Byzantine Empire. Inhabitants there were sickened by the plague by early July.

Which of the following is the best title of the passage?

① The Plague Ending up Killing Europeans
② Trade Contributing to Spread of the Plague
③ Trade Routes That Italian Merchants Had Used
④ The Plague Turning the Economy Upside Down

09

Our fine arts were developed, their types and uses were established, in times very different from the present, by men whose power of action upon things was insignificant in comparison with ours. But the amazing growth of our techniques, the adaptability and precision they have attained, the ideas and habits they are creating, make it a certainty that profound changes are impending in the ancient craft of the Beautiful. In all the arts there is a physical component which can no longer be considered or treated as it used to be, which cannot remain unaffected by our modern knowledge and power. For the last twenty years neither matter nor space nor time has been what it was from time immemorial. We must expect great innovations to transform the entire technique of the arts, thereby affecting artistic invention itself and perhaps even bringing about an amazing change in our very notion of art.

Which is the best title for the passage?

① Great Transformation of Arts
② Adaptability of Fine Arts
③ Nature of Arts from Time Immemorial
④ Profound Certainty in the Notion of Art

10

To operate an airline, or any other appurtenance of modern civilization requires a high degree of accuracy, division of labor, and the synchronization of the efforts of many persons who must perform certain actions at a given time. These in turn presuppose the objectivity of knowledge and rationality of behavior, and an acceptance of discipline, foresight, organization and management. But these very qualities generate their opposites. It is a further paradox that new philosophies of subjectivity and irrationalism, revolts against form and demands for free expression, have been thought of as signs of modernity in the twentieth century. Organization restricts liberty, yet is necessary to modern life. It is not easy for man to adapt to the social environment that he has himself created to improve his condition. The paradox is as old as Rousseau, yet is felt increasing every day.

Which of the following is the best title for the passage?

① The Synchronization of Efforts
② The Paradox of Modernity
③ Philosophies of Subjectivity
④ Requirements for Civilization

11

Hard to prove, easy to join in on, and devastating in impact, ostracization is a favorite tactic of workplace aggressors. According to Kipling Williams, a Distinguished Professor of Psychology at Purdue University, "being excluded or ostracized is an invisible form of bullying that doesn't leave bruises, and therefore we often underestimate its impact." Social exclusion attacks the target's sense of belonging, breaks down her social network, and prevents the flow of information necessary for successfully completing projects and tasks. To make it even more appealing to the workplace bully, research shows that ostracization is contagious. The fear of social exclusion is so salient, most bystanders will adopt the behavior of the aggressor, ensuring their "in-group" membership, as opposed to risking possible retaliation for questioning group norms. Once a target is identified for exclusion, mass mobbing may follow, intensifying the pain and scope of the ostracization.

What is the best title of the passage?

① Tips to Manage Workplace Bullying
② Helping Targets Cope With Ostracization
③ Psychological Distress of Bullying Victims
④ Ostracism: the Silent Workplace Bullying

12

Parents seem to divert resources to the sex most likely to serve their fitness goals. Given that males typically are more variable in reproductive success (a loser male is likely to have zero fitness, whereas a winner may sire a huge number of offspring), parents are hypothesized to favor daughters when resources are scarce or when parents are of lower quality, and some when the converse is true. Parents may even manipulate the sex ratio of their offspring. The Trivers-Willard hypothesis for sex-ratio manipulation states that parents will benefit from having sons when resources are plentiful, and daughters when resources are scarce. This flows logically from the observation that daughters can typically make offspring even if they themselves are of relatively low quality. Sons, given their high-risk, high-reward status (whereby they produce zero-to-many offspring), would therefore be predicted in greater numbers from parents in good overall health.

다음 글의 제목으로 가장 적절한 것은?

① Parental Preference for Males
② Parental Favoritism of the Sexes
③ Gender Discrimination from a Biological Perspective
④ High-Risk and High-Reward in Breeding
⑤ The Investment Value of Female Offspring

13

Only when we come to Hesiod do we get a poetry that moves in the world of the peasant. This is not real folk poetry either — it is not a poetry that passes from mouth to mouth, nor such as could compete with bawdy anecdotes round the fire. Still its subjects, standards and ideals are those of the peasants — of people oppressed by the land-owning nobility. The historic significance of Hesiod's work is due to its being the very first literary expression of social tension and of class antagonism. It is true that it advocates conciliation, seeks to calm and console — the time of class warfare is still far off — but it is the first time that the voice of the working people is heard in literature, the first voice to speak up for social justice and against arbitrariness and violence. In short, a poet for the first time takes up a political and educational mission instead of the task which religion and court society had assigned to him, setting up to be a teacher, philosopher and champion of an oppressed class.

위 글의 제목으로 가장 적합한 것을 고르시오.

① Who Is Hesiod?

② Why Did Hesiod Write Folk Poetry?

③ The Significance of Hesiod's Work in the History of Literature

④ The Benefits and Drawbacks of Hesiod's Work

14

A French woman who underwent the world's first partial face transplant has died in hospital aged 49 after a long illness. Isabelle Dinoire, who lost her mouth and nose after a dog bite, made medical history in 2005 when she was given a partial face transplant using tissue from a brain-dead woman in a 15-hour operation at Amiens Picardie hospital. Dinoire died in April, Le Figaro revealed, which was confirmed by doctors in Amiens who said they had not previously announced her death to protect her family's privacy. Doctors did not reveal the exact cause of death. Le Figaro reported that Dinoire's body had rejected the transplant last year "and she had lost part of the use of her lips". The drugs that she had to take to prevent her body from rejecting the transplant left her vulnerable to cancer and two cancers had developed, the paper said.

Choose the best title of the passage.

① The Success of the World's First Partial Face Transplant
② The Adverse Effect of the World's First Partial Face Transplant
③ The Patient's Right to the Privacy of Medical Information
④ The Latest Dispute over Medical Malpractice
⑤ The Best Way to Prevent Medical Malpractice

15

In no animal communities do we find societies for propaganda purposes — for the prevention of cruelty or defence of research. Such societies are found only in human communities. They are so confined because man differs from all other animals in being endowed by Nature with feelings which render him sensitive to the sufferings — not only of his fellow men — but of his fellow creatures. If man was evolved from the brute, as the inquiries of a lifetime have convinced me to have been the case, how did he come by his power of conscious sympathy which no brute has? This special endowment came to him late in his evolutionary career — with the phenomenal increase of his brain — the organ of feeling as well as of thinking. His powers of sympathy primarily intended for the succor of his fellows, have, in recent times, been extended beyond the confines of the family or tribal circle, to include all animals which have entered into friendly association with him.

What is the best title of the passage?

① Animals: a Means to an End
② A Strategy for the Prevention of Cruelty
③ Conscious Sympathy as a Human Peculiarity
④ Humans' Superiority over Other Creatures

16

Charles Richter and his family left their Ohio farm in 1908 and headed for Los Angeles. In less than a year, they felt their first earthquake, which so impressed nine-year-old Richter that he ended up dedicating his life to earthquake research. After completing his education in Los Angeles area schools, Richter signed up at the University of Southern California, and a year later moved to northern California and attended Stanford University. He graduated from Stanford in 1920, then earned a Ph.D. in Physics from Caltech in Pasadena in 1928. While Richter was at Caltech, he was offered a job in the school's seismology lab where he and the lab's director, Dr. Beno Gutenberg, soon got busy on a new project that would keep track of southern California earthquakes. They divided the quakes into categories to which they gave numerical values called magnitudes. Using seismographs, Gutenberg and Richter in 1935 worked out a scale for measuring earthquakes. Today it is well known as the Richter scale.

What is the most suitable title for the passage?

① Life Changing Moment
② The Perilous Quake
③ Modern Conveniences
④ The Richter Scale
⑤ Master and Disciple

17

During the Spanish-American War of 1898, reporters, if anything, led cheers for the military. Throughout World War I, journalists considered themselves part of the war effort, not independent observers. This pattern of press and military cooperation continued through World War II.

But starting with the Korean War and then Vietnam, the press took an increasingly independent and critical view of the military. In Vietnam, more than 2,000 accredited reporters roamed freely throughout battle zones interviewing ordinary soldiers rather than relying on the often rosy picture of the war presented by the Pentagon. There were few incidents of news stories endangering U.S. troops or military operations. But negative press accounts fueled anti-war feelings back home.

When the war in Southeast Asia finally ended, many in the military blamed the press for "losing Vietnam." Some Pentagon officials resolved to restrict press coverage of future American wars. In 1983, the Pentagon barred all journalists from the initial invasion of Grenada. Then in 1989, the Pentagon selected a dozen reporters to cover the invasion of Panama and restricted them to an airport in Panama until nearly all fighting ended.

What is the best title of the passage?

① The Battlefield Press Rules
② The Press Control by the Military
③ Riffle Effects of Highly Sensitive Information
④ Justification for Military Censorship

18

When human rights crises break, Amnesty International aims to deploy staff to the scene to witness first-hand what is happening and expose violations. But sometimes security, diplomatic or administrative issues prevent us from doing so. That's when we turn to remote tools — including social media platforms — to monitor what is happening in a crisis in real time. All over the world, grassroots human rights defenders are taking huge risks to film videos of human rights violations and share them on the channels they know can amplify their voices the most — such as Facebook, YouTube and Twitter. These platforms were all built on the premise of democratizing information, promising a new marketplace for sharing ideas and building connections between individuals in diverse regions of the world. They lured in human rights defenders with a promise: "Put your content here, and the world will see what is happening in your community." So people posted photos and videos of the worst kinds of abuses — extrajudicial executions, barrel bombs, torture — providing some of the vital evidence we need to hold perpetrators to account. Human rights organizations responded and adapted to this new environment.

Which is the best title for the passage?

① Social Media: a Powerful Tool for Human Rights Defenders
② The Responsibilities of Social Media Platforms
③ Ways to Promote a Successful Human Rights Campaign
④ Privacy Concerns with Sharing Human Rights Violations
⑤ Challenges of Using Social Media in Troubled Regions

19

Researchers found that most people were unable to control the reaction, which provided a "strong indication of true feelings". They suggest that the body's natural defence mechanism against the cold could function as a type of "lie detector" for emotional reactions. Goosebumps frequently come after an "emotional climax" provoked by a "powerful" event or the "remarkable" actions of someone, the scientists found. The way a person's skin stood on end provided an insight into their fear, surprise, awe or admiration. The research, published in the journal *Motivation and Emotion*, concluded that while a person could lie about what they were feeling or thinking, goosebumps were not easily faked. "Certainly, people could lie about their feeling goosebumps to create a false impression," Prof Richard Smith, from the University of Kentucky, told *The Daily Telegraph*. "But often, they can use the fact of their, natural, un-faked feeling of goosebumps in reaction to someone as a way of communication of a special reaction." "We tend to think of goosebumps as usually resulting from cold or fear. But we suggest that goosebumps may often be a blend of fear, surprise and submission in reaction to a remarkable action performed by another person. The emotion of awe may be closest emotion label for this kind of experience."

What is the best title of the passage?

① Goosebumps Serving as an Emotional Signal

② Goosebumps, a Common Reaction to Cold

③ How to Control Your Goosebumps

④ Physical Responses of Goosebumps

20

Although immediate compliance may be a salient goal when parents initiate discipline, promoting the development of children's internal controls is more important to long-term socialization than immediate compliance. Moral internalization is defined as "taking over the values and attitudes of society as one's own so that socially acceptable behavior is motivated not by anticipation of external consequences but by intrinsic or internal factors" and it is thought to underlie the development of children's social and emotional competence. Children's internalization of morals is thought to be enhanced by parental discipline strategies that use minimal parental power, promote choice and autonomy, and provide explanations for desirable behaviors. Attribution theorists emphasize that power-assertive methods such as corporal punishment promote children's external attributions for their behavior and minimize their attributions to internal motivations. Additionally, corporal punishment may not facilitate moral internalization because it does not teach children the reasons for behaving correctly, does not involve communication of the effects of children's behaviors on others, and may teach children the desirability of not getting caught.

다음 글의 제목으로 가장 적절한 것을 고르시오.

① Children's External Attributions for Moral Behaviors
② Immediate Compliance for Parental Discipline Strategies
③ Corporal Punishment Facilitating Moral Internalization
④ Discipline Seen through Attribution Theory
⑤ Corporal Punishment Undesirable to Moral Internalization

22만 6천 편입합격생의 선택

김영편입 영어
독해

워크북 1 단계

02

주제·요지

02 주제·요지

▶▶▶ ANSWERS P.193

01

The prejudice can be expressed in various ways. Consider how a doctor reacted to an 82-year-old man who went to see him with the complaint that his left knee is stiff and painful. The physician examined it and then said, "Well, what you do expect? After all, it's an 82-year-old knee." The patient retorted, "Sure it is. But my right knee is also 82, and it's not bothering me a bit." In fact, age prejudice, with its underlying stereotype of older people as frail or weak, as shown by that doctor, has become so ingrained in many people's thinking that they are unaware of its existence.

Which of the following is the main idea of the passage?

① Most doctors are providing too much care to elderly patients.
② Physical capacity inevitably declines with age.
③ Older people are victimized by prejudice due to their age.
④ Many patients are not getting the medical treatment they need.

02

The intelligent doctor listens carefully to patients' complaints before diagnosing the cause of their illnesses. Investment counselors listen to clients' accounts of how they currently manage their financial portfolios before suggesting any changes. The good car salesperson listens to customers' comments on what they are looking for in a vehicle before showing them around the lot. Assembly-line workers and construction workers have to listen to and master safety regulations if the company or crew is to remain accident free. The wise manager listens to subordinates' concerns and ideas before moving forward with some bold, potentially costly venture.

Which of the following is the main idea of the passage?

① It is important to be a good listener no matter what you do for a living.
② Many people assume they are good listeners; few actually are.
③ Subordinates use a variety of techniques to get their managers to listen to them.
④ Good listening is an active process and a skill that must be learned.

03

When most people talk about "war," they think of tanks driving across the desert, planes dropping bombs, ships clashing at sea, and soldiers going toe to toe against each other. But at least as important, people need to recognize the strategic power of words. Our enemies certainly do; they recruit followers and inspire terrorists using words via social media on forums such as Facebook and Twitter, sending their messages of hate across the Internet, which they also use to communicate with their legions of followers, including "sleepers" in our country. Ideas, and the words that express them, are very much a part of war, but we have deliberately deprived ourselves of using them.

What is the main topic of the passage?

① The Conventional War at Risk
② The Kaleidoscope of Modern War
③ The Result of Sowing the Hatred
④ The Hotbed of Future Terrorists
⑤ The Strategic Value of Words

04

Let's say you think you are unattractive and "no one's going to be interested in me, so why bother to go to the party?" Because you've predetermined that no one will find you attractive, when someone does show interest in you, you aren't flattered — you actually feel worse. Why? Because you "know" that "it's just polite interest" or "someone else put him up to it" or "it's a waste of time because it can't really go anywhere," or you find some other excuse to cut the interaction short. By not engaging, you stand no chance of developing a relationship that would contradict your original belief. It would generate cognitive dissonance to believe no one will find you interesting and then have someone express genuine interest in you. So, you twist the facts and conclude that any display of interest must be phony.

위 글의 요지로 가장 알맞은 것을 고르시오.

① Depressing thoughts are contagious.
② Dishonest behavior leads to a shallow relationship.
③ Self-protective behavior is necessary for a relationship.
④ How you view yourself determines your frame of references.

05

Studies have found that fans of any fictional enterprise (not just books but TV series too) can feel real grief when a favorite character dies. The friendship is imaginary, but the emotional attachment is real — and it can have real-life implications. A 2012 study at the Ohio State University had registered undergraduates read different versions of a story in which the protagonist overcomes challenges in order to vote — like car troubles, bad weather and long lines. Those who read a version that led them to identify strongly with the character were more likely to vote in the real election a few days later — 65% of them said they voted, compared with 29% who read a less relatable version of the story.

Which of the following best describes the main idea of the passage?

① Any forms of fiction can make the reader feel like committing copycat suicide.
② The reader of fiction can have an imaginary friendship with the character.
③ Reading fiction can give the reader an actual social bond with the character.
④ What version of a story the voters read can affect their likelihood of voting.
⑤ The election results can depend on the readership of fiction in the constituency.

06

Few babies born to HIV-infected mothers carry the disease in utero, even though HIV is blood-borne virus and there is a constant flow of blood through the umbilical cord that could infect the growing fetus. As genetic testing has demonstrated, this is because the human fetal immune system may develop separately from the adult immune system, and it may provide a measure of protection. When exposed to foreign cells, immune cells "activate" to become T-cells, which defend the organism. Fetal T-cells seem to be more tolerant of HIV and do not cause the reactions typically seen in HIV infection; these cells recognize the foreign cells but do not fight them, and the virus is not stimulated to destroy the T-cells, as happens when an individual has full-blown AIDS.

What is the main idea of the passage?

① Pregnant women with HIV need to receive prenatal care in an effort to avoid transmitting HIV to the baby.

② The reason few fetuses contract HIV from infected mothers is that their mother's T-cells protect them.

③ Foreign cells cannot enter fetuses' bloodstreams as easily as they can enter the bloodstreams of adults.

④ Fetuses rarely contract HIV in utero because the fetal immune system operates differently than the adult system.

07

The global decline in bee populations poses a serious threat to a wide variety of plants critical to human well-being and livelihoods, and countries should do more to safeguard our key allies in the fight against hunger and malnutrition. Bees and other pollinators are declining in abundance in many parts of the world largely due to intensive farming practices, mono-cropping, excessive use of agricultural chemicals and higher temperatures associated with climate change, affecting not only crop yields but also nutrition. If this trend continues, nutritious crops such as fruits, nuts, and many vegetables will be substituted increasingly by staple crops like rice, corn, and potatoes, eventually resulting in an imbalanced diet.

Which of the following is the topic of the passage?

① Countries need to shift to more sustainable food policies and systems.

② Bees provide the important ecosystem service of ensuring pollination.

③ Declining bee populations pose a threat to global food security and nutrition.

④ Now is a time to re-think how we relate to nature and pollinators.

⑤ Pollinator-dependent food products contribute to healthy diets and nutrition.

08

The Bengal Renaissance was during the late 19th- to early 20th-century, when you had a collision of British and Bengali culture. The Renaissance man was Rabindranath Tagore, an essayist, dramatist and activist, but best known as a poet and the first non-Westerner to win the Nobel Prize for literature. You also had scientists like the physiologist and physicist Chandra Bose. More books were published in Calcutta at that time than any city in the world, except London. It is surprising because today we think of Calcutta, now called Kolkata, as the epitome of Third World deprivation and poverty. But for a while it was a place of genius. The lesson of Calcutta is the importance of chaos and the collision of cultures. Chaos can spark your imagination; get you thinking in new directions.

What is the main idea of the passage?

① The chaotic cultural conditions help create geniuses.

② Residents of India's most benighted city struggled to eke out a living.

③ People have a picture of geniuses toiling away in their labs.

④ The Renaissance man is a case of a black hen laying white eggs.

09

If we are to have a humane society anywhere in the world, we shall have to rid ourselves of much of the competitiveness that dominates our every action and decision. On the world scene the dominant, overriding fact is the misery of 75 percent of the world's people as the few luxuriate in affluence. Greater cooperation is the only possible answer to the perils that lie ahead in this explosive contrast. In our own society we are just beginning to face the hard fact that some of us will have to accept less in goods and services if all of us are to have the chance for a reasonable existence. As the energy crisis and environmental problems force themselves upon us in the years ahead, the ethic of competitiveness as productive of the greatest good for the greatest number will come increasingly into question.

Which of the following best describes the main idea of the passage?

① The necessity of competitiveness will become more and more evident.
② The well-to-do must learn to do without some of what they are using.
③ The less competition and more cooperation will bring a humane society.
④ The total income of a nation must be equally distributed to all its people.
⑤ The greatest good for the greatest number increases competitiveness.

10

New sensors, from humdrum dashboard cameras to satellites, are examining the planet and its people as never before. Hobbyists and experts are using information from these resources to solve riddles and unearth misdeeds with astonishing speed. Satellite imagery is being used to document ethnic cleansing in Myanmar. Photographs are yielding geographical clues that help stop the trafficking of children. Nanosatellites are tracking boats that fish illegally. States can be humbled — open-source intelligence proved that Russia shot down a Malaysian airline over Ukraine in 2014 and provided evidence of the scale of China's internment of the Uyghurs. The decentralised and egalitarian nature of open-source intelligence erodes the power of traditional arbiters of truth and falsehood, in particular of governments and their spies and soldiers. For those who believe that secrecy can too easily be abused by people in power, that is good news.

Which of the following is the main idea of the passage?

① Open-source intelligence is a welcome threat to malefactors and governments with something to hide.

② Authoritarian states are reluctant to commit illegal acts for the fear of disclosing their hidden information.

③ The raw information from open-source intelligence can be abused by people in power.

④ Illegal data collection by foreign intelligence agency is considered espionage in most countries.

11

Growing up on an orchard on the outskirts of Sydney was filled with adventure and hard work. I was always outside working, playing or swimming in the river. Ultimately, I became covered in freckles. When I was 17, I moved to Bondi and discovered surfing. It soon became my passion; however, I was forever sunburnt. When commuting to work, I always had a copy of my favorite magazine on hand. An article I read in 1977 was about a type of skin cancer called a melanoma. Back then this was a new word. The article was informative about the dangers and showed pictures of various types of melanomas. I knew instantly I had one on my thigh. When the train arrived at Wynyard, I went straight to my doctor. A few days later I was in hospital having surgery. Months later, after many tests, I realized I was lucky to be alive. To this day I feel eternally grateful to the magazine. I still find it a great read and full of information.

Which of the following is the best topic of the passage?

① the insidious, cumulative nature of skin cancer
② the life-saving benefit from a magazine article
③ the importance of early detection of cancer
④ the longevity of a magazine full of information

12

Most of us know it's bad to go food shopping on an empty stomach. We think it's because we buy more food when we're hungry, but in our studies, starving shoppers buy the exact same amount of food as full shoppers. They don't buy more, but they buy worse. When we're hungry, we buy things that are convenient to eat right away and stop our cravings, such as biscuits, chips or sweet things. Our imagination is the problem. Hunger leads us to dream about what a food would feel like in our mouth if we were eating it. So we tested whether chewing gum could interrupt these cravings, making it too hard to imagine the sensory details of crunchy chips or creamy ice-cream. A colleague and I gave gum to food shoppers at the start of their shopping trips; at the end, they rated themselves as less hungry and tempted by food. In another study, shoppers bought 7% less junk food than those who weren't chewing gum.

Which of the following best describes the main idea of the passage?

① It is advisable that we not go shopping for food when we are hungry.
② It is a myth that the hungrier we are, the more food we purchase.
③ When we are hungry, we buy more junk food to stop cravings for food.
④ Hunger gets us to imagine the feeling of eating food and to crave for food.
⑤ Gum is the first thing to buy if we are to shop for food when hungry.

13

Does everyone who lives in the same time zone have the exact same chronotype? No. Some people are early birds, some are night owls, and other people are somewhere in between, but the overall variation is only a few hours on either end. If you can't honor your chronotype's ideal sleep schedule (our modern world favors early birds) or you push your natural tendencies too far (night owls who stay up until the wee hours), your central clock may become desynchronized.

Regardless of your chronotype, late dinners or midnight snacks alter your fasting cycle and misalign your peripheral clocks — especially if you partake of sugar and refined carbohydrates. Skipping breakfast has a similar effect. This may be one reason why eating a bigger breakfast and a smaller dinner has been linked to healthier blood sugar and cholesterol levels, and less weight gain. Clock desynchronization — or lack of sleep for any reason — lowers levels of leptin, the hormone that helps suppress hunger, which can lead to overeating.

What is the main idea of the passage?

① Levels of leptin play a role in body weight regulation by suppressing appetite.

② Early birds are predisposed to be most active mentally and physically during the day time.

③ A healthy diet and regular sleep are essential to keep your body synchronized.

④ For night owls, midnight snacks are generally safe when taken in the right amount.

14

New Yorkers today likely walk by Manhattan's Postal Telegraph Building at 253 Broadway without a second thought. But it was there, in 1893, that inventor Frank Sprague deployed the first bank of electric elevators, fueling the rise of the vertical city. Before then, cities were squat, limited in height by people's willingness to climb stairs. Electric elevators allowed cities to house more people on less land than ever before. The world's cities now contain more than half the global population but cover less than 3% of its land. Since Sprague's days, New York City has grown a forest of skyscrapers. In 2017, a group of economists estimated that the city's land — just the land, not the buildings — was worth about $2.5 trillion. This number comes from what can be built on it or, rather, above it. Without electric elevators, all that space would be nothing but thin air.

This passage is mainly about ______.

① what an inventor owes to New York
② what elevators mean to life in New York
③ how efficiently land is used by New Yorkers
④ how New York has changed since 1893
⑤ how elevators have shaped New York

15

The 16-year-old schoolgirl dreamed of a profession studying wildlife in Africa, but the school's career counsellor was horrified at this impractical idea. She thought taking pictures of people's pets would really make a nice little career. But Jane's mother said, "If you really want something, you work hard enough, you take advantage of opportunities, you never give up and you will find a way." Never giving up meant travelling to the other side of the earth and physical hardship in the mountains of Tanzania. And it meant surviving a raid in which rebels captured people who worked with her and held them for ransom. All survived, and so did Jane Goodall's dream. Her research documented the complex social behavior of chimpanzees — animals that greet one another with a kiss or a hug, and make and use tools. Dr. Jane Goodall became known around the world, and she changed the way we think about these remarkable creatures, all by going ahead with the impractical.

Which of the following best describes the main idea of the passage?

① A woman scholar's field work called much attention to wildlife.

② Apes are not different from human beings in their social behavior.

③ A mother's personal connections made her daughter a famous scholar.

④ A woman scholar achieved her dream by not giving it up to the end.

16

As you get older, your medicine cabinet can begin to resemble a pharmacy. But today, many researchers are asking: do you — or do many people 55 and older — really need quite so many medications? Professor Sarah Hilmer, a geriatric pharmacologist who works at Royal North Shore Hospital in Sydney, says that there are two issues: medicines work differently in our bodies as we age — as we get older, our bodies generally have less muscle and more fat, we often shrink in size and our liver and kidneys don't work so well, so we often don't need the same dose as we did when we were younger. "Also, we're more likely to develop multiple diseases, each of which requires drugs that then might interact with each other," she says. Or the medication might not be right for you at all. Too often, doctors either don't follow up to ensure that prescriptions are well-tolerated, or continue to refill old prescriptions without considering whether those drugs are still necessary.

다음 글의 주제로 가장 적절한 것은?

① the increasing drug resistance caused by ageing
② the problem of over-prescribing for older people
③ older people's habit of hoarding leftover medications
④ instructions for the elderly patients' medication use
⑤ the effects of overdosing on the aging process

17

Time and again, social groups organized along ethnic, cultural, and religious lines have savaged other groups. Nazi Germany's gas chambers extinguished millions of Jews, and Rwandan Hutus wielding machetes slaughtered several hundred thousand Tutsis, and Islamic State terrorists massacred Iraq's Yazidis — virtually every part of the world appears to have witnessed a genocide.

Many of the perpetrators remain untouched by remorse, not because they are incapable of feeling it — as is the case with psychopathic killers — but because they find ways to rationalize the killings. James Waller, a genocide scholar, says he got a glimpse of this "incredible capacity of the human mind to make sense of and to justify the worst of actions" when he interviewed dozens of Hutu men convicted of slaughtering Tutsis. Some of them had axed children to death. Their rationale, according to Waller, was: "If I didn't do this, those children would have grown up to come back to kill me. This was something that was a necessity for my people to be safe, for my people to survive."

Which of the following is the passage mainly about?

① self-defense as a rationale for genocide

② how to prevent mass murders

③ the ghastly details of genocide

④ no justification for mass murders

18

It is easy to be aware of all the bad things happening in the world. It's harder to know about the good things: billions of improvements that are never reported. Don't misunderstand me. I'm not talking about some trivial positive news to supposedly balance out the negative. I'm talking about fundamental improvements that are world-changing but are too slow, too fragmented, or too small one-by-one to ever qualify as news. I'm talking about the secret silent miracle of human progress. The basic facts about the world's progress are so little known that I get invited to talk about them at conferences and corporate meetings all over the world. They sometimes call my lectures "inspirational," and many people say they also have a comforting effect. That was never my intention. But it's logical. What I show is mostly just official UN data. As long as people have a world view that is so much more negative than reality, pure statistics can make them feel more positive. It is comforting, as well as inspiring, to learn that the world is much better than you think. A new kind of happy pill, completely free online!

Which of the following best describes the main idea of the passage?

① News reports are biased towards highlighting the bad things in the world.
② What changes the world is not positive news but fundamental improvements.
③ People know much about the human progress going on in silence.
④ As statistics shows, the world is much better than people think.
⑤ Online communities attract users with free tips for happiness in daily life.

19

The task of describing mathematically the motion of a projectile is made easier by separating out the force of gravity, angle of projection and initial velocity. After such analysis it is possible to formulate a suitable theory of motion. Reductionism can refer to one of several philosophical positions related to this approach. One type of reductionism is the belief that all fields of study are ultimately amenable to scientific explanation. Perhaps a historical event might be explained in sociological and psychological terms, which in turn might be described in terms of human physiology, which in turn might be described in terms of chemistry and physics. Daniel Dennett invented the term greedy reductionism to describe the assumption that such reductionism was possible. He claims that it is just 'bad science', seeking to find explanations which are appealing or eloquent, rather than those that are of use in predicting natural phenomena. He also says, "there is no such thing as philosophy-free science; there is only science whose philosophical baggage is taken on board without examination."

위 글의 요지로 가장 적합한 것을 고르시오.

① All natural and human phenomena can reveal their own essence through analytical methods.
② Greedy reductionism is making the scientific community sick.
③ Analysis is essential in science, but excessive reductionism can make science forget its original purpose.
④ Despite the claims of science, there is no science free from philosophy.

20

Newton, of course, did not stand alone. He was the greatest of many men who were in those times building the foundations of modern science, but he was not the only one. The spirit of experimental science was in the air: Newton was the supreme figure of an intellectual movement then in progress. Great men do not occur in mental and spiritual isolation from their times. Michelangelo, supreme of the Florentine artists of the Renaissance, worked in a period when there was a mighty flowering of art in Italy, when artists of genius abounded there. Shakespeare is the greatest dramatist, but in the Elizabethan age when he flourished the stage was a center of lively interest and activity for men of action and writers alike, and there were dozens of lesser playwrights, some of them second only to Shakespeare. Men of all classes loved plays and poetry. The age of Beethoven was an age of great music: he was mightiest among many great musicians who were passionately active at his time.

Which of the following best describes the main idea of the passage?

① Great men tend to be superb in creativity in their own field.
② Great men all work in close relationships with their peers.
③ There is no great man but makes some contribution to society.
④ Achievement is the criterion by which a great man is evaluated.
⑤ There is no barrier which keeps great men away from the public.

22만 6천 편입합격생의 선택

김영편입 영어 독해

워크북 1단계

03

내용일치·내용파악

03 내용일치·내용파악

▶▶▶ ANSWERS P.201

01

Freezing weather can mean frostbite unless a person is prepared. Frostbite is damage that happens when skin is exposed to extreme cold for too long. It mainly happens on the hands, feet, nose and ears. People with minor cases of frostbite that affect only the skin may not suffer any permanent damage. But if deeper tissue is affected, a person is likely to feel pain every time the area gets cold. If blood vessels are damaged, people can suffer a gangrene infection. Sometimes the only way doctors can treat an injury like this is to remove frostbitten areas like fingers and toes.

Which of the following is true according to the passage?

① When people suffer a gangrene infection, the infected area heals itself.
② When deeper tissue is affected by frostbite, people suffer from the permanent pain.
③ When patients suffer from the frostbitten areas, doctors can always recover the areas.
④ When a person is not ready for cold weather, he or she may suffer from frostbite.

02

The beluga, or white whale, is one of the smallest species of whale. Their distinctive color and prominent foreheads make them easily identifiable. Unlike most other whales, the beluga has a very flexible neck that enables it to nod and turn its head in all directions. Belugas generally live together in small groups known as pods. They are social animals and very vocal communicators. They use a diversified language of clicks, whistles, and clangs. Belugas can also copy a variety of other sounds. Belugas feed on fish, crustaceans, and worms.

Which of the following is not mentioned about the beluga?

① living together in pods of a few
② using sounds for communication
③ the ability to rotate its head freely
④ its mimicking human speech

03

The English poet Percy Bysshe Shelley wrote *The Masque of Anarchy* in response to a massacre of innocent civilians at a political rally. In the poem, he calls on people to gather in opposition to those in power. But he also advises people not to fight back against violent attempts to repress them. By remaining passive, he claims, people can shame those who protect the powerful, such as cavalry responsible for the massacre. This shame, he says, will force the army to abandon its leaders and thereby initiate a radical change to the power structure of society.

According to the passage, which of the following is true about *The Masque of Anarchy*?

① It promotes armed resistance to repressive governments backed by the army.
② It urges people to lobby powerful political leaders to reform the military.
③ It advocates using passive resistance to oppression to overthrow the powerful.
④ It asserts that oppressive leaders are shamed when the military attacks civilians.

04

The popular understanding of DNA as a blueprint for organisms, with a one-to-one correspondence between genes and traits (called phenotypes), is the legacy of the early history of genetics. The term "gene" was coined in 1909 to refer to abstract units of inheritance, predating the discovery of DNA by forty years. Biologists came to think of genes like beads on a string that lined up neatly into chromosomes, with each gene determining a single phenotype. But, while some genes do correspond to traits in a straightforward way, as in eye color or blood group, most phenotypes are far more complex, set in motion by many different genes as well as by the environment in which the organism lives.

다음 글의 내용과 일치하는 것을 고르시오.

① DNA was discovered before the word "gene" was invented.
② Some traits are the outcome of the interaction among several genes.
③ Traits are not affected by an outside factor such as the environment.
④ Early genetics understood complex correspondence between genes and traits.

05

Flaws in technology are not the only reason we have such an insecure internet. Another important reason — maybe even the main reason — is that the internet's most powerful architects have manipulated the network to make it serve their own interests. Everyone wants you to have security, except from them. Google is willing to give you security, as long as it can surveil you and use the information it collects to sell ads. Facebook offers you a similar deal: a secure social network, as long as it can monitor everything you do for marketing purposes. Harvard Business School professor Shoshana Zuboff calls this "surveillance capitalism," and it's the business model of the internet.

Select the statement which is the most consistent with the passage.

① Technological flaws have never made the internet security vulnerable.
② You cannot be well informed of the internet security problem.
③ Ours is such an age of surveillance that we internalize the surveillance without question.
④ An insecure internet is actually in some tech companies' best interests.

06

Alexander Pope's version of *The Iliad* — Homer's Greek epic poem — was drafted on scraps of paper, often using the backs of his letters and notes. As the poem takes shape on one side, the letters on the other side give us a glimpse of Pope's personal life as an ambitious young writer. He forms literary alliances and fends off rivalries at the coffee houses of London, and negotiates his precarious role as a Catholic in Protestant Britain. Pope laboured on this English translation for over six years, and published it, by subscription, in six parts between 1715 and 1720. Ultimately, it earned Pope the grand sum of £5,000 and allowed him to live on his own means as a professional author.

According to the passage, which of the following is not true about Alexander Pope?

① Through the letters he wrote, readers today peek into Pope's personal life.
② He might have been discriminated against being a Catholic in Protestant Britain.
③ His version of *The Iliad* enabled him to earn enough income to concentrate on his writing.
④ He directed his attention to earn more money from subscribers for the translation work.

07

Say what you will about the deprivations of early humanity, but one of the distinct benefits was that time truly was irrelevant. There was no need to know what the time was and no obligation to get up to do much other than experience the day and dodge another sabre-toothed tiger. As humans became more sophisticated, the need for an early wake-up call became more important. Ancient Greek philosopher Plato was renowned for his legendary dawn lectures in the 4th century BCE, when water clocks were the time keepers *de jour*. Plato's water clock had the added feature of a chime set to get off once in the early evening and once at dawn. Handy for Plato, although how his lecture attendees managed to get there on time is anyone's guess.

Select the statement MOST consistent with the following passage.

① Primitive humans led a safe and carefree life despite the deprivations in every aspect of their material life.
② Early humans felt no need for keeping track of time during the day because of their primitive simple lifestyle.
③ The Greek water clock was a brainchild of philosopher Plato, who allegedly used to have his lectures at dawn.
④ It is beyond doubt that Plato's pupils could be punctual for his lectures with the help of the time keepers.

08

There is nothing wrong with a traffic law which says you have to stop for a red light. But when a fire is raging, the fire truck goes right through the red light, and normal traffic had better get out of its way. Or, when a man is bleeding to death, the ambulance goes through those red lights at top speed. There is a fire raging now for the negroes and the poor of this society. They are living in tragic conditions because of the terrible economic injustices that keep them locked in as an "underclass," as the sociologists are now calling it. Disinherited people all over the world are bleeding to death from deep social and economic wounds. They need brigades of ambulance drivers who will have to ignore red lights of the present system until the emergency is solved.

Which of the following is NOT true according to the passage?

① Fire truck drivers and ambulance drivers can ignore a red light at times of emergency.

② Fires and medical emergencies are more likely to occur in the poor and black neighborhoods.

③ The negroes and the poor of this society are suffering from terrible economic injustices.

④ The underprivileged of this society are requiring immediate social and economic assistance.

09

When Gerald Ford, the thirty-eighth president of the U.S., came to office, he was fond of emphasizing his resemblance to one of his famous predecessors, Harry S. Truman. Like Ford, Truman had been a vice president who became president only by chance. Truman took over when Franklin Roosevelt died in office, a circumstance that resembled Ford's own ascent to the presidency when Richard Nixon resigned from office. Truman, like Ford, was not an intellectual, and he tended to exaggerate his lack of learning, insisting that he was just a simple man with simple tastes. Ford also liked to emphasize that both he and Truman came to office at a difficult time. Truman led the nation during the final months of World War II, and Ford entered office after the nation had been faced with the Watergate scandals.

Which of the following is true according to the passage?

① Gerald Ford thought that it was possible to contrast him with his predecessor, Harry S. Truman.

② Both Truman and Ford were vice presidents before becoming presidents but both presidents were not acclaimed.

③ Gerald Ford, like Harry S. Truman, entered office accidentally after the predecessor died during presidency.

④ Neither Truman nor Ford ascended to presidency by winning the presidential election.

10

Joyce's *Ulysses* and T. S. Eliot's *The Waste Land* appear simultaneously, in the year 1922, and strike the two keynotes of the new literature; the one work moves in an expressionistic and surrealistic, the other in a symbolistic and formalistic direction. The intellectualistic approach is common to both, but Eliot's art springs from the "experience of culture", Joyce's from the "experience of pure, prime existence". In one case historical culture, intellectual tradition and the legacy of ideas and forms is the source of inspiration, in the other the direct facts of life and the problems of human existence. With T. S. Eliot and Paul Valéry the primary foundation is always an idea, a thought, a problem, with Joyce and Kafka an irrational experience, a vision, a metaphysical or mythological image.

Which of the following is NOT true according to the passage?

① Both Joyce's *Ulysses* and T. S. Eliot's *The Waste Land* had a huge impact on the new literature.
② Joyce must have written his masterpiece *Ulysses* in expressionist style.
③ T. S. Eliot's *The Waste Land* must have been created under the influence of symbolism.
④ Unlike T. S. Eliot's *The Waste Land*, Joyce's *Ulysses* did not take intellectualistic approach.
⑤ Joyce and Kafka preferred a metaphysical or mythological image to a profound idea.

11

Deficits often lead to debts. When you spend more than you have, you have no other option but to borrow from someone. This happens to governments, as well. When a government runs a deficit, it adds to its long-term debt. For instance, suppose the government of Sri Lanka has a 200 million budget deficit one year, so it borrows money to pay for its budget deficit. But the next year, the government runs another deficit of 100 million and borrows again. Now the government has accumulated a debt of 300 million. But just like everyone else, governments also have to pay both amount of the loan and the interest. Therefore, the government will have to pay 300 million and the interest. The final payment will depend on the interest rate. If the government wants to repay the debt, first, it will have to stop running a deficit and start running surpluses.

According to the passage, which of the following is true?

① The government of Sri Lanka cannot afford to pay for the accumulated debt.
② When governments spend more than they have, they cannot help borrowing money.
③ Governments should stop running surpluses to repay the national debt.
④ When governments borrow money, the interest on the loan is exempt from tax.

12

Pierre-Auguste Renoir began to develop arthritis around 1892, causing progressive deformities of the hands, ankylosis of his shoulders and elbows, and eventually severely limiting his mobility. Naturally, his condition made it necessary for Renoir to adapt his methods. He relocated to the warmer climes of Cagnes-sur-Mer, near the Mediterranean coast, and took frequent spa treatments. Photographs of the artist reveal his hands wrapped in bandages to prevent skin irritation as he held his paintbrush; a palette was affixed to his wheelchair, allowing it to swivel from side to side; and a system of horizontal cylinders and a crank would enable access to different sections of larger canvases while he remained seated. Despite his deteriorating physical condition, Renoir remained committed to painting, noting: "The pain passes, but the beauty remains."

According to the passage, which of the following is not true about Pierre-Auguste Renoir?

① His wheelchair was redesigned to help him paint different sections of the broader canvas.
② His moving to the warmer climes resulted in improving arthritis and the quality of paintings.
③ He came up with different ways to continue painting even as his arthritis weakened him.
④ He remained positive and did not let his condition affect his passion for painting.

13

An egoist's attitude to life is simple, direct, and aboveboard — every decision he makes is based on the answer to one question: "What's in it for me?" If his selfishness, greed, and ruthless desire for self-advancement hurt other people, that's too bad. He says, "This is a tough world, pal, dog eat dog and all that, and I, for one, am not going to be left behind." On the other hand, an egotist is boastful to the point of being obnoxious — he has only one string to his conversational violin, namely, himself; and on it he plays a number of monotonous variations: what he thinks, what he has done, how good he is, and how he would solve the problems of the world, etc. ad nauseam. He says, "Now, let's see. Have you heard about all the money I'm making? Did I tell you about my latest amorous conquest? Let me give you my opinion — I know, because I'm an expert at practically everything!"

Which of the following is most consistent with the passage?

① An egoist is apt to be avaricious and an egotist, conceited.
② An egoist pursues self-display and an egotist, self-interest.
③ An egoist can be boring to others and an egotist, harmful to others.
④ An egoist overuses the word "I" and an egotist focuses on his own success.

14

I have been testing plagiarism-detection software for the past 15 years. The results are often hard to interpret, difficult to navigate, and sometimes just wrong. Many systems report false positives for common phrases, long names of institutions or even reference information. Software also produces false negatives. A system might fail to find plagiarism if the source of the plagiarized text has not been digitized, contains spelling errors or is otherwise not available to the software system. Many cases of plagiarism slip through undetected when material is translated or taken from multiple sources. Assessments depend on both the algorithms used and on the corpus of work available for comparison. For systems that check random samples, repeating the test of the document minutes later can produce different results. I have also seen different systems rank a text as completely or partially plagiarized, or plagiarism-free.

Which of the following is not mentioned about the limitation of plagiarism-detection software?

① When the text translated into another language, plagiarism can't be detected.
② What the software flags as plagiarism is automatically plagiarized material.
③ Information to which you refer for authoritative facts can be identified as plagiarism.
④ The typo original authors have made in the writing process can impinge on checking for plagiarism.

15

Scientists have long known that oceans store carbon from the organic matter that washes into them. Instead of being released into the atmosphere as harmful carbon dioxide, carbon can be locked up underwater for millions of years. New research shows that fjords, like those in Norway, are even more adept than oceans at holding on to carbon: Per square mile, the glacier-carved waterways hoard a hundred times the ocean's average. They're fed by swift mountain rivers, and their depth and sinewy shape transport and store organic matter relatively efficiently, taking in an overall 11 percent of the carbon buried in marine areas annually. But humans shouldn't exploit them as dumps for carbon. The fjords' power rests in staying pristine, says chemical oceanographer Richard W. Smith of Global Aquatic Research. "I don't feel like we can do it better than nature's already doing it. We'd get in there and muck things up."

Which of the following is most consistent with the passage?

① Recent research found for the first time that seas can lock up carbon.
② The fjords' high efficacy in storing carbon is attributed to their latitudes.
③ The fjords as a whole cover less than 11 percent of the total marine areas.
④ The fjords trapped a larger amount of carbon in primitive times than now.
⑤ With technological development, the fjords will store carbon more effectively.

16

Howard Becker has suggested that commitment in any situation forces us to behave in a consistent manner, which, over time, becomes part of our self-concept. One view of the process of becoming adult is to view it as a process of acquiring a variety of commitments — a profession, a family, a job — which constrain our behavior within certain accepted bounds and thus push us towards defining ourselves according to the way we behave. If this view is followed, people with fewer commitments, single and jobless perhaps, are likely to have less stable self-concepts. A society which encourages lower commitment in terms for instance of higher divorce rates, greater job mobility, less personal responsibility to dependants, will find an increasing number of people with unstable self-concept. In organizational situations, commitment, which often accompanies responsibility, will promote a stable self-concept and therefore more predictable and consistent behavior and performance.

주어진 글의 내용과 가장 거리가 먼 것을 고르시오.

① If you always behave with generosity, you'll come to see yourself as generous.
② It is common that adults have more to commit themselves to than adolescents.
③ Self-centered people contribute to the spread of stable self-concept in a society.
④ An employee's performance depends on his or her commitment and self-concept.

17

With 540 million people worldwide affected by back pain at any one time, it is now the leading cause of disability. Most back pain will usually clear up within six weeks, whether treated or not. Monash University researcher, Professor Rachelle Buchbinder says that back pain should not be treated as an injury but rather a condition that comes and goes and, in many cases, can be effectively managed.

Recent guidelines for managing the condition include keeping the affected area warm to relieve pain and related tightness, staying as active as possible — avoiding bed rest — and as a second line of treatment, low doses of painkillers and physical therapies such as massage and acupuncture. Of course, your health care provider should always assess your condition and provide individual advice.

Which of the following is most consistent with the passage?

① A majority of people have suffered from back pain more than one time.
② It can happen that back pain disappears even though it is never treated.
③ To prevent the recurrence of back pain, the affected area must stay still.
④ You should not take any painkillers while having acupuncture treatments.

18

Any substance that causes cancer is known as a carcinogen. But simply because a substance has been designated as a carcinogen does not mean that the substance will necessarily cause cancer. Many factors influence whether a person exposed to a carcinogen will develop cancer, including the amount and duration of the exposure and the individual's genetic background. Cancers caused by involuntary exposures to environmental carcinogens are most likely to occur in subgroups of the population, such as workers in certain industries who may be exposed to carcinogens on the job. In the United States, regulations have been put in place to reduce exposures to known carcinogens in the workplace. Outside of the workplace, people can also take steps to limit their exposure to known carcinogens, such as quitting smoking, limiting sun exposure, limiting alcohol drinking, or, for those of the appropriate age, having HPV and HBV vaccination.

Which of the following is not mentioned about the way to limit exposure to carcinogens?

① hepatitis B vaccination
② gene modification
③ wearing sunscreen
④ abstaining from smoking
⑤ reducing exposure to toxic substances

19

Throughout history rare individuals have stood out for their meteoric contributions to a field. Lady Murasaki for her literary inventiveness. Michelangelo for his masterful touch. Marie Curie for her scientific acuity. "The genius," wrote German philosopher Arthur Schopenhauer, "lights on his age like a comet into the paths of the planets." Consider Einstein's impact on physics. With no tools at his disposal other than the force of his own thoughts, he predicted in his general theory of relativity that massive accelerating objects — like black holes orbiting each other — would create ripples in the fabric of space-time. It took one hundred years, enormous computational power, and massively sophisticated technology to definitively prove him right, with the physical detection of such gravitational waves less than two years ago. Einstein revolutionized our understanding of the very laws of the universe. But our understanding of how a mind like his works remains stubbornly earthbound.

Choose the statement LEAST consistent with the passage.

① Lady Murasaki is considered to be a genius in the field of literature.
② Schopenhauer thought a genius could give an epochal insight to his age.
③ Einstein completed his theory with no help of highly advanced technology.
④ Our understanding of human mind is still limited despite Einstein's work on it.

20

Alcohol related dementia is, as the name suggests, a form of dementia related to the excessive drinking of alcohol. This affects memory, learning and other mental functions. Anyone who drinks excessive amounts of alcohol over a period of years may get alcohol related dementia. Males who drink more than six standard alcoholic drinks a day, and women who drink more than four, seem to be at increased risk of developing alcohol related dementia. The risk clearly increases for people who drink high levels of alcohol on a regular basis.

Some people who drink at high levels do not develop alcohol related dementia, but it is not currently possible to understand and predict who will and who won't develop alcohol related dementia. Some people who develop alcohol related dementia might also show some degree of recovery over time if they reduce alcohol intake to safe levels or abstain from alcohol and maintain good health. Alcohol related dementia can affect both men and women of any age.

Which of the following is not true of the passage?

① It is hard to predict which individuals will develop alcohol related dementia.
② Once alcohol related dementia has progressed, there's no way to slow the progression of the disease.
③ Anyone who drinks to excess regardless of sex and age is at risk of alcohol related dementia.
④ Symptoms of alcohol related dementia may be reversed if the person abstains from alcohol.

21

You can massage snail creams into your face to improve complexion, reduce wrinkles and improve scar lines. At least that's the claim. Aren't the marketers of cosmetics truly talented? They can squeeze a truckload of hope into a tiny jar. The industry tends to produce new products at a frantic pace, but in one special case, it happens at a snail's pace. Literally. Face creams that contain snail slime are a hot item in South America and Korea and are slowly slithering their way to North America.

There is some history here. It seems Hippocrates favoured a mix of sour milk and crushed snails for inflamed skin. Of course that doesn't mean it worked. But there may be something to the snail bit. Apparently Chilean farmers who were raising snails for the food market noted that their skin became smoother after handling the creatures. Not exactly scientific evidence, but enough for the cosmetic industry to pick up some speed in marketing snail slime.

According to the passage, which of the following is true about snail slime?

① Face creams made with it fail to draw much attention from North America.
② Chilean farmers were the first ever to discover its healing properties.
③ The ancient Greeks used it to treat inflammation but not on the skin.
④ There is no scientific evidence supporting its regenerative properties.

22

In saying that the activity of philosophizing is essentially analytic, we are not, of course, maintaining that all those who are commonly called philosophers have actually been engaged in carrying out analyses. On the contrary, we have been at pains to show that a great deal of what is commonly called philosophy is metaphysical in character. What we have been in search of, in inquiring into the function of philosophy, is a definition of philosophy which should accord to some extent with the practice of those who are commonly called philosophers, and at the same time be consistent with the common assumption that philosophy is a special branch of knowledge. It is because metaphysics fails to satisfy this second condition that we distinguish it from philosophy, in spite of the fact that it is commonly referred to as philosophy. And our justification for making this distinction is that it is necessitated by our original postulate that philosophy is a special branch of knowledge, and our demonstration that metaphysics is not.

다음 글의 내용과 가장 거리가 먼 것을 고르시오.

① Metaphysicians work on analyses but philosophers do not.
② Philosophy in general resembles metaphysics in practice.
③ Defining philosophy clearly serves to figure out its function.
④ Philosophy is a branch of knowledge but metaphysics is not.
⑤ Philosophy and metaphysics can be and must be distinguished.

23

Children born in the middle often end up playing the role of peacemaker between their siblings, and as such, also do well in leadership roles. A surprising fact: 52 percent of US presidents, including Abraham Lincoln and John F. Kennedy, were middle kids, according to Katrin Schumann, co-author of *The Secret Power of Middle Children*. "It is true that middle children are squeezed, but they are great negotiators and compromisers because they have been called upon their entire lives to do so," says psychologist and birth order researcher, Linda Campbell. Their people skills were evidenced in a study showing middles do better in group situations than oldest or youngest children. "The middle child tends to know how to get along with people and calm a situation down — they can understand things from both angles," says child and family therapist Meri Wallace. They also tend to hold fairness and justice in high esteem. Martin Luther King Jr and Nelson Mandela were both middle children.

Which of the following does NOT describe "middle children" correctly?

① They are harder to find in a society where birth rate is dropping sharply.
② They are expected to catch up with elder siblings and to lead younger ones.
③ Their ability to handle sibling troubles earns them more love of their parents.
④ They are good at mediating between two groups which have opposite goals.
⑤ They have the ability and inclination to get along with and treat people well.

24

Humans did not evolve from apes, gorillas or chimps. We are all modern species that have followed different evolutionary paths, though humans share a common ancestor with some primates, such as the African ape. The timeline of human evolution is long and controversial, with significant gaps. Experts do not agree on many of the start and end points of various species. To say we are more "evolved" than our hairy cousins is just wrong. Thinking that a species evolves in order to survive is to put the cart before the horse. Genetic mutations happen all the time, without fanfare and often without any measurable change in the organism's lifestyle. In general, the mutations most likely to be passed to future generations are those that prove useful to either individual or species survival. The "usefulness" of a mutation depends largely on shifting environmental factors like those of food, predators, and climate, and also on social pressures. Evolution is a matter of filling ecological and social niches. African apes are still around because their environment has encouraged the reproductive success of individuals with different genetic material than ours. Evolution is an ongoing process of trial and error, of which all modern primates are still a part.

위 글의 내용과 일치하는 것을 고르시오.

① All the primate species have experienced the identical evolutionary paths.
② There have been no two ways about the timeline of human evolution.
③ Genetic mutations are more likely to occur at certain times of the year.
④ The environmental change affects the inheritance of genetic mutations.

25

Sex can be much more complicated than it at first seems. According to the simple scenario, the presence or absence of a Y chromosome is what counts: with it, you are male, and without it, you are female. Studies of disorders of sex developments have shown that sex is no simple dichotomy. But things become even more complex when scientists zoom in to look at individual cells. The common assumption that every cell contains the same set of genes is untrue. Some people have mosaicism: they develop from a single fertilized egg but become a patchwork of cells with different genetic make-ups. This can happen when sex chromosomes are doled out unevenly between dividing cells during early embryonic development. For example, an embryo that starts off as XY can lose a Y chromosome from a subset of its cells. If most cells end up as XY, the result is a physically typical male, but if most cells are X, the result is a female with a condition called Turner's syndrome, which tends to result in restricted height and underdeveloped ovaries. This kind of mosaicism is rare, affecting about 1 in 15,000 people.

According to the passage, which of the following is not true?

① People can easily be defined in the binary terms in light of genetics.
② Those who have only one X chromosome are shorter than XX individuals.
③ The Y chromosome acts a dominant inducer of male phenotype.
④ Those who don't fit into either category, XY or XX, can have disorders of sex development.

26

The Mimosa is a sensitive plant. When it is touched, shaken, exposed to heat or quickly cooled, the leaves of the plant react by closing. This sudden reaction is known as thigmonasty, which is a mechanism to defend the plant. How quickly the leaves respond to a stimulus depends on how strong the stimulus is. If the leaf is touched gently, it will close slowly, and the movement of the touch can be seen as the leaves close. However, if the leaf is struck with some force, it will close very quickly. The reason it does so is that a strong force is like an electric jolt. The jolt moves along the length of the leaf speedily, causing it to fold within the blink of an eye.

1 **According to the passage, which of the following is true about the Mimosa's response to stimuli?**

① It serves to protect the plant.
② It is a form of aggression.
③ It reacts with an electric jolt.
④ Its leaves always close quickly.

2 **According to the passage, all of the following are true about the Mimosa EXCEPT ______.**

① it is sensitive to tactile stimuli
② it responds more quickly to very strong stimuli
③ it closes when struck with a jolt of electricity
④ it can fold up in the time it takes to blink an eye

27

"Men look at women, women watch themselves being looked at," hypothesised art critic John Berger back in 1972. Since then, the male gaze theory has been discussed and dissected countless times: from film theorist Laura Mulvey's seminal 1975 essay "Visual Pleasure and Narrative Cinema", right up to illustrator Florence Given's continued critique of society's objectification of women. It should come as no surprise that an idea first posited five decades ago still resonates today, given that this culture of objectifying women is very much alive and well.

But what happens when women look at men? If the male gaze lingers on the most sensual parts of a woman's body where does the female gaze linger? What do women see when they look at men? Tori Telfer, writing in *Vulture* back in 2018, had a simple answer: the female gaze "sees people as people."

1 **According to the passage, which of the following is true?**

① Women are less sensually-focused than men.
② Girls want a guy that has muscles, biceps, triceps, and all that.
③ Men don't really care a lot about sensual parts in their partners.
④ Women tend to put the focus more on appearance.

2 **The dominant culture's objectification of women ______.**

① has been expanded into objectification of men
② has been a matter of concern since the seventies
③ used to be a target of attack in the seventies
④ is no longer tolerated by the present generation

28

The entire world is a place to live for animals no matter how varied the terrain and climate are. It could be a mountain, an ocean, a grassland, a forest, a lake, or even a cave. These are all habitats where animals can live. An animal selects a habitat to satisfy its particular needs. At times, an animal has no choice but to move to a different habitat when a natural calamity or human activity changes their original habitat. A dam or a growing town can bring about extensive changes to a particular terrain.

Animals are able to adapt to one or two habitats in their lifetimes. Birds migrate from a colder to a warmer place during the winter season. Animals such as barracudas and polar bears, however, need a particular terrain and climate to be able to continue surviving. A barracuda is not a freshwater fish; hence, if placed in a lake, it would quickly die. A polar bear is built to withstand freezing temperatures. In a warmer climate, it would succumb to excessive heat as its body would retain any heat absorbed.

1 According to the passage, which of the following is not true?

① Animal habitats exist in various geographical features of the Earth.
② Animals determine where they want to live based on their requirements.
③ The calamities might force animals to move to unwanted habitats.
④ Most animals need habitats where constant change is taking place.

2 What do barracudas and polar bears have in common?

① They can adapt to whatever habitat they find themselves in.
② They cannot live outside of their particular habitat.
③ They can live in areas where the temperature is freezing.
④ They have evolved not to be affected by their surroundings.

29

Acids are said to be corrosive, but bases are considered caustic. Whereas acids taste sour, bases taste bitter. They tend to feel slippery or slimy. While bases cannot change blue litmus paper to another color, they can restore red, acidified litmus paper to blue. The causticity of weaker bases is put to use as household cleaning agents. Ammonia, lye (sodium hydroxide), and various soaps and detergents are common examples of base compounds.

Bases are often referred to as alkalis, because most common bases in fact are alkalis. While all alkalis are bases, not all bases are alkalis. An alkali is actually a particular type of base. People casually say substances are alkaline and speak of alkalinity, but strict scientists would quickly point out that they are really referring to bases and basic properties. A true alkali can dissolve into water without forming a precipitate, or solid matter. Most alkalis have pH value of 10 or higher and are quite caustic.

1 According to the passage, which of the following is true?

① Laundry detergents and various hand soaps make blue litmus paper red.
② No precipitated solid substance will form when alkalis combine with water.
③ By a strict definition, not all alkalis are considered to have basic characteristics.
④ Litmus paper turns red when exposed to bases and shows the strength of basicity.

2 The author includes the description of alkalis to ______.

① explain the simplest way to identify whether a substance is an acid or a base
② dispel a common misconception about acidic and basic compounds
③ illustrate in greater detail the chemical reactions related to acid-base balance
④ offer a precise definition that sheds light on a loose usage of terminology

30

Post-traumatic stress disorder (PTSD) can develop following a traumatic event that threatens your safety or makes you feel helpless. Most people associate PTSD with battle-scarred soldiers but any overwhelming life experience can trigger PTSD, especially if the event feels unpredictable and uncontrollable.

The traumatic events that lead to post-traumatic stress disorder are usually so overwhelming and frightening that they would upset anyone. Following a traumatic event, almost everyone experiences at least some of the symptoms of PTSD. When your sense of safety and trust are shattered, it's normal to feel crazy, disconnected, or numb. It's very common to have bad dreams, feel fearful, and find it difficult to stop thinking about what happened. These are normal reactions to abnormal events.

For most people, however, these symptoms are short-lived. They may last for several days or even weeks, but they gradually lift. But if you have PTSD, the symptoms don't decrease. You don't feel a little better each day. In fact, you may start to feel worse.

1 According to the passage, which of the following is true?

① The duration of PTSD symptoms may vary from person to person.

② Anyone with PTSD can get over what happened as time passes.

③ Those physically wounded in the war move on with their life without help.

④ The avoidance of PTSD helps battle-scarred soldiers cope with PTSD symptoms.

2 Which of the following is <u>not</u> the symptoms of PTSD?

① sleep problems and nightmares

② intrusive memories of the traumatic event

③ impaired immune system

④ feeling detached from others

22만 6천 편입합격생의 선택

김영편입 영어 독해

워크북 1단계

04

내용추론

04 내용추론

▶▶▶ ANSWERS P.214

01

Not all work that children do is exploitive. But child labor is generally defined as work that children are too young to do or that harms their health, slows their development, or keeps them from school. In the past decade it has declined by nearly a third, thanks in part to global awareness. More child laborers are in agriculture than in any other sector. Most work on their families' farms, so it's not always clear where to draw the line. Still, keeping kids in jobs instead of school could yield an uneducated generation that can't help its country develop.

다음 글을 바탕으로 유추할 때 적절하지 않은 것을 고르시오.

① Children sometimes work in financially or ethically good working conditions.
② Child labor should be restrained for children's health, development and education.
③ Child labor is more common in underdeveloped countries than in advanced ones.
④ Children who help their parents with farming are not involved in child labor.

02

Although often referred to as the "father of American education," Horace Mann grew up poor and received little schooling before entering university. As secretary of the Massachusettes Board of Education, he played a crucial role in establishing tax-funded public schools in America. An advocate of equal access to education for all, he believed that students from various social backgrounds should be educated together. Mann also believed that schools should share parents' responsibilities of instilling values in children and preparing them to become judicious citizens.

What can be inferred about Horace Mann from the passage?

① His view of education marginalized parents' role in education.
② He offered customized classes tailored to each student's background.
③ His privileged background weakened his credibility as an education reformer.
④ He thought exposure to others from different backgrounds would benefit children.

03

Though this reflects the image projected by the media of the day and doubtless captures the spirit of the time, it glosses over the philosophical significance of existentialist thought, packaging it as a cultural phenomenon of a certain historical period. That is perhaps the price paid by a manner of thinking so bent on doing philosophy concretely rather than in some abstract and timeless manner. The existentialists' urge for contemporary relevance fired their social and political commitment. But it also linked them with the problems of their day and invited subsequent generations to view them as having the currency of yesterday's news.

Which statement CANNOT be inferred from the passage?

① Existentialism is a manner of doing philosophy and a way of addressing the issues that matter in people's lives.
② Existentialism was not only a doctrine or system of thought but also a way of life.
③ Existentialism as we know it by the media of the day has its relevance today.
④ It is commonly believed that existentialism is a philosophy of the past concrete historical period.

04

During the 1952 presidential election, television was still in its infancy. About 15 million homes had television sets (compared to over 115 million in 2015). *I Love Lucy* was the top rated TV show. Dwight D. Eisenhower was the first presidential candidate to fully use television in a presidential campaign. He aired a series of forty talking-head commercials, "Eisenhower Answers America." His opponent, Adlai Stevenson, didn't like television and "refused to appear in campaign commercials, declaring, 'I think the American people will be shocked by such contempt for their intelligence; this isn't Ivory soap versus Palmolive.'" Guess who won!

Which of the following can be inferred from the passage?

① Stevenson thought that Eisenhower's commercials were going to be successful.
② Eisenhower viewed his presidential campaign on television as undignified.
③ Stevenson changed his mind and aired campaign commercials on TV.
④ The campaign commercials were credited with helping Eisenhower win the election.

05

A country that is ready to openly discuss the darkest chapters of its history does not need a special law for it. The fact that many Polish collaborators helped the Nazis in Poland is indisputable. It is, however, also an undebatable fact that neither the Polish state nor the whole Polish people are guilty of participation in the Holocaust. Given that such a simple truth does not require legal adjudication, one needs to question the Law and Justice Party's intent in passing a law on the interpretation of history. Every country has the right to historical truth. Such truth, however, is not legitimized through definition by a regime but through historical research.

Which statement cannot be inferred from the passage?

① To attain truth, history must be interpreted based on the public consensus, not on any partisan interest.
② The author does not approve of the way the Law and Justice Party deals with the past history of Poland.
③ Some Polish citizens may have been involved in the Holocaust as well as Hitler's other oppressive policies.
④ Poland is one of the countries that have the courage to face the most shameful parts of their past history.

06

Schumpeter described Catholic social teaching as "pro-capitalist". True, the church has long rejected collectivism and championed private enterprise. But popes have also cautioned against capitalism, not least its neoliberal iteration. Pius XII blamed "the exploitation of private capital" for working people's "servitude". Paul VI criticized the "unbridled liberalism" inherent in capitalism. John Paul II condemned the increasingly intrusive, even invasive, character of the logic of the market. Benedict XVI called for "a new economic model". Pope Francis stands squarely in this tradition, which doesn't fit neatly on the secular left-right ideological spectrum.

Which statement is LEAST likely to be inferred from the following passage?

① The Catholic church probably opposed the social policies of the Soviet Union.

② Popes have been more critical of capitalism than the Catholic church has been.

③ Pius XII was more critical of capitalism than any of his successors has been.

④ Pope Francis is following suit of his predecessors in finding fault with capitalism.

07

Is there a cure for the common cold? Vitamin C will not cure a cold, but it will shorten the duration of the illness and make the symptoms less severe. As soon as you feel a cold coming on, begin a regimen of Vitamin C immediately. Zinc lozenges can have the same effect as vitamin C in terms of reducing the effects of the cold and shortening the amount of time you have it. Strangely enough, grandma's old cure-all, chicken soup, has been found to help people recover from the effects of a cold. Apparently, some chemicals in the soup hasten the healing process. Also, the juices in a garlic clove have antiviral agents and will help you recover from a common cold. Just put a clove in your mouth and chew.

Which of the following can be inferred from the passage?

① Lemon tea may relieve runny nose and coughing.

② People can prevent a cold by using vaccinations.

③ Doctors prescribe a garlic clove for people with a cold.

④ Chicken soup can be taken as a cure-all for illnesses.

08

It is easy to think of situations where indirectness is the prerogative of those in power. For example, a wealthy couple who know that their servants will do their bidding need not give direct orders, but can simply state wishes: The woman of the house says, "It's chilly in here," and the servant sets about raising the temperature. The man of the house says, "It's dinner time," and the servant sets about having dinner served. Perhaps the ultimate indirectness is getting someone to do something without saying anything at all: The hostess rings a bell and the maid brings the next course; or a parent enters the room where children are misbehaving and stands with hands on hips, and the children immediately stop what they're doing.

Which statement CANNOT be inferred from the passage?

① Something done without your verbal direction reflects your powerlessness.
② The style of order is dependent on the relationships between the two parties.
③ The indirect direction works only when one knows what the other wants.
④ Orders through mere gesture are possible if subordinates are well disciplined.

09

Another way to unearth painful backstory elements is to look for ways your character overcompensates. Does she work hard to please a certain person, putting more time and energy into the relationship than the other party? Does she make excuses for someone, shrugging off bad behavior or "rescuing" them by continually solving their problems and fighting their battles? Overcompensation can come in other varieties, too, such as falling over backward to be generous, working extra hard to fit in, or doing anything to win the approval of someone important. If your character overcompensates, look for the why to see if self-blame or fear is at the heart of her actions.

Which statement CANNOT be inferred from the passage?

① Depending on who they are and the roles they play, characters show a variety of overcompensating behaviors.
② Overcompensation can be a result of the emotional trauma the characters experienced.
③ A character pretending to work to please someone else is overcompensating.
④ Overcompensation is a way of revealing your character's wound.

10

While many chameleons do change color, this has often less to do with camouflage and more to do with their mood and temperature. A chameleon might, if too cold, turn a darker shade to absorb more heat. Or it might turn a lighter color to reflect the sun and so cool down. Moreover, chameleons often change skin color as a signalling device — some, such as the panther chameleon, transform into a vivid orange to scare off predators, while others flash bright colors to attract a mate. The brighter the color a male is able to display, the more dominant. Equally, he might show his submission with a dull tone, and a female might reject undesired courtiers by warding them off with her own skin signals. Thus the act of standing out can be more important than that of blending in.

Which statement cannot be inferred from the passage?

① A chameleon may as well use conspicuous colors to disguise itself.
② A chameleon's changing skin colors can serve as a thermostat.
③ A chameleon can change its skin colors at the moment of crisis.
④ Both a male and a female chameleon can use colors in the course of mating.

11

Superstitions are very much part of the culture. The commonest is the "evil eye", a concept going back to Roman times, where a particular malevolent look is thought to bring misfortune to the person at whom it's directed. People hang ceramic eye talismans in their homes, cars and offices to dispel evil. It's thought that gazing in admiration may accidentally cause harm too. This is why the Evil Eye is often portrayed as blue, because foreigners are more likely to have blue eyes and to have a habit of staring. Another good luck charm is the so-called Hand of Fatima — the prophet Muhammad's daughter — often used as a door knocker to protect the house and its occupants. Belief in genies is also common — they are mentioned in the Quran. These invisible spirits can be good or evil.

Which of the following can be inferred about "superstitions"?

① They all involve tangible objects with special powers.
② They are all intended to promote good among people.
③ They are found in all the cultures in the world.
④ They all have their origins in the world's major religions.

12

The bystander effect occurs when the presence of others hinders an individual from intervening in an emergency situation. Social psychologists Bibb Latané and John Darley popularized the concept following the infamous 1964 Kitty Genovese murder in Kew Gardens, New York. Genovese was stabbed to death outside her apartment three times, while bystanders who observed the crime did not step in to assist or call the police. Latané and Darley attributed the bystander effect to the diffusion of responsibility (onlookers are more likely to intervene if there are few or no other witnesses) and social influence (individuals in a group monitor the behavior of those around them to determine how to act). In Genovese's case, each onlooker concluded from their neighbors' inaction that their own personal help was not needed.

According to the passage, which of the following cannot be inferred about the bystander effect?

① The probability of help is inversely related to the number of bystanders.
② In an emergency, bystanders believe someone else will take responsibility.
③ Individuals offer any means of help to a victim when other people are present.
④ It occurs when responsibility is not explicitly assigned.

13

Not surprisingly, interaction among peoples of different cultures is often filled with uncertainties and even difficulties. Take the matter of the "language of space", identified by the anthropologist Edward T. Hall. He notes that Arabs tend to get very close to other people, close enough to breathe on them. When Arabs do not breathe on a person, it means that they are ashamed. However, in the same situation, Americans insist on staying outside the range of other people's breath, viewing the odor as distasteful. Arabs ask, "Why are Americans so ashamed? They withhold their breath." Americans on the receiving end wonder, "Why are the Arabs so pushy?" Americans typically back away as an Arab comes close, and the Arab follows. Such differences can have serious consequences.

What can be inferred from the passage?

① When we are thrust into a different culture, we may find ourselves in a situation for which we are prepared.

② A person doing business abroad anticipates that people of different cultures will act as he does.

③ Business representatives from the Middle East may not trust those who keep a person at a distance.

④ Arabs born and grown up in America are likely to converse with Americans at a close distance.

14

Political authority has two sides to it. On the one side, people generally recognize it as authority, in other words as having the right to command them to behave in certain ways. When people obey the law, for instance, they usually do so because they think that the body that made the law has a right to do so, and they have a corresponding duty to comply. On the other side, people who refuse to obey are compelled to do so by the threat of sanctions — lawbreakers are liable to be caught and punished. And these two aspects are complementary. Unless most people obeyed the law most of the time because they believed in its legitimacy, the system could not work: to begin with, there would need to be huge numbers of law-enforcement officers, and then the question would arise who should enforce the law on them.

다음 글에 이어질 내용으로 가장 적절한 것은?

① why some people can break the law and get away with it
② how law-enforcement officers perform their daily duties
③ what can happen if most people obey the law voluntarily
④ how punishment helps voluntary law-abiders obey the law

15

Some kids dislike school because they don't have friends. This may be the case if your child is always alone, feigns illness to avoid class outings or gives away treasured possessions in an attempt to be liked. Often loneliness problems can be solved by bolstering social skills. A child may need to learn how to look others in the eye when he speaks, or how to talk above a whisper — or below a yell. You might teach a young child a few 'friendship openers', such as 'My name's Tom. What's yours? Do you want to play tag?' "A lot of kids who are very lonely have never been told anything good about themselves," says teacher Matty Rodriguez-Walling. "If lonely kids are skilled in some area — computers, for example — I'll often get other students to work with them. That does a lot for their self-esteem and helps the lonely children to make friends."

Choose the statement that CANNOT be inferred from the passage.

① Lonely kids tend to dislike making friends with others in the class.
② Having no friends may cause a kid to pretend to be ill to miss school.
③ Speaking in a moderate voice may help improve a kid's sociability.
④ How to initiate a conversation is one of the social skills a kid can learn.
⑤ Lonely kids may have never been praised, resulting in their low self-respect.

16

It strikes me that a truer nomination for our species than Homo sapiens might be Homo narrans, the storytelling person. What differentiates us from animals is the fact that we can listen to other people's dreams, fears, joys, sorrows, desires and defeats — and they in turn can listen to ours. Many people make the mistake of confusing information with knowledge. They are not the same thing. Knowledge involves the interpretation of information. Knowledge involves listening. So if I am right that we are storytelling creatures, and as long as we permit ourselves to be quiet for a while now and then, the eternal narrative will continue. Many words will be written on the wind and the sand, or end up in some obscure digital vault. But the storytelling will go on until the last human being stops listening. Then we can send the great chronicle of humanity out into the endless universe. Who knows? Maybe someone is out there, willing to listen.

다음 글을 바탕으로 유추할 때 적절하지 않은 것을 고르시오.

① Listening is a human-specific behavior required for building up knowledge.
② Lasting longer than writing, storytelling involves an essence of human nature.
③ When it comes to storytelling, it can go beyond the existence of human beings.
④ We will be able to communicate with extraterrestrials about our life on Earth.

17

Theo admired his elder brother Vincent for his whole life. But communicating with him proved to be difficult, even before Vincent opted to follow his artistic vocation. The communication between both brothers suffered from diverging definitions of standards, and it was evidently Theo who kept on writing letters. Theo was often concerned about Vincent's mental condition and he was amongst the few who understood his brother. It is known that Theo helped Vincent to maintain his artist lifestyle by giving him money. He also helped Vincent pursue his life as an artist through his unwavering emotional support and love. The majority of Theo's letters and communications with Vincent are filled with praise and encouragement. Vincent would send Theo sketches and ideas for paintings, along with accounts of his day to day experiences, to the delight and eager attention of Theo.

Which of the following can be inferred about "Theo"?

① He made a shrewd investment after discovering Vincent's capabilities as a gifted painter.
② Without his dedicated support, Vincent might not have been able to flourish independently as an artist.
③ He was concerned about Vincent's precarious mental condition and sent him to a mental institution.
④ He alienated himself from other members of his family than Vincent, which inspired his works of art.

18

Most of us don't take out our annoyances on family, friends or colleagues. We spare them. To compensate, we become mistrustful of the world. We construct a virtual world in which everything is interpreted negatively, inflating fears about crime and illegal immigration, even where there is little. Over the past 20 years in opinion polls, unemployment is always rising even when it's falling, and consumer purchasing power is always decreasing even when it's increasing. The exaggeration of risks and suffering is a collective phenomenon, and can affect us individually. Struggling to make ends meet? Start by not exaggerating the suffering. Consider also what's going well, what you've achieved. Instead of complaining, look around you for people who have had similar problems and may be able to help you. If something is wrong at home or work, it's your responsibility. You are the principal solution.

윗글을 통해 추론할 수 없는 것을 고르시오.

① Those wary of the world are more likely to rely on their beloved ones.
② Our view of the world has an influence on how we look at social illnesses.
③ Those too pessimistic about the world need to look at the bright side of it.
④ We are responsible for what we do and it is we that can solve our problems.

19

It may seem strange that a doctrine(neoliberalism) promising choice and freedom should have been promoted with the slogan "there is no alternative". But, as Hayek remarked on a visit to Pinochet's Chile — one of the first nations in which the programme was comprehensively applied — "my personal preference leans toward a liberal dictatorship rather than toward a democratic government devoid of liberalism". The freedom that neoliberalism offers, which sounds so beguiling when expressed in general terms, turns out to mean freedom for the pike, not for the minnows. Freedom from trade unions and collective bargaining means the freedom to suppress wages. Freedom from regulation means the freedom to poison rivers, endanger workers, charge iniquitous rates of interest and design exotic financial instruments. Freedom from tax means freedom from the distribution of wealth that lifts people out of poverty.

Which of the following is most likely to be mentioned right after the passage?

① The praise for neoliberalism
② The philosophical ideology of Hayek
③ The definition of neoliberalism
④ The history of Pinochet's Chile
⑤ The alternative to neoliberalism

20

Cells are exposed during their lifetimes to an array of physical forces ranging from those generated by association with other cells and extracellular matrices to the constant forces placed on cells by gravity. Alterations in these forces, either with differentiation and development or changes in activity or behavior, result in modifications in the biochemistry and adaptation in structure and function of cells. Also, a variety of differentiated cells have unique shapes that relate to extremely specialized functions, with structure and function emerging concurrently. These observations lead to the concept that the forces perceived by cells may dictate their shape, and the combined effects of external physical stimuli and internal forces responsible for maintaining cell shape may stimulate alterations in cellular biochemistry. This review examines the state of our knowledge concerning the mechanisms through which physical forces are converted to biochemical signals, and speculates on the molecular structures that may be involved in mechanotransduction.

위 글을 통해 추론할 수 있는 것으로 가장 적합한 것을 고르시오.

① Some cells are subjected to static and dynamic physical forces in the body but others are not.
② The shapes and structures of cells are as diverse as the functions ascribed to them.
③ A cell is genetically programed to perform a specific biological function, and proper structure becomes the ascribed function.
④ Cells are less likely to respond to physical stimuli with alterations in their biology and biochemistry.

21

It's tempting to think of memory as a personal CCTV system recording everything we see or do. In actuality, it's more like a Wikipedia page. We can go in there and change it, but so can other people. When we recall a memory, we aren't flipping through the Rolodex of our minds to produce the correct file — we're writing that file out anew. We actively recreate our memories every time we think of them, adding room for potential fabrication or misremembering each time. Think about your earliest memory. Perhaps you remember the birth of a sibling, your first taste of birthday cake or a traumatic trip to the dentist. Maybe you're even one of the few who can recall their own birth. Well, if any of those memories occurred before you turned three years old, they're definitely false. It's physically impossible for our brains to form long-lasting memories when we're that young. Almost everybody thinks they have a memory from childhood that's actually impossible.

Which statement <u>cannot</u> be inferred from the passage?

① Our memories can be influenced by what we hear from those around us.

② Creative thinkers are apt to remember something that actually didn't happen.

③ We can sometimes misremember someone else's birth as our own birth.

④ Like Wikipedia, our memories vary over time, susceptible to fabrication.

22

A fire started on some grassland near a farm in Indiana. The fire department from the nearby town was called to put the fire out. The fire proved to be more than the small town fire department could handle, so someone suggested that a rural volunteer fire department be called. Though there was doubt that they would be of any assistance, the call was made. The volunteer fire department arrived in a dilapidated old fire truck. They drove straight towards the fire and stopped in the middle of the flames. The volunteer firemen jumped off the truck and frantically started spraying water in all directions. Soon they had snuffed out the center of the fire, breaking the blaze into two easily controllable parts. The farmer was so impressed with the volunteer fire department's work and so grateful that his farm had been spared, that he presented the volunteer fire department with a check for $1,000. A local news reporter asked the volunteer fire captain what the department planned to do with the funds. "That should be obvious," he responded, "the first thing we're gonna do is get the brakes fixed on that stupid fire truck."

Which of the following can be inferred from the passage?

① The truck carrying volunteer firemen inadvertently rushed to the center of the fire.
② A check the farmer gave the volunteer firemen was not enough to fix the brakes.
③ The volunteer fire captain was credited with extinguishing a fire and hired as a firefighter.
④ The volunteer firemen had the ability to bring a fire under control without any equipment.

23

The psychologist Tadmor and her colleagues used a simple test in which individuals were asked to list possible uses for a brick. People who could think outside traditional categories — aside from being used in building, bricks make good paperweights, for example — scored better. This study showed that people who saw racial categories as essential tended to have fewer innovative ideas about a brick. But that was just the beginning. Next, a new set of research subjects read essays that described race either as a fundamental difference between people (an essentialist position) or as a construct, not reflecting anything more than skin-deep differences (a nonessentialist position). After reading the essays, the subjects moved on to a difficult creativity test that required them to identify the one key word that united three seemingly unassociated words. Thus, for instance, if a subject was given the words *call*, *pay* and *line*, the correct answer was *phone*. Remarkably, subjects who'd read the nonessentialist essay about race fared considerably better on the creativity test.

Which of the following can be inferred from the passage?

① Finding uses of a brick and key words makes us essentialists.
② There are two types of innovation: essential and nonessential.
③ Artistic creativity develops within the traditional categories.
④ Racial prejudice can have a bad effect on our creative thinking.

24

Over 200 years ago, a terrible and little-known disaster struck our planet, when Indonesia's Mount Tambora issued the most powerful volcanic eruption in recorded human history. The 160-213 cubic kilometers of volcanic ash Mt Tambora spewed into the atmosphere dispersed around the world, lowering global temperatures so much that 1816 was known as the Year Without a Summer. These extreme weather conditions drastically affected crops around the globe and in Germany, horses were slaughtered for food. With the main source of transport in short supply, German inventor Baron Karl von Drais put on his thinking cap.

By 1817, he had devised the Lauf-machine (running machine) — aka the 'Draisine', 'hobby-horse' or 'Dandy Horse' — which today, we call a 'balance bike', and few people over the age of four would be seen dead on one. While not the first two-wheeled device ever made, Drais's wooden contraption had the helpful benefit of steering, which saw it become popular across Europe and other inventors racing to improve on the design.

Choose the statement that can be BEST inferred from the passage.

① There was no disaster but affected all parts of the world simultaneously.
② In 1816, it was as cold in summer as in any other season all over the world.
③ After the volcanic eruption of Tambora, Drais thought deeply of its cause.
④ It was an irony that a global disaster resulted in a useful transport device.
⑤ Most of the children over four years old disliked riding the bike Drais devised.

25

The word "epicurean" is actually a misnomer. While it's true that Epicurus himself declared that "pleasure is the beginning and the goal of a happy life," he didn't advocate indulgence, but the opposite. For Epicurus, less really was more. The school the philosopher created would be recognizable to us moderns as a kind of hippie commune. Residents lived communally to enjoy each other's company, had little personal wealth, and worked a garden to supply their simple vegetarian diet. It wasn't that Epicurus advocated austerity and self-denial either, but that he believed real pleasure comes from something other than indulging in lavish things. Epicurus understood that we humans have only a few simple needs: food and shelter; what he called thought, or the freedom to enjoy conversation, art, and culture; and friends. He saw that happiness comes from truly meaningful experiences shared with others. "Before you eat or drink anything," Epicurus advised, "consider carefully who you eat or drink with rather than what you eat or drink: for feeding without a friend is the life of a lion or a wolf." Epicurus's message to travelers looking to find meaning without a lot of time on their hands would be to forget about all extravagance and focus on small-scale shared experiences. And if you're looking for a shortcut good food often leads to good music, and good music leads to good people.

Which of the following cannot be inferred from the passage?

① The author thinks that good food and music will bring us to good company.

② What Epicurus had in mind was a life spent in the pursuit of solitary happiness.

③ Appreciating the simple things in life, we can make our life meaningful.

④ People with little knowledge of Epicurus may get misguided by his seeking for pleasure.

26

Boys and girls like to dream of becoming famous someday. A boy in Sri Lanka did not have to wait — he became famous when he was young.

Senaka Senanayake was seven years old when his teacher asked the pupils to draw a picture. He drew a jungle scene. The teacher was amazed at how well Senaka drew. During the next year, he drew more pictures of everything he saw. When Senaka was eight years old, he had his first art exhibition of fifty paintings. They called him "wonder boy."

By the time Senaka was fifteen, his paintings had been shown in ten countries and forty cities. The most famous of his paintings hangs in the United Nations Building in New York City.

1 **According to the passage, which of the following can be inferred?**

① Boys and girls tend to become famous when they are young.
② Senaka's teacher appreciated the natural talent of Senaka.
③ Before Senaka became an adult, his paintings weren't recognized.
④ Most of Senaka's paintings were sold at a very high price.

2 **According to the second paragraph, Senaka Senanayake was called "wonder boy" because ______.**

① the UN appointed him as an honorary ambassador
② he fortunately got a sponsor to promote his paintings
③ the dream of becoming famous someday came true
④ he showed an exceptional talent for painting at an early age

27

When it comes to picking a candidate for a leadership role, do not be afraid to pick someone who goes against the grain. The best leaders are those whose style Ⓐ______ rather than matches that of their company because they are able to plug the gaps, finds research in the Journal of Applied Psychology. A company that has a strong focus on getting things done to the detriment of employee relationships will benefit from a leader who prizes working together and communication.

"The leader's job is to assess what isn't currently being handled by the culture and fill in the gaps," says lead researcher Professor Chad Hartnell, of Georgia State University. However, he warns leaders against being Ⓑ______. "The goal is not for a leader to be a culture contrarian but a cultural contributor," he says. A leader who deliberately challenges or discards every assumption about what has worked in the past creates uncertainty, ambiguity and scepticism. They should build upon the positive aspects of the culture.

1 According to the passage, which of the following is most appropriate for the blank Ⓐ and Ⓑ?

① renovates — buoyant
② complements — confrontational
③ enervates — ideological
④ compliments — companionable

2 According to the passage, which of the following can be inferred?

① It is requisite to employ a decisive leader who doesn't mix well and doesn't corresponds to the style of the company.
② The desirable leader must prioritize employee relationships over performance for the high productivity of the company.
③ It is all right to hire a leader who is different from the company as long as the leader makes up for defects of the company.
④ The company whose leader is willing to change corporate culture at will is subject to reinventing itself.

28

The group of artists who became known as the Impressionists did something ground-breaking in addition to painting their sketchy, light-filled canvases: they established their own exhibition. This may not seem like much in an era like ours, when art galleries are everywhere in major cities, but in Paris at this time, there was one official, state-sponsored exhibition — called the Salon — and very few art galleries devoted to the work of living artists. For most of the nineteenth century then, the Salon was the only way to exhibit your work (and therefore the only way to establish your reputation and make a living as an artist). The works exhibited at the Salon were chosen by a jury — which could often be quite arbitrary. The artists we know today as Impressionists — Claude Monet, August Renoir, Edgar Degas, Berthe Morisot, Alfred Sisley (and several others) — could not afford to wait for France to accept their work. They all had experienced rejection by the Salon jury in recent years and felt that waiting an entire year between exhibitions was too long. They needed to show their work and they wanted to sell it.

1 **Which of the following can be inferred from the passage?**

① Most of the impressionists were reckless of the decisions by the Salon jury.
② The Salon predicted that works of impressionists would have large influences on modern art.
③ It was difficult for impressionists to make their debut in Paris as a painter in the nineteenth century.
④ Impressionists had nothing to complain about the Salon jury's selection process of their paintings.

2 **Which of the following is most likely to follow the passage above?**

① Some of the impressionists rejected by the Salon tried to exhibit their work independently.
② The conventional art community in Paris appreciated impressionists' emphasis on depiction of light.
③ Paintings displayed in the exhibition sponsored by the Salon were no longer commercially successful.
④ Impressionism failed to recognize the major symbolic art form in the nineteenth century.

29

In June 2005, Noura Jackson, an 18-year-old high school student, came home to find her mother, Jennifer, stabbed to death on her bedroom floor. Despite no physical evidence linking Noura to the murder, Noura was arrested for the crime and held on $500,000 bond. Unable to pay, she was detained for 3 1/2 years awaiting trial. During the trial, the prosecutors argued that Noura killed her mother to collect money from her estate and life insurance policy, and Noura's family members painted her as a rebellious party girl who consumed alcohol and drugs. The prosecutors' key witness was Andrew Hammack, Noura's boyfriend, who claimed that Noura called him from her house on the night of the murder, thereby placing her at the scene of the crime. The jury found Noura guilty of second-degree murder and sentenced her to 20 years in prison. Five days later, it was revealed that prosecutors hid exculpatory evidence during the trial, namely a letter from Hammack in which he admitted to lending his phone to his friend and being under the influence of ecstasy on the night of the murder. In August 2014, in light of the questionable credibility of the case's key witness, the Tennessee Supreme Court unanimously ______ Noura's conviction.

1 **From the passage, it CANNOT be inferred that ______.**

① the prosecutors eventually identified the real culprit from suspects
② Noura's family members took sides against Noura because of her misdeed
③ Andrew testified falsely against Noura in order to cover up his drug use
④ Noura was released before serving out her full sentence in prison

2 **Which of the following best fits in the blank?**

① strengthened
② overturned
③ consented
④ entreated

30

Venezuela's economy has collapsed. This is the result of years of socialism, incompetence, and corruption, among other things. An important element that mirrors the economy's collapse is Venezuela's currency, the bolivar. It is not trustworthy. Venezuela's exchange rate regime provides no discipline. It only produces instability, poverty, and the world's highest inflation rate for 2018. Indeed, Venezuela's annual inflation rate at the end of 2018 was 80,000%.

I observed much of Venezuela's economic dysfunction first-hand during the 1995-96 period, when I acted as President Rafael Caldera's adviser. But it wasn't until 1999, when Hugo Chavez was installed as president, that the socialist seeds of Venezuela's current meltdown started to be planted. This is not to say that Venezuela had not suffered from an unstable currency and elevated inflation rates before the arrival of President Chavez, but with his ascendancy, fiscal and monetary discipline further deteriorated and inflation ratcheted up. By the time President Nicolas Maduro arrived in early 2013, annual inflation was in triple digits and rising. Venezuela entered what has become ______.

1 Which of the following can be inferred from the passage?

① Venezuela has tried to drive down the value of the bolivar to boost export.
② Hugo Chavez intervened as little as possible in the direction of economic affairs.
③ The writer must have warned President Rafael about a bleak future for the Venezuelan economy.
④ When Rafael came to power, it was too late to save the country's economy from complete collapse.

2 Which of the following best fits in the blank?

① an indian summer　② a competitive edge
③ a death spiral　④ a primitive phase

22만 6천 편입합격생의 선택

김영편입 영어 독해

워크북 1단계

05

지시대상

05 지시대상

▶▶▶ ANSWERS P.226

01

Ibsen was fundamentally an anarchistic individualist, who regarded personal freedom as life's supreme value, and based his whole thought on the idea that the free individual, independent of all external ties, can do very much for himself, whereas society can do very little for him. His idea of self-realization had in itself a very far-reaching social significance, but the "social problem" as such hardly worried him at all. "I have really never had a strong feeling for solidarity," he writes to Brandes in 1871. His thinking revolved around private ethical problems; society itself was for him merely the expression of the principle of evil. He saw in it nothing but the rule of stupidity, of prejudice and force.

Which does "it" correspond to in the passage?

① anarchism
② freedom
③ society
④ ethics
⑤ independence

02

Crucially, given many governments' ambivalence towards enforcing fisheries rules — especially when their own nationals are fishing in other people's waters — <u>the new technology</u> will also help companies protect their supply chains. The one-in-five illegal fish identified by The Pew Charitable Trusts, an American research group, are often being sold by otherwise law-abiding firms that have no way of reliably tracing them back to the vessels that caught them. Soon, retailers will be able to do so — and at least some of their customers will care enough about the matter to make sure these supply chains are, indeed, traced routinely in the way that meat is now traced from farm to chiller-cabinet.

The underlined "<u>the new technology</u>" is likely to refer to ______.

① technology to check the history of meat produced
② technology to track fishing vessels
③ fishery technology that controls overfishing by itself
④ technology that supports fishing activities

03

Psychologist Thorndike found that if he rewarded an animal with food whenever it performed a certain voluntary behavior, the animal would subsequently produce that behavior more often. When Thorndike first undertook his work, psychologists believed learning took place whenever stimulus and response occurred together. The more often the two were associated, the better the connection would be learned. Thorndike showed that association in itself was not enough. The association is more likely to be strengthened when the behavior is followed by a reward. He called this his Law of Effect because it is <u>the effect of one's behavior</u> that determines whether it becomes stronger: this association is now called reinforcement theory.

Which of the following is referred to by the underlined part?

① learning
② response
③ association
④ reward
⑤ connection

04

The Bermuda Triangle, also known as the Devil's Triangle, is an area bounded by points in Bermuda, Florida and Puerto Rico where ships and planes are said to mysteriously vanish into thin air — or deep water.

The term "Bermuda Triangle" was coined in 1964 by writer Vincent Gaddis in the men's pulp magazine *Argosy*. Though Gaddis first came up with the phrase, Ⓐa much more famous name propelled it into international popularity a decade later. Charles Berlitz, whose family created the popular series of language instruction courses, also had a strong interest in the paranormal. He believed not only that Atlantis was real, but also that it was connected to the triangle in some way, a theory he proposed in his bestselling 1974 book "The Bermuda Triangle." The mystery has since been promoted in thousands of books, magazines, television shows, and websites.

According to the passage, which of the following does the underlined Ⓐ refer to?

① the Devil's Triangle
② Atlantis
③ Argosy
④ Charles Berlitz

05

If we picture the solar system, we often picture our dominant star at the center of things, static and immobile as planets orbit circles around Ⓐit. That picture makes things simple to understand, but technically it's inaccurate. Take our largest planet Jupiter, for instance. ⒷIt doesn't orbit the sun's center — it orbits a spot in empty space between Ⓒit and the sun called the barycenter. This is because the sun doesn't just exert gravity on Jupiter — Jupiter's so big that Ⓓits own pull affects how the sun moves, too. The sun is about 1,000 times more massive than Jupiter, and these two bodies affect one another proportionally according to distance and mass, so the amount Jupiter's gravity pulls on the sun is one-thousandth the amount the sun's gravity pulls on Jupiter. And Ⓔits orbit takes 11.8 Earth years to complete, and the sun travels around the barycenter takes the same amount of time.

Which of the following refers to a different thing from the others?

① Ⓐ
② Ⓑ
③ Ⓒ
④ Ⓓ
⑤ Ⓔ

06

Like many myths, Ⓐthis one has roots in reality. Early computers, by nature of their very newness, weren't necessarily the most reliable contraptions — they failed on multiple levels, and hard drives, in particular, occasionally crashed and burned, taking your data with them. So, many users took to shutting down their computers every night in hopes of extending the life of their machines. Today's computers are a much more dependable group of devices. If you use your computer several times per day, and in the morning and at night, you're better off simply leaving it on all the time, allowing it to fall into Sleep mode when you're not using it. You don't save much energy by turning off your computer at night, and shutting down and restarting every day is a waste of your time. Rebooting occasionally — say, about once per week — can purge the machine's memory and stop any unnecessary processes that may be causing slowdowns.

Which does the underlined Ⓐthis one refer to?

① Rebooting your computer occasionally helps keep it running smoothly.
② Shutting down your computer every night ensures proper performance.
③ Today's computers aren't susceptible to virus and malware.
④ Data can be damaged by turning off and on your computer frequently.

07

The most common types of hot springs are formed as a result of geothermal heat that is issued from natural warmth within the earth. At greater subterranean depths, underground rocks become increasingly warm, heating up groundwater that has trickled down into their presence. This water may collect into great subterranean lakes that sometimes feed smaller hot springs found at the surface. Alternatively, the water may rise naturally to the surface through porous rock by means of a process known as convection, characterized by heat causing shifting movements and currents in liquid. In the case of geysers and geothermal hot springs alike, minerals from surrounding rocks seep into the water, saturating it. This results in the formation of strange bands of colors in proximity to hot springs, characteristic odors issuing from them, and the waters' reputation for possessing medicinal qualities.

What does the underlined their refer to?

① underground rocks
② subterranean lakes
③ hot springs
④ subterranean depths
⑤ qualities of groundwater

08

The popularity of the magazine *Godey's Lady's Book* in the nineteenth century was due to more than its display of sumptuous clothing and decadent jewels. Its appeal had a lot to do with Ⓐits effort to create what the historian Benedict Anderson might describe as an "imagined community" of white middle-class Protestant women. In the midst of the massive social upheaval of the mid-nineteenth century and the redefinition of just who was an "American," *Godey's Lady's Book* was a guidepost for such women. Conjuring the spirit of *The Spectator* across the Atlantic, Ⓑthe publication treated Christian ladies to burgeoning middle-class lighthearted entertainments. It suffused Ⓒits merriment with lessons in the necessary moral principles for proper conduct. The difference, of course, was that while *The Spectator* focused Ⓓits moralizing rhetoric on the cultivation of men, *Godey's Lady's Book* focused on teaching girls and young women the rules of polite, white Christian society.

Which of the following underlined Ⓐ, Ⓑ, Ⓒ, and Ⓓ does NOT refer to the same thing?

① Ⓐ
② Ⓑ
③ Ⓒ
④ Ⓓ

09

Many of us have taken planes, and have gone to exotic places outside of Ⓐwhere we grew up and live. Be it a backpacking trip to India, a short weekend holiday spent in Bali, or a work-related trip to Johannesburg, the act of going somewhere outside of Ⓑour personal zone of familiarity and comfort is often seen as an opportunity offering some form of inner transformation. Indeed, the act of exposing ourselves to Ⓒthe foreign and unknown can evoke a plethora of new feelings in us. Sometimes, this experience leads us to new perspective, or even new decisions about ourselves and our lives. Don't be mistaken though, not all journeys that we take will lead us to a new self at Ⓓthe end of the road. More often than not, we return home as the same person as we were before, just with a few more stories to tell and a few more memories to reminisce about during our mundane 9-to-5 job.

1 Which of the following does NOT refer to the same thing?

① Ⓐ ② Ⓑ
③ Ⓒ ④ Ⓓ

2 Which of the following is the passage mainly about?

① We know the best way to travel around the world.
② Traveling that can help you find yourself is not easy.
③ We have several tips to cut down on travel expenses.
④ Most people can find themselves by traveling abroad.

10

If a man has *a skeleton in the cupboard*, it means that he has a dark or embarrassing secret about his past that he would prefer to remain undisclosed. The expression has its origins in the medical profession. Doctors in Britain were not permitted to work on dead bodies until an Act of Parliament permitting Ⓐthem to do so was passed in 1832. Prior to this date the only bodies Ⓑthey could dissect for medical purposes were those of executed criminals. Although the execution of criminals was far from rare in 18th century Britain, it was very unlikely that a doctor would come across many corpses during his working life. It was therefore common practice for a doctor who had the good fortune to dissect the corpse of an executed criminal to keep the skeleton for research purposes. Public opinion would not permit doctors to keep skeletons on open view in their surgeries so Ⓒthey had to hide them. Even if Ⓓthey couldn't actually see them, most people suspected that doctors kept skeletons somewhere and the most logical place was the cupboard. The expression has now moved on from its literal sense!

1 **According to the passage, which of the following is not true?**

① Not until the act of Parliament was passed, did doctors get the right to dissect corpses of the general public.

② At the time when the expression was coined, people felt strong repulsion toward the public display of skeletons.

③ No sooner had doctors been entitled to work on dead bodies, they began to traffic in them for research purpose.

④ In 18th century Britain, doctors lucky enough to be given the chance to dissect the corpse tended to store skeletons.

2 **According to the passage, which of the following is different from the rest?**

① Ⓐ them　　② Ⓑ they

③ Ⓒ they　　④ Ⓓ they

06

부분이해

06 부분이해

▶▶▶ ANSWERS P.230

01

The Superior Wallcoverings Wildcats were playing in the Little League championship game, and I wanted them to lose. I wanted the Town Pizza Ravens and their star pitcher, Lori Chang, to humiliate them, to run up the score and taunt them mercilessly from the first-base dugout. I know this isn't an admirable thing for a grown man to admit — especially a grown man who has agreed to serve as home-plate umpire — but there are feelings you can't hide from yourself, <u>even if you'd just as soon chop off your hand as admit them to anyone else</u>.

The underlined "<u>even if you'd just as soon chop off your hand as admit them to anyone else</u>" means ______.

① even when people are indifferent to them when revealing your feelings
② even if others do not accept your frank expressions of emotion
③ no matter how hard you try to speak out about your feelings
④ even if you know that you should never express your feelings
⑤ no matter how difficult it may be to have an emotional confrontation with others

02

Over the last century, scientists have considered genetics one of the most important factors in a child's intelligence ability. If this were true, it would mean that a person's intelligence would be fixed throughout life, and that people could predict how well a child would succeed in life by testing their intelligence quotient, or I.Q. An I.Q. is a measure of how intelligent someone is. This theory would also mean that teaching and training could not improve the chances of success for someone with a low I.Q. Other scientists disagreed with this view, and believed instead that children's minds were like gardens, where the seeds of intelligence could be planted.

What does the underlined part imply?

① Children can succeed in their life depending on their efforts.
② No matter how much education children have, their future is already decided.
③ Only children with a high I.Q. will do well in their life.
④ Children with a low I.Q. are likely to become failures.

03

I once hit the jackpot on an overnight flight from Hong Kong to Johannesburg by being awarded a double upgrade on Cathay Pacific, not just to business but to first class. All the high-flyers who had actually paid for their flights immediately put on their eye masks and went to sleep. As the cuckoo in the nest I decided to go for the full six-course menu, which started with caviar and vodka and culminated via various Far Eastern detours with stilton and other cheese. My fellow travellers arrived in South Africa fresh as daisies for their meetings. I arrived drunk, dishevelled and desperate to nap.

The underlined "the cuckoo in the nest" means ______.

① a pampered elite who is fastidious about food
② a frequent flyer of refined manners and taste
③ a gourmet who gets an invitation to gluttony
④ an intruder who doesn't belong to first class

04

In recent years, centralised states gradually reduced the level of political violence within their territories, and in the last few decades many countries managed to eradicate it almost entirely. Command of trillions of dollars, hundreds of millions of people, and millions of soldiers passes from one group of politicians to another group without a single shot being fired. People quickly got used to this, and now consider it their natural right. Consequently, even sporadic acts of political violence that kill a few dozen people are seen as a deadly threat to the legitimacy and even the survival of the state. A small coin in a big empty jar makes a lot of noise.

The underlined 'A small coin in a big empty jar makes a lot of noise' means '______'.

① Terrorism had a very limited psychological impact

② Terrorism today has a far greater political effect because people live in a far safer world

③ Terrorists lack the power to conquer countries and cities

④ Terrorism often leads to concessions from the countries attacked by terrorists

⑤ The more political violence there is in a state, the more the public shock at an act of terrorism

05

After all, alcohol was a legal, socially acceptable vice that many people enjoyed and heartily participated in. Every advertisement showed a good time usually defined with beautiful people and beautiful places adding to the pull of "come on in, the waters fine". Conversely, when one says that their loved one is a drug addict, we frequently picture an unsavory character, often times unkempt with a distrusting, devious look on their face. I came to realize that addiction is addiction and have often said "same soup — different bowls" when a client seems to find a false sense of comfort that their loved one is an alcoholic and not a drug addict.

The underlined "same soup — different bowls" implies that ______.

① both drug and alcohol are not so much a habit-forming drug as a refresher

② an alcoholic is as much a victim as a drug addict

③ addiction to alcohol is not as harmful as you can imagine

④ there is no difference between an alcoholic and a drug addict

06

Iman Thomas would be the first to say that she is just not a cardigan kind of person. Nonetheless, her dresser drawers bulge with those decent long-sleeved sweaters, in colors ranging from rainbow to black. Even in the most torrid weather they're part of her workday wardrobe in the employee benefits office at a Florham Park, N. J., insurance brokerage. This is how Ms. Thomas hides her tattoos: the inked images of the Virgin Mary and a dead girl crying bloody tears that fight for space on her right arm; the spider web that encircles her right elbow; the butterfly at rest on the inside of her right wrist; the rose in bloom on the inside of her left wrist. "There are parts of my body I wish I could get tattooed, but because I work in a corporate setting I have to keep them on a wish list," she said. "This is a pretty buttoned-up company."

The underlined expression implies that she ______.

① wears a dress with long sleeves
② expresses her individuality through cardigans
③ doesn't put on indecent clothes
④ doesn't like to wear modestly

07

Painting is complete as a distraction. I know of nothing which, without exhausting the body, more entirely absorbs the mind. Whatever the worries of the hour or the threats of the future, once the picture has begun to flow along, there is no room for them in the mental screen. They pass out into shadow and darkness. All one's mental light, such as it is, becomes concentrated on the task. Time stands respectfully aside, and Ⓐit is only after many hesitations that luncheon knocks gruffly at the door. When I have had to stand up on parade, or even, I regret to say, in church, for half an hour at a time, I have always felt that the erect position is not natural to man, has only been painfully acquired, and is only with fatigue and difficulty maintained. But no one who is fond of painting finds the slightest inconvenience, as long as the interest holds, in standing to paint for three or four hours at a stretch.

Which of the following does the underlined part Ⓐ imply?

① We tend to forget lunch time when we paint.
② Eating luncheon enhances concentration of a painter.
③ A painter is likely to skip luncheon.
④ Someone knocks at the door to deliver luncheon.

08

It may seem like nothing can live in a desert because it's so dry. But most deserts are full of life, with plants and animals that have adapted to survive without much water. Some plants, like cacti, store enough water in their stems to last until the next rain. Other plants, like mesquite grass, have very small leaves that curl up in the daytime to conserve the water they have. Some desert plants sprout and bloom only when it rains. Desert animals also have adaptations that help them survive without much water. Kangaroo rats in the Sonoran Desert get water from the seeds they eat. Some carnivores, such as desert foxes, get enough liquid from their prey. Another trick? Most desert animals stay underground or beneath shady rocks during the day. Many of them come out to hunt for food at night, when it's cool. If you plan to explore a desert, be sure to pack water, sunscreen, and protective clothing. After all, you're not a kangaroo rat!

The underlined expression "Another trick" means ______.

① another animal which lives in a desert
② another habitat where desert animals are abundant
③ another adaptation to the favorable environment
④ another way to survive in the dry desert

09

James Cutting, a professor at Cornell University, points out that the most reproduced works of impressionism today tend to have been bought by five or six wealthy and influential collectors in the late 19th century. The preferences of these men bestowed prestige on certain works, which made the works more likely to be hung in galleries and printed in anthologies. The kudos cascaded down the years, gaining momentum from mere exposure as it did so. The more people were exposed to, say, "Bal du Moulin de la Galette", the more they liked it, and the more they liked it, the more it appeared in books, on posters and in big exhibitions. Meanwhile, academics and critics created sophisticated justifications for its pre-eminence. After all, it's not just the masses who tend to rate what they see more often more highly. As contemporary artists like Warhol and Damien Hirst have grasped, critical acclaim is deeply entwined with publicity. "Scholars", Cutting argues, "are no different from the public in the effects of mere exposure."

What is implied by the underlined sentence?

① Certain works were popular with prescient collectors.
② The acclaim for artistic works increasingly accumulated.
③ The public tastes seriously impaired the value of works.
④ Criticism was a recreation of the value of a piece of work.
⑤ Masterpieces were little more than historical accidents.

10

Lithium has long been described as the "penicillin of psychiatry" and the "gold standard" in the treatment of bipolar disorder, yet its use in the United States has decreased steadily in the past 25 years. A frequent concern raised about lithium therapy is the risk of side effects, including lithium toxicity, which occurs when lithium is dosed too high or is taken in overdose. However, lithium's side effects are often overestimated by prescribers, and the drug's long-term safety at appropriate doses has been well-established. Years of anti-lithium advertising by the pharmaceutical companies has contributed to these negative perceptions surrounding lithium treatment. Fortunately, there now appears to be broad consensus in academic psychiatry that lithium, long-recognized as the single most effective mood-stabilizing agent, is underused — and that this represents a major problem in bipolar disorder treatment. Psychiatry's "orphan drug," long unsupported by any major pharmaceutical company, may be making a comeback.

The underlined part implies that lithium ______.

① ushered in a new way of treating mental health condition
② is now treated as an old-fashioned medical remedy
③ remains the most effective drug in all of psychiatry
④ cured all kinds of troublesome mental disorders

11

Have you ever met someone at a party, and within the first few minutes they've given you way too much personal information? You may have thought, 'Hey, I don't even know you, and I definitely don't need to know all of those details!'

Well, when you're assigned a personal essay, your job is to Ⓐdo what our friend at the party didn't do, and that strikes a balance for your essay. You need to give glimpses of yourself — your personal experiences, observations and views — but you need to do so with a specific purpose in mind. Your job isn't to throw out a ton of details, but rather to achieve a certain goal by using a select few of those experiences, observations and views.

You may be asked to write a personal essay as part of the application process for a college, or you might be given the assignment of writing a personal essay for a writing course or a test. Whatever the case may be, there are a few things that you should keep in mind in order to keep your personal essay on track.

According to the passage, what does the underlined Ⓐ mean?

① throw out a ton of details
② meet someone at a party
③ give glimpses of yourself
④ reveal too much experience

12

Inference is using observation and background to reach a logical conclusion. You probably practice inference every day. For example, if you see someone eating a new food and he or she makes a face, then you infer he does not like it. Or if someone slams a door, you can infer that she is upset about something.

Before you can begin to practice inference in literature, you should know what you are looking for. Your goal is to find the intended meaning of the text. Intended meaning is what the author is trying to teach us.

Why is it important to make inferences? When writing a story, an author will not include all the information for us. He/she will expect us to Ⓐread between the lines and reach conclusions about the text. When making inferences, you are looking beyond what is stated in the text and finding what the author only hints. This makes you a more active reader and critical thinker. It also makes it easier to understand what the author is sharing with you.

According to the passage, the underlined Ⓐ is closest in meaning to ______.

① read the implied meaning not expressed in the text
② read the entire text intensively with much attention
③ read the book speedily by skipping through the text
④ read the author's biography before reading the text

13

Another way people may try to feel virtuous after a misdeed is to judge others even more harshly for the same offense. Researchers refer to this tendency as ethical distancing, or "the pot calling the kettle black."

They give the example of a college administrator who was known for being especially unforgiving of applicants inflating credentials, but who later was found to have done the same herself in an egregious way, claiming to have degrees she did not have. Other examples might involve politicians making a point of being tough on certain types of crimes that they are themselves involved in.

Studies of ethical distancing have found that it is more likely to occur under certain conditions. First, the person has to see the behavior in question as immoral. Sometimes after a transgression, people will rationalize it by viewing it as less problematic, in which case they might judge others less harshly for the same offense. Second, the person has to believe that their own transgression is unlikely to be exposed, lest they risk appearing hypocritical.

The underlined expression "the pot calling the kettle black" means ______.

① taking precautions after damage has been done
② accusing a person of faults that one has oneself
③ a desire for revealing offenders' transgression
④ remaining ignorant of one's own faults

14

When you look at Earth from space, it looks like a big, blue marble. The Earth looks blue because of water. Most of Earth is covered with water. Some brown and green can be seen where there is land. A little white shows where there are clouds. We can live on Earth because there is water. Earth has lakes, rivers and oceans. Ⓐ<u>Other planets do not have these</u>. Earth is the only planet in our solar system where we have found life. Plants, animals and people all live on Earth. We can live on Earth because it is not too hot or too cold. Some planets are so hot that we will melt. Other planets are so cold that we will freeze. But Earth is not too hot or too cold. It is just right. We are glad because we live on this big, blue marble.

1 **According to the passage, what does the underlined Ⓐ mean?**

① Too hot or too cold conditions exist in other planets.
② Land, cloud, and water don't exist in other planets.
③ Plants, animals and people don't exist in other planets.
④ Lakes, rivers and oceans don't exist in other planets.

2 **According to the passage, which of the following is <u>not</u> mentioned about the Earth?**

① the reason why it looks blue from space
② the necessary conditions for living on it
③ the mutual relationship between it and the sun
④ the author's opinion about its current situation

15

The fizz that bubbles up when you crack open a can of soda is carbon dioxide gas. Soft drink manufacturers add this tingling froth by forcing carbon dioxide and water into your soda at high pressures — up to 1,200 pounds per square inch. The "fssst" you hear is millions of carbon dioxide molecules bursting out of their sweet, watery Ⓐconcentration camp.

An unopened soda can is virtually bubble-free because the pressure inside the can Ⓑ______. When you crack open the can, you release the pressure and allow the gas bubbles to wiggle free from the liquid and rise to the surface. This requires energy because in order for the gas to break free from the liquid it has to overcome the force holding the liquid together. One way to input energy is to shake the beverage.

1 **According to the passage, the author mentioned the underlined Ⓐ because ______.**

① a can of soda has been full of water and artificial sweeteners
② carbon dioxide molecules have been held against their will
③ the fizz bubbles up when you crack open a can of soda
④ the can is strong enough to contain carbonated water

2 **According to the passage, which of the following best fits in the blank Ⓑ?**

① makes the carbon dioxide evaporate completely
② allows the carbon dioxide to ooze out of the can
③ forces the carbon dioxide to turn into the oxygen
④ keeps the carbon dioxide dissolved in the liquid

16

The most obvious beneficiaries of leaning back would be creative workers — the very people who are supposed to be at the heart of the modern economy. In the early 1990s Mihaly Csikszentmihalyi, a psychologist, asked 275 creative types if he could interview them for a book he was writing. A third did not bother to reply at all and another third refused to take part. Peter Drucker, a management guru, summed up the mood of the refuseniks: "One of the secrets of productivity is Ⓐto have a very big waste-paper basket to take care of all invitations such as yours." Creative people's most important resource is their time — particularly big chunks of uninterrupted time — and their biggest enemies are those who try to nibble away at it with e-mails or meetings. Indeed, creative people may be at their most productive when, to the manager's untutored eye, they appear to be Ⓑ______.

1 **Which of the following is closest in meaning to the underlined Ⓐ"to have a very big waste-paper basket"?**

① to improve welfare of workers to enhance workers' productivity
② to be careful to keep your room clean at all times
③ to refuse invitations that do not help you to have your own time
④ to erase unnecessary thoughts for creative ideas

2 **Which of the following is most appropriate for the blank Ⓑ?**

① doing nothing
② making a wild speculation
③ lost in thought
④ putting in their shovels

17

Plato's meeting with Socrates had been a turning point in his life. He had been brought up in comfort, and perhaps in wealth; he was a handsome and vigorous youth — called Plato, it is said, because of the breadth of his shoulders; he had excelled as a soldier, and had twice won prizes at the Isthmian games. Ⓐ<u>Philosophers are not apt to develop out of such an adolescence</u>. But Plato's subtle soul had found a new joy in the "dialectic" game of Socrates; it was a delight to behold the master deflating dogmas and puncturing presumptions with the sharp point of his questions; Plato entered into this sport as he had in a coarser kind of wrestling; and under the guidance of the old "gadfly" (as Socrates called himself) he passed from mere debate to careful analysis and fruitful discussion. He became a very passionate lover of wisdom, and of his teacher. "I thank God," he used to say, "that I was born Greek and not barbarian, freeman and not slave, man and not woman; but above all, that I was born in the age of Socrates."

1 Which of the following is implied by Ⓐ?

① Plato became a philosopher earlier than other philosophers.
② Comfort and wealth were requisites for becoming philosophers.
③ Plato was distinguished from other philosophers by his youth.
④ Nature did more to make Plato a philosopher than nurture.

2 According to the passage, which of the following is NOT true?

① Plato's name was connected with his body shape fit for an athlete.
② Socrates caused hindrance to Plato's philosophy like a gadfly.
③ Plato had engaged in wrestling before he started his philosophy.
④ Plato was very proud that he was a contemporary of Socrates.

18

I have been listening to Mr. Brown and Mr. Smith, and I think maybe they are partly right, but at times they seem to get off the track, just like our Congressmen. I agree that letters would not scare Congressman Adams. He is against drafting college students because he thinks it is best. Letters from a few citizens will never get him to change. Also this business of getting pressure groups into the picture would be a big mistake. This is something for all the voters, not just for the few who are in pressure groups. Since it is for all the voters, I say, let's get all the voters in on it.

I think we should pass a petition among voters, asking Mr. Adams to see it our way. We should give every voter in this district a chance to sign the petition. Then we can send all those names to Washington. When Congressman Adams sees how many voters are against his idea, he will know that he will have to change his mind if he wants <u>to keep his job</u>. Let's pass a petition.

1 Which of the following is true of the passage?

① As for the petition, the more signers, the better.
② We must involve as many pressure groups as possible.
③ It is easy to change Adams's mind by writing to him.
④ Our Congressmen always keep on the right track.

2 Which of the following can best replace the underlined part?

① to keep opposing
② not to go bankrupt
③ to be reelected
④ not to take the risk

19

Russia and China share more than just a 2,600-mile border. ⒶThe most obvious commonality is a desire to prevent Washington from curbing both countries' growing influence within their respective neighborhoods and beyond. Their dominance of the Shanghai Cooperation Organization, a Central Asian security forum made up of eight member states, helps them push back against the U.S. presence in Asia. But the Vostok military exercises bring them shoulder to shoulder for an impressive show of strength. Pooling their military might reinforce the message that Washington's criticism of their behavior inside and outside their own borders is unwelcome.

Russia and China also have a natural commercial partnership in energy. Russia is among the world's leading exporters of oil and natural gas. China consumes vast amounts of these commodities. At a moment when the U.S. has slapped Russia with sanctions and China with tariffs, the Vostok exercises signal to Washington that the harder these two countries are pushed, the more they are incentivized to work together.

1 **Which of the following is the major topic of the passage?**

① What Russia and China have in common
② The cooperations between Russia and China
③ How Russia and China react against the U.S.
④ The implications of the Vostok exercises

2 **According to the passage, what is implied by Ⓐ?**

① Both Russia and China want the US government to boost their position by giving aid to their neighboring countries.
② Neither Russia nor China wants the US government to declare nonintervention in their relations with foreign countries.
③ Both Russia and China want to counteract the US government's attempts to weaken their international leadership.
④ Neither Russia nor China wants to expand their dominance in Asia in the face of the US government's opposition.

20

Elizabeth Arden and Helena Rubinstein were two most fabulous divas, and their business lives are fascinating. Elizabeth Arden used modern mass marketing techniques to bring her cosmetic products to the public. She also opened and operated a chain of beauty salons and beauty spas. Only "working" girls and performers wore face and eye makeup before Elizabeth Arden and Helena Rubinstein invented the modern age of cosmetics in New York in the early years of the last century. For 50 years these bitter rivals never met, though they lived and worked only blocks from each other. Elizabeth Arden and Helena Rubinstein were both conflicted emotionally and perhaps fictional enemies. They both understand the saying that there is no such thing as bad publicity. Their personalities were very opposite. Arden loved the refined, quiet country club life; Rubinstein was citified and edgy. But they were fixated on the exact same concept: Enhancing a woman's appearance was not vanity, it was necessity! Their war between competitors changed the corporate structure of American business forever and improved the woman's place in decision making of spending in the US.

1 **The underlined "there is no such thing as bad publicity" means ______.**

① it's good to be mentioned for good or ill
② there are very few good ways to gain a reputation
③ negative publicity makes people bring back the memory
④ publicity doesn't work under all circumstances

2 **Which of the following is true about Elizabeth Arden and Helena Rubinstein?**

① They used different marketing strategies to attract women interested in skin care.
② Their mutual animosity inspired each other within the same field.
③ The target consumers of cosmetics before them were housewives.
④ Helena Rubinstein had better business acumen than Elizabeth Arden.

07

목적·어조·분위기

07 목적·어조·분위기

▶▶▶ ANSWERS P.238

01

The concept of space-time, or a continuum in which time is not constant, shocked the scientific community when it was first proposed by Albert Einstein. In his most famous theory, the theory of relativity, Einstein supposed that the three dimensions of space — depth, width, and length — and the fourth dimension, time, are all affected by gravity. Until this theory was presented, time had been considered universal and constant. However, accounting for time's fluctuation has led to a better understanding of other theories about the universe.

What is the main purpose of the passage?

① To describe how Einstein camp up with the theory
② To explain the theory of relativity and its scientific impact
③ To define the multitude of forces that affect time
④ To show how time influences other dimensions in space

02

A man is driving down a country road when he sees a farmer standing in the middle of a huge field. He pulls the car over to the side of the road and watches the farmer just standing there, doing nothing, looking at nothing. Intrigued, the man gets out of the car, walks to the farmer and asks, "What are you doing, mister?" The farmer replies, "I'm trying to win a Nobel Prize." "How?" asks the man, puzzled. "Well, I heard they give the Nobel Prize to people who are out standing in their field."

Which of the following best describes the tone of the passage?

① analytic ② inquisitive
③ humorous ④ cynical

03

There was nothing to do but work, eat, drink, and sleep, so that's exactly what I did. In my possession, a bottle of cabernet sauvignon never lasted longer than a night or two. Countless delivery people came to place Big Macs on my doorstep while I sat in my room, lit only by the bluish glow of the laptop I was hunched over. With chronic back pain and no open gyms to turn to, I stopped even thinking about exercise, which is how I usually coped with stress. I could sleep an entire weekend and return to "the office" on Monday still exhausted.

As a remote-worker, the narrator felt ______.

① disappointed
② diffident
③ angry
④ enthusiastic
⑤ resigned

04

Recognition of that falsity of material wealth as the standard of success goes hand in hand with the abandonment of the false belief that public office and high political position are to be valued only by the standards of pride of place and personal profit; and there must be an end to a conduct in banking and in business which too often has given to a sacred trust the likeness of callous and selfish wrongdoing. Small wonder that confidence languishes, for it thrives only on honesty, on honor, on the sacredness of obligations, on faithful protection, and on unselfish performance; without them it cannot live.

The tone of the following is ______.

① hopeful
② condescending
③ meditative
④ apologetic
⑤ censorious

05

It is quite natural for all of us to want to preserve and protect the foods we purchase. With that in mind, we always think that the best way to do that is by putting them in our refrigerators. However, there are certain foods which should never be placed in the fridge.

Bananas in the fridge? Because they retain nutrients better outside the fridge, they should never be placed inside the refrigerator. According to Canadian Produce Marketing Association, bananas are better kept on the counter until they ripen. The cold temperatures actually slow down the ripening process of the bananas, while the moisture and darkness of the fridge will only facilitate rotting.

What is the main purpose of this passage?

① To encourage people to ensure adequate nutritional intake
② To emphasize nutritional benefits of bananas
③ To explain foods never to put in the fridge
④ To provide guidelines for storing food in the fridge

06

The pattern is striking. Men who are eventually arrested for violent acts often began with attacks against their girlfriends and wives. In many cases, the charges of domestic violence were not taken seriously or were dismissed. Before Tamerlan Tsarnaev was suspected of carrying out the bombing of the Boston Marathon, he was arrested for beating his girlfriend. When Man Haron Monis held 17 people hostage at a Lindt Chocolate cafe in Sydney, he had already been charged as an accessory to the murder of his ex-wife. Safe and democratic families are the key to ensuring safe and democratic communities. Until women are safe in the home, none of us will be safe outside the home.

Which best describes the tone of the passage?

① alerting
② gullible
③ sardonic
④ imminent
⑤ perfunctory

07

Angry court officials in India confiscated a railway train and the 100 passengers on it. They kept the packed vehicle and 'contents' for almost two hours, only releasing them when the railway department promised to pay its bills. The passengers did not seem unduly annoyed. No one expects trains in India to run perfectly on schedule, and some travelers enjoyed having ringside seats at a battle between two government departments. Train timetables in India are wonders of science, anyway. I recall one hill station in the north where there was only one train, scheduled to leave at 2:30pm every day. In fact, it left at a variety of times, but the townsfolk solved the problem by declaring that whatever time the train left was 2:30pm, and all other clocks and watches were adjusted accordingly, each day. In one fell stroke, the train became the only one in the world that left exactly on time every single day. Einstein, who was always going on about the malleability of the space time continuum, and using trains as examples, would have thoroughly approved.

What is the tone of the passage?

① critical
② admiring
③ sarcastic
④ inspiring

08

Conscious hip hop or socially conscious hip-hop is a subgenre of hip hop that challenges the dominant cultural, political, philosophical, and economic consensus. Conscious hip hop is related to and frequently overlaps with political hip hop, and the two terms are often used interchangeably. However, conscious hip hop is not necessarily overtly political, but rather discusses social issues and conflicts. Themes of conscious hip hop include afrocentricity, religion, aversion to crime and violence, culture, economy, or simple depictions of the struggles of ordinary people. Conscious hip hop often aims to subtly inform the public about social issues and having them form their own opinions instead of aggressively forcing ideas and demanding actions from them. Early gangsta rap often showed significant overlap with political and conscious rap. Pioneers in the gangsta rap genre such as Ice-T, N.W.A., Ice Cube, and the Geto Boys blended the crime stories, violent imagery, and aggression associated with gangsta rap with significant socio-political commentary, using the now standard gangsta rap motifs of crime and violence to comment on the state of society and expose issues found within poor communities to society at large.

윗글의 목적으로 가장 적절한 것은?

① to offer the general view of hip hop music
② to explain the meaning of conscious hip hop music
③ to describe the various subgenres of hip hop music
④ to recommend the best hip hop musics in the history

09

It was a very abrupt moment. We had rented an air force plane to go from Uruguay to Chile. We were trying to cross the Andes when the pilot said, "Fasten your seatbelts, we are going to enter some turbulence." Rugby players like to fool around and play macho. So we were throwing around rugby balls and singing a song, "Conga, conga, conga: the plane is dancing conga." The next thing, someone looked out the window and said, "Aren't we flying too close to the mountains?!" The pilot had made a huge mistake: He'd turned north and begun the descent to Santiago while the aircraft was still in the high Andes. He began to climb, until the plane was nearly vertical and it began to stall and shake. Then we smashed into the side of the mountain. I was thrown forward with tremendous force and received a powerful blow to my head. I thought, "You're dead." I grabbed my seat and recited a Hail Mary. Someone cried out, "Please God, help me, help me!" It was the worst nightmare you can imagine. Another boy was screaming, "I'm blind!" When he moved his head I could see his brain — and a piece of metal sticking out of his stomach.

1 **Which of the following best describes the moment the plane crashed in the Andes?**

① bearable
② apathetic
③ appalling
④ intriguing

2 **Which of the following can be inferred according to the passage?**

① One of rugby players had a portent that the plane would crash in the mountain.
② The writer had a fear of being on an airplane even before the plane accident.
③ The plane accident was ascribed to engine failure hampered by bad weather.
④ Some passengers might have ignored the seat belts sign from the pilot before the accident.

10

Claire Nouvian showed the proofs of her book, *The Deep*, to some of the world's most eminent marine scientists at an international deep-sea symposium. The amazing photographs she had collated, documenting life far beneath the waves, drew excited *oohs* and *aahs*. But in no time, Claire's pride turned to horror as American marine scientist Professor Les Watling showed a video to the packed conference room. She found herself looking at volcanoes that lay 2000 meters beneath the sea off the New York coast. Soviet fishing trawlers had ravaged them in the 1970s and now, 30 years on, these sea-mounts were bare. Instead of anemones and corals that take thousands of years to grow, there were only scars in the rubble left by weighted trawl nets. It was at that moment in 2006 that Claire Nouvian's eyes were opened to the destruction wreaked by the fishing industry around the world. Exposing the damage — and stopping it — became Claire's passion. She is now an activist.

1 **What is the purpose of the passage?**

① to inform the public of what marine scientists do for the ocean
② to contrast today's deep-sea ecosystems with those of the past
③ to persuade fishermen to try their best to preserve the oceans
④ to explain what motivated a woman to be a marine life activist

2 **According to the passage, ______.**

① Claire Nouvian now makes efforts to prevent the destruction of the ocean
② there was a violent dispute between Claire Nouvian and Les Watling
③ Soviet documented life beneath the sea off the New York coast in the 1970s
④ scientific research adversely influences the fishing industry around the world

08

문장배열

08 문장배열

▶▶▶ ANSWERS P.242

01

[A] Not only creativeness and enjoyment are meaningful. [B] The way in which a man accepts his fate and all the suffering it entails gives him ample opportunity to add a deeper meaning to his life. [C] It may remain brave, dignified and unselfish. [D] If there is a meaning in life at all, then there must be a meaning in suffering. [E] Or in the bitter fight for self-preservation he may forget his human dignity and become no more than an animal.

Choose the most logical order of the following sentences.

① [A] — [D] — [B] — [C] — [E]
② [A] — [B] — [C] — [E] — [D]
③ [A] — [E] — [D] — [B] — [C]
④ [A] — [B] — [E] — [D] — [C]
⑤ [A] — [C] — [B] — [D] — [E]

02

[A] Not all if these values may be compatible with each other: what is at least as certain is that in realizing some we lose the appreciation of others.
[B] Nevertheless, we can distinguish between advance and retrogression.
[C] We have to admit that no society and no one age of it realizes all the values of civilization.
[D] We can assert with some confidence that our own period is one of decline and that evidences of this decline are visible in every department of human activity.

Reorder the following sentences in the BEST way to form a coherent passage for each question.

① [C] — [A] — [B] — [D]
② [C] — [D] — [B] — [A]
③ [D] — [A] — [C] — [B]
④ [D] — [C] — [A] — [B]

03

[A] False memories and real memories seem to rely on these exactly same mechanisms to become lodged in the brain.
[B] Each dendrite has "spines", which act like fingers, enabling them to reach out across synapses and communicate from one cell to another.
[C] Memories are formed when particular connections between these neurons are strengthened.
[D] Our brains are home to approximately 86 billion neurons, each of which is equipped with stringy arms called dendrites, allowing them to stretch out to other cells.

Reorder the following sentences to form the most coherent passage.

① [C] — [A] — [D] — [B]
② [C] — [B] — [A] — [D]
③ [D] — [A] — [B] — [C]
④ [D] — [B] — [C] — [A]

04

[A] Strictly speaking, all fermentation is anaerobic (it doesn't consume oxygen); most rot is aerobic. [B] It's best known as the process by which yeast turns sugar into alcohol, but an array of other microorganisms and foods can ferment as well. [C] Fermentation is a biochemical magic trick — a benign form of rot. [D] But the two are separated less by process than by product. One makes food healthy and delicious; the other not so much. [E] In some fish dishes, for instance, the resident bacteria digest amino acids and spit out ammonia, which acts as a preservative.

Choose the most logical order of the following sentences.

① [A] — [C] — [B] — [E] — [D]
② [A] — [E] — [B] — [D] — [C]
③ [C] — [B] — [E] — [A] — [D]
④ [C] — [D] — [B] — [A] — [E]
⑤ [C] — [E] — [D] — [A] — [B]

05

[A] He thought many British spellings were overly pedantic and stuffed with superfluous letters.

[B] Years later, he published *A Compendious Dictionary of the English Language*, which featured many of the Americanized spellings used today.

[C] Shortly after the Revolutionary War, he was adamant that America, officially its own country, should have a distinct way of spelling from the British.

[D] So he wrote an essay arguing that Americans were downright treasonous if they weren't totally on board with spelling reform.

Reorder the following sentences to form the most coherent passage.

① [A] — [C] — [B] — [D]
② [A] — [D] — [C] — [B]
③ [B] — [C] — [A] — [D]
④ [C] — [A] — [D] — [B]
⑤ [C] — [D] — [A] — [B]

06

[A] Composers before him had created simpler symphonies and had been quite prolific — Haydn wrote 106 symphonies and Mozart 41.

[B] Beethoven revolutionized the structure of the symphony with an extended format, a wider range and density of sound, and inclusion of new instruments.

[C] Those after Beethoven, however, found it difficult, if not impossible, to write more than the nine he composed.

[D] Brahms, for instance, was so overawed by Beethoven's example that he did not produce his First Symphony until he was 43, and his final total was four.

Reorder the following sentences to form the most coherent passage.

① [A] — [B] — [C] — [D]
② [B] — [A] — [C] — [D]
③ [B] — [A] — [D] — [C]
④ [D] — [C] — [B] — [A]

07

[A] They won't automatically deal with pollution, protect endangered species and vulnerable communities.
[B] As powerful as they are, capitalism and tech progress won't solve all of our environmental challenges.
[C] We can also demand that gear-makers design their products to last longer, so that we throw them away less often.
[D] So we need people to advocate for wise policies, and responsible governments to put them in place.

Reorder the following sentences to form the most coherent passage.

① [A] — [B] — [D] — [C]
② [B] — [A] — [D] — [C]
③ [B] — [D] — [A] — [C]
④ [C] — [D] — [B] — [A]

08

[A] Common social phobias are fear of public speaking or performance, fear of eating in front of others, and fear of using public rest rooms. [B] This anxiety is so intense and persistent that it impairs the person's normal functioning. [C] Sociocultural factors can alter the form of social phobias, as in Japan, where cultural training emphasizes group-oriented values, a common social phobia is fear of embarrassing those around you. [D] Social phobias revolve around the anxiety of being negatively evaluated by others or acting in a way that is embarrassing or humiliating. [E] A generalized social phobia is a more severe form in that victims experience fear in virtually all social situations.

Choose the most logical order of the following sentences.

① [A] — [C] — [D] — [B] — [E]
② [C] — [A] — [E] — [D] — [B]
③ [C] — [D] — [B] — [A] — [E]
④ [D] — [A] — [E] — [C] — [B]
⑤ [D] — [B] — [A] — [E] — [C]

09

[A]Today, most linguists agree that the knowledge speakers have of the language or languages they speak is knowledge of something quite abstract. [B]It is a knowledge of rules and principles and of the ways of saying and doing things with sounds, words, and sentences, rather than just knowledge of specific sounds, words, and sentences. [C]It is knowing what is in the language and what is not; it is knowing the possibilities the language offers and what is impossible. [D]The knowledge that people have of the languages they speak is extremely hard to describe. [E]This knowledge explains how it is we can understand sentences we have not heard before and reject others as being ungrammatical, in the sense of not being possible in the language.

Which of the following does not fit in the passage?

① [A]
② [B]
③ [C]
④ [D]
⑤ [E]

10

May is Skin Cancer Awareness Month, and for good reason — skin cancer is the most common cancer in the United States, and the deadliest form is caused by exposure to UVB light. [A] To reduce your risk of getting skin cancer, experts recommend limiting your exposure to UVB light by covering up in protective clothing, wearing sunscreen and not relying on the sun or tanning beds to get tan. [B] It's clearly needed for bone health, but more recent research has shown that it may play a role in helping our body handle glucose, reduce inflammation, maintain a healthy immune system and possibly even prevent cancer. [C] Why does this matter? It turns out, vitamin D is incredibly important to our health in many different ways. [D] Nutritionally speaking, this creates a quandary, since our body is able to magically manufacture vitamin D from UVB light.

Choose the most logical order of the following sentences.

① [A] — [C] — [D] — [B]
② [A] — [D] — [C] — [B]
③ [C] — [A] — [B] — [D]
④ [D] — [C] — [B] — [A]

11

[A] Duckworth, herself a MacArthur Foundation "genius", says the concept of genius is too easily cloaked in layers of magic, as if great achievement erupts spontaneously with no hard work.
[B] Natural gifts and a nurturing environment can still fall short of producing a genius, without motivation and tenacity propelling one forward.
[C] She believes that no matter how brilliant a person, fortitude and discipline are critical to success, and says "When you really look at somebody who accomplishes something great, it is not effortless."
[D] These personality traits, which pushed Darwin to spend two decades perfecting *Origin of Species*, inspire the work of psychologist Angela Duckworth.

Reorder the following sentences to form the most coherent passages.

① [A] — [C] — [B] — [D]
② [A] — [D] — [B] — [C]
③ [B] — [A] — [C] — [D]
④ [B] — [D] — [A] — [C]

12

[A] Personalized medicine aims to match individuals with the therapy that is best suited to them and their condition.
[B] There is no reason to think that a drug that shows itself to be marginally effective in a general population is simply in want of an appropriate subpopulation in which it will perform spectacularly.
[C] That might or might not be true, but the statistics are being misinterpreted.
[D] Advocates proclaim the potential of this approach to improve treatment outcomes by pointing to statistics about how most drugs — for conditions ranging from arthritis to heartburn — do not work for most people.

Reorder the following sentences to form the most coherent passage.

① [A] — [D] — [C] — [B]
② [B] — [C] — [D] — [A]
③ [C] — [B] — [A] — [D]
④ [D] — [A] — [B] — [C]

13

[A] As they lead to the least harmful side effects of all painkillers, it's best to give them a try before turning to anything stronger, unless your doctor has advised you to avoid these products.
[B] Acetylsalicylic acid (aspirin) was the world's most popular painkiller by the mid-20th century.
[C] And you should be wary of combination products; the more ingredients a medication has, the greater the risk it could interact with something else you're already taking.
[D] Both drugs work by changing the message of the chemical transmitters that travel up our spinal cord and tell our brain we're hurting.
[E] Acetaminophen (paracetamol) became available in 1950, and today it ranks as the most widely used medication.

Put the following story into a logical order.

① [B] — [E] — [C] — [A] — [D]
② [E] — [B] — [D] — [A] — [C]
③ [B] — [E] — [D] — [A] — [C]
④ [B] — [C] — [E] — [D] — [A]
⑤ [E] — [C] — [B] — [D] — [A]

14

Premature death had many causes before the advent of modern medicine. Make-up was perhaps the most needless one. It was the wealthy women of ancient Rome, so intelligent in other respects, who first applied white lead to their faces in the hope of lightening their complexions. [A] <u>The chalky material did soften the features for a while, but its highly toxic qualities soon caused a more corpse-like pallor.</u> [B] <u>A non-toxic solution was finally found after the fall of Rome.</u> [C] <u>The European Renaissance is best known for reviving ancient philosophy and art, but Roman cosmetics made a comeback too.</u> [D] <u>By the 16th century pale skin was desirable once again, a symbol of status in contrast to the tan of an outdoor labourer, and make-up had barely changed.</u> Elizabethan women caked themselves in "ceruse": white lead diluted with pungent vinegar, a mixture that had ghastly side-effects, including baldness and tooth loss.

Choose the one that does <u>not</u> fit in the passage.

① [A]
② [B]
③ [C]
④ [D]

15

The aspect of science that is distinctive is that it always tries to ask questions that can be tested.

[A] A more scientific question might be "When did the universe come into existence?" because you could design experiments to test the answer.
[B] This does not mean that this is not a good question to ask, it just means that you cannot use science to discover the answer.
[C] A scientist would not want to ask the question "Why does the universe exist?" because he would never be able to perform an experiment to find the answer.

Choose the best order after the sentence in the box.

① [A] — [B] — [C]
② [B] — [A] — [C]
③ [C] — [A] — [B]
④ [C] — [B] — [A]

16

Weathering plays a vital role in our daily lives, with both positive and negative outcomes.

[A] Indeed, we would have very little food without weathering, as this process produces the very soil in which much of food is grown.
[B] Countless monuments, from the pyramids of Egypt to ordinary tombstones, have suffered drastic deterioration from freezing water, hot sunshine, and other climate forces.
[C] But weathering can also wreak havoc on the structures we build.
[D] It frees life-sustaining minerals and elements from solid rock, allowing them to become incorporated into our soils and finally into our foods.

Choose the best order from [A] to [D] for a passage starting with the sentence in the box.

① [A] — [D] — [B] — [C]
② [C] — [B] — [D] — [A]
③ [D] — [A] — [C] — [B]
④ [D] — [B] — [C] — [A]

17

The ancient Greeks measured time by dividing day and night into ten sections each and then adding two more sections for both dawn and dusk.

[A] In the second century BC, Greek astronomer Hipparchos suggested a more consistent system that standardized time into sixty-minute intervals that would remain fixed year round.
[B] As the amount of time for daylight changed by season, with more hours of daylight in summer than winter, the length of the intervals varied.
[C] However, this system of 24 "temporal hours," originally devised by the Egyptians, was inconsistent.
[D] This proposal for "equinoctial hours" was ignored by his contemporaries.

Choose the best order of the following sentence starting with the one in the box.

① [A] — [B] — [D] — [C]
② [B] — [A] — [D] — [C]
③ [C] — [B] — [A] — [D]
④ [D] — [C] — [A] — [B]

18

Ever since people started to arrive on America's shores, they've carried along trees, flowers, and vegetables from other places. Now there are so many of those plants, they are crowding out the native plants that have lived here since before human settlers arrived.

[A] And that's a problem. Almost all the plant-eating insects in the United States — 90% of them — are specialized. That means they eat only certain plants.
[B] But the trouble doesn't stop there, it goes right across the food web. When insects can't get the right plants to eat and they die off, then the birds don't have enough bugs for their meals.
[C] Monarch butterfly caterpillars, for example, dine on milkweed. If people cut down milkweed and replace it with another plant, the butterflies will not have the food source that they need to survive.

Choose the best order after the sentences given in the box.

① [A] — [B] — [C]
② [A] — [C] — [B]
③ [C] — [B] — [A]
④ [C] — [A] — [B]

19

How do you weigh a lion? That was the problem facing Edward Larde of Toledo, Ohio. He wanted his lion weighed, but he didn't have a scale large enough.

[A] Then Edward drove a short distance away and held his lion while a worker weighed the empty car.

[B] The workers at the company, however, were afraid to have a lion wandering around. Finally they devised a concrete plan.

[C] First they weighed the car with the lion in it.

[D] Then Edward had an idea! He put his lion in his car and drove to the Ace Steel-Baling Company, where they have a scale large enough to weigh even a truck.

By subtracting the difference between the two weighings, they found the lion's weight — 125 pounds.

전체 글의 의미가 통하도록 [A] — [D]의 순서를 알맞게 배열한 것을 고르시오.

① [A] — [B] — [D] — [C]
② [D] — [B] — [C] — [A]
③ [C] — [D] — [A] — [B]
④ [B] — [A] — [C] — [D]

20

We all tend to overlook evidence that contradicts our views. When confronted with new data, our pre-existing ideas can cause us to see structure that isn't there.

[A] This is a form of confirmation bias, whereby we look for and recall information that fits with what we already think.

[B] Although he claimed that his paper included all data points from his famous oil-drop experiment, his notebooks revealed other, unreported, data points that would have changed the final value only slightly, but would have given it a larger statistical error.

[C] It can be adaptive: humans need to be able to separate out important information and act quickly to get out of danger.

[D] But this filtering can lead to scientific error. Physicist Robert Millikan's 1913 measurement of the charge on the electron is one example.

There has been debate over whether Millikan intended to mislead his readers. But it is not uncommon for honest individuals to suppress memories of inconvenient facts.

전체 글의 의미가 통하도록 [A] — [D]의 순서를 알맞게 배열한 것을 고르시오.

① [A] — [B] — [D] — [C]
② [A] — [C] — [D] — [B]
③ [C] — [A] — [D] — [B]
④ [C] — [B] — [D] — [A]

09

문장삽입

09 문장삽입

▶▶▶ ANSWERS P.249

01

It feels as though you have direct access to the world through your senses. [A] You can reach out and touch the material of the physical world. [B] Although it feels like the touch is happening in your fingers, in fact it's all happening in the mission control center of the brain. [C] Seeing isn't happening in your eyes; hearing isn't taking place in your ears; smell isn't happening in your nose. [D] All of your sensory experiences are taking place in storms of activity within the computational material of your brain.

Choose the most appropriate place for the sentence given below.

It's the same across all your sensory experiences.

① [A]　　② [B]
③ [C]　　④ [D]

02

In 1870, a number of like-minded artists formed The Society for Traveling Exhibitions, and became known as the Peredvizhniki (sometimes called The Wanderers or Itinerants in English). [A] Many of the Peredvizhniki gained fame for their depiction of the Russian land. [B] The concept of the native land, rodina, had always been a significant factor in the conception of Russian national identity. [C] Aleksei Savrasov's *The Rooks Have Returned* (*Grachi prileteli*), 1871 caused a sensation for its sensitive portrayal of the Russian countryside. [D]

Choose the best place in the passage for the following sentence.

Despite the popularity of landscapes, critics charged that landscape painting could not advance progressive political agendas and that it was an elitist art for a leisured class.

① [A]
② [B]
③ [C]
④ [D]

03

Athenians received a small payment for serving on a jury or as a member of the largest deliberative body — the Assembly. Payment was a democratic innovation to ensure that poor citizens would not be prevented from civic engagement by indigence. [A] There was even an ancient equivalent to "Get Out the Vote" campaigns. [B] The fifth century B.C. playwright Aristophanes describes a rope dipped in wet red paint that was used to herd citizens to the place where they could vote and participate in the assembly. [C] While compensating citizens for lost time made participation possible for more people, Athenian democracy was also quite restricted in certain ways. [D] Women, foreigners, and slaves were categorically excluded.

Choose the best place for the following sentence.

Only adult male citizens could serve on juries, participate in the Assembly, or hold official positions of any sort.

① [A] ② [B]
③ [C] ④ [D]

04

People are consistent, so past behavior is the best predictor of future behavior. [A] If someone has a track record for being honest, altruistic, and nice, trust them. [B] And if they don't, please beware of the dangers. [C] Today we have numerous sources of data — references, resumes, past 360s — to improve our understanding of someone's integrity. [D] Everything we do is a product of our choices, and while moral standards are always a mix of subjective, cultural, and objective, we should make the effort to interpret people's lives in the context of moral choices. [E] Steve Jobs once noted that it is easy to join the dots backward. That is partly because we are too lazy or afraid to join them forwards.

글의 흐름으로 보아, 주어진 문장이 들어가기에 가장 적절한 곳은?

We should ignore these data at our peril.

① [A]
② [B]
③ [C]
④ [D]
⑤ [E]

05

Poetry was much more popular in the days of Romanticism than it is now and was taken much more seriously by a growing reading public throughout Europe. [A] It was read aloud in parlors, recited in taverns and declaimed on state occasions. [B] Wordsworth, for example, seldom let pass a battle of the long war with France without sending off a sonnet, whether it was the extinction of the Venetian republic, the Tyrolese resistance, or the Battle of Waterloo. [C] Where censorship was greatest, poetry was sometimes the only outlet for social criticism. [D] Safely in exile on the Channel Islands after the 1851 *coup d'etat* of Louis Bonaparte, Victor Hugo launched his ink bottles against *Napoleon le Petit* with no small impact, and returned to France a hero in 1870.

Choose the most appropriate place for the sentence given below.

Every major historical event triggered a volley of poems into the newspapers.

① [A]　② [B]
③ [C]　④ [D]

06

Anorexia nervosa is characterized by self-starvation and weight loss resulting in low weight for height and age. Anorexia has the highest mortality of any psychiatric diagnosis other than opioid use disorder and can be a very serious condition. [A] Body mass index or BMI, a measure of weight for height, is typically under 18.5 in an adult individual with anorexia nervosa. [B] Dieting behavior in anorexia nervosa is driven by an intense fear of gaining weight or becoming fat. [C] Although some individuals with anorexia will say they want and are trying to gain weight, their behavior is not consistent with this intent. [D] Some persons with anorexia nervosa also intermittently binge eat or purge by vomiting or laxative misuse. [E]

Choose the best place for the following sentence.

For example, they may only eat small amounts of low-calorie foods and exercise excessively.

① [A]
② [B]
③ [C]
④ [D]
⑤ [E]

07

The high degree of consensus across cultures regarding the value of proportionate punishment suggests that human intuitions about fairness and justice are deeply entrenched. [A] That babies too young to have absorbed social rules from their parents behave as if guided by these foundations bolsters the view that reciprocity, proportionality, and the impulse to punish violators are deeply rooted in evolution, psychology, and culture. [B] This is not because people are immune to change. [C] Within the last two centuries alone, we have witnessed profound moral transformations, ranging from the abolition of slavery to legal protections against racial and sexual inequality. [D] Yet these milestones of moral progress would not have come about at all but for the universal human hunger for fairness and justice.

아래의 문장이 들어갈 가장 알맞은 것을 고르시오.

On the contrary, attitudes can shift over time, and recent history bears this out.

① [A]　　② [B]

③ [C]　　④ [D]

08

People identify with particular TV characters and see them as mirroring themselves. Watching these ordinary people suffering, being happy, arguing, taking revenge, in short, dealing with everyday situations, serves as "catharsis" to use an ancient Greek term. [A] The psychology of the TV viewer is affected by the situations in which their TV heroes or heroines are involved. Somehow, they come to believe that these TV facts concern them, and that they should be occupied with them. [B] Lack of time and insecurity are allies in the personal equating with TV characters. It enables the view to have "safe" confrontation with real life; the TV screen is always a self-protector. [C] Whatever happens, true or not, it is "in there," behind the screen, not too close to us. The "deviation of keyhole" is responsible for creating totally wrong social behaviors. [D]

아래의 문장이 들어갈 위치로 가장 적합한 곳을 고르시오.

This pseudo-experience sometimes can be a relief from the daily pressures, but in the end results in total distraction and a befuddled mind in terms of any evaluation of the spectacle being watched.

① [A]　　② [B]
③ [C]　　④ [D]

09

Research suggests that there is an evolutionary reason as to why people compulsively overeat — it is simply part of our innate behaviour. [A] When humans evolved, we did not have the abundant supply of food that we enjoy today, and so eating was more about survival than pleasure. [B] This explains why a 600-calorie burger seems so attractive: it awakens our primal side, makes us feel well fed, inspires contentment. [C] Processed food stimulates the reward response in our brains, so we feel compelled to overeat, and not necessarily in a healthy way. [D] Junk food acts as a trigger for chemicals such as the 'feel-good' dopamine to flood through the brain and induce a sensation of happiness. [E] Meanwhile, high amounts of sugar and sodium cause a huge surge in blood sugar, pushing it to unnatural levels.

글의 흐름으로 보아, 주어진 문장이 들어가기에 가장 적절한 곳은?

We became more likely to opt for high-calorie foods, with high fat content, that could sustain us through cold winters when the supply of nourishment became sparse.

① [A]
② [B]
③ [C]
④ [D]
⑤ [E]

10

Many of the New Critics took a hard line against studying anything "outside" the literary work. But these guys and gals weren't totally banishing history, biography, and politics. [A] It's just that they believe the text — and nothing but the text — should be the main focus of literary study. [B] Instead of reading *Hamlet* to get clues about Shakespeare's life (Did he think Queen Elizabeth was the best monarch ever? Was he secretly Catholic?), they wanted to just read *Hamlet*. Period. [C] But there's really no "just" involved in New Critics' readings. That's not giving them enough credit. [D] They close read every word in order to gain insight into the work's form, literary devices, technique, and so on. They were all about studying the poem as a poem, the play as a play, and the novel as a novel.

Choose the best place for the following sentence.

It's not like they don't think those things are important.

① [A] ② [B]

③ [C] ④ [D]

11

War was at the core of the classical cultures, though, contrary to popular ideas, they were not always at war. [A] The Greeks and Romans for long periods of time were generally successful in war, and war was never far from their minds. [B] Concepts drawn from war were also used to structure thinking in many other areas. War was considered to be one of the main ways to distinguish one culture from another. [C] Within the classical cultures, war was central to the construction of masculinity and thoughts about the differences between men and women. [D] At the most intimate level, ideas from war were used by individuals to understand and construct their own personalities. [E] In the Greek and Roman worlds almost everything you read, heard, or looked at could evoke warfare.

글의 흐름으로 보아, 주어진 문장이 들어가기에 가장 적절한 곳은?

The ancient Mediterranean world produced sophisticated thinking specifically about war, much of which is still of relevance today.

① [A]
② [B]
③ [C]
④ [D]
⑤ [E]

12

The history of race is a reminder that science isn't just about theories and data; it's also about which facts are recruited into the stories we tell about human variation. [A] European Enlightenment naturalists and scientists once decided that humans might be divided into discrete groups in the same way as some other animal species, before arbitrarily setting the boundaries for these categories. [B] They attached meaning to skin color, using sweeping cultural stereotypes about temperament, intelligence, and behavior. [C] They formed the basis for the Nazi eugenics program of racial cleansing and the Holocaust. [D] Although it has been known for at least 70 years that race is undeniably a social construct and that those 18th-century thinkers were misguided in their assumptions, many scientists still labor under the belief that race is biologically real.

Choose the best place for the following sentence.

These pseudoscientific ideas went on to inform Western medicine for centuries.

① [A]　　② [B]

③ [C]　　④ [D]

13

Nowadays, markets and consumers are more demanding of quality services in all areas, including transportation or merchandise. [A] Transporting goods is a complicated endeavor and more so when it comes to products that are sensitive, such as perishable goods. [B] A perishable good is any product in which quality deteriorates due to environmental conditions through time, such as meat and meat by-products, fish and seafood, dairy products, fruit and vegetables, flowers, pharmaceutical products, and chemicals. [C] Due to their chemical and/or physiological characteristics, these products have short lifespans; they are more susceptible to severe and irreparable damage during transport, especially if temperature is not kept consistent. [D] These products must be handled with the utmost caution and efficiency in order to preserve them and keep them in excellent condition when they reach the final consumer. [E]

Choose the best place for the following sentence.

In order for this to happen, the key factors to keep in mind are time, isolation, and holding temperature.

① [A]
② [B]
③ [C]
④ [D]
⑤ [E]

14

Democritus built on the theory of Anaxagoras and developed it in new directions. He taught that space is filled with infinite numbers of minute, indestructible particles. Democritus called these atoms, which means indivisible. Atoms, he proposed, come together, form bodies and separate again. They are in perpetual motion. Motion is part of their essence. [A] They are not, as Anaxagoras thought, set in motion by the purpose of a transcendental principle. [B] They are caused to move and act according to necessity. In nature, Democritus insisted, nothing moves without cause, reason and necessity. There is no chance, only human ignorance. [C] Soul, too, consists of atoms, and knowledge is inescapably dependent on the senses. Feeling is not inherent in the atoms but in their particular combinations. [D] At death, therefore, when the combinations disintegrate, sensibility, personality and the soul cease their existence.

다음의 주어진 문장이 들어갈 가장 알맞은 곳은?

Instead, in perpetual motion, the atoms seek out similarity and combine according to affinities of size and form.

① [A]
② [B]
③ [C]
④ [D]

15

The great reactionary movement of the century takes effect in the realm of art as a rejection of impressionism. [A] It is a change which, in some respects, forms a deeper incision in the history of art than all the changes of style since the Renaissance, leaving the artistic tradition of naturalism fundamentally unaffected. [B] It is true that there had always been a swinging to and fro between formalism and anti-formalism. [C] But the function of art being true to life and faithful to nature had never been questioned in principle since the Middle Ages. [D] Post-impressionist art is the first to renounce all illusion of reality on principle and to express its outlook on life by the deliberate deformation of natural objects. Cubism, constructivism, futurism, expressionism, dadaism and surrealism turn away with equal determination from nature-bound and reality-affirming impressionism. [E]

Choose the best place in the passage for the following sentence.

In this respect impressionism was the climax and the end of a development which had lasted more than four hundred years.

① [A]
② [B]
③ [C]
④ [D]
⑤ [E]

16

Whether it's that biscuit you ate while standing in the kitchen waiting for the kettle to boil or the muffin you bought while walking past a bakery, unplanned eating happens to all of us. However, if you're trying to maintain a healthy weight or improve the way you eat, unplanned eating can get in the way of that goal. [A] Unplanned eating is rarely motivated by hunger — it usually happens when you're thinking about something else. [B] When you eat without thinking, you rarely make the best choices and, if you succumb often, then your diet is not as good as it could be. [C] To counteract unplanned eating, try keeping a food diary for a couple of weeks. Recording everything you eat brings your food choices to the forefront of your mind, making you more aware of what you're doing. [D] Plus, by paying more attention to your food you're likely to make better food choices — and enjoy it more.

Choose the best place for the following sentence.

"Worse still, you're likely to be overeating and putting yourself at risk of gaining weight."

① [A]　　② [B]

③ [C]　　④ [D]

17

Although English has more than 500 emotion-related words, some emotion words in other languages have no English meaning. [A] The Czech word *litost* apparently has no English word equivalent. It designates a feeling that is the synthesis of many others: grief, sympathy, remorse, and an indefinable longing. The Japanese word *ijirashii* also has no English equivalent; it describes the feeling of seeing a praiseworthy person overcoming an obstacle. [B] Similarly, other cultures have no equivalent for some English emotion words. [C] The Ilongot, a head-hunting group in the Philippines, have only one word, *liget*, for both anger and grief. Tahitians have different words for forty-six types of anger, but no word for sadness and, apparently, no concept of it. [D] One westerner described a Tahitian man as being sad over separation from his wife and child. The man himself said that he felt *pe'a pe'a* — a general word for feeling ill, troubled, or fatigued.

Choose the best place for the following sentence.

Many cultures do not see anger and sadness as different, for example.

① [A] ② [B]
③ [C] ④ [D]

18

The Solar System is a stable arrangement of planets, comets and debris orbiting the sun, and it is presumably one of many such orbiting systems in the universe. [A] The nearer a satellite is to its sun, the faster it has to travel if it is to counter the sun's gravity and remain in stable orbit. [B] For any given orbit, there is only one speed at which a satellite can travel and remain in that orbit. If it were travelling at any other velocity, it would either move out into deep space, or crash into the Sun, or move into another orbit. [C] And if we look at the planets of our solar system, lo and behold, every single one of them is travelling at exactly the right velocity to keep it in its stable orbit around the Sun. A blessed miracle of provident design? No, just another natural 'sieve'. [D] But equally obviously this is not evidence for conscious design. It is just another kind of sieve. [E]

다음 글의 흐름으로 보아 주어진 문장이 들어갈 가장 적절한 곳은?

Obviously all the planets that we see orbiting the sun must be travelling at exactly the right speed to keep them in their orbits, or we wouldn't see them there because they wouldn't be there!

① [A]
② [B]
③ [C]
④ [D]
⑤ [E]

19

Many invertebrates such as urchins and sea stars, can regrow a body part if they lose one. That's what biologist Michael Abrams expected to happen when he removed two of eight arms from a young moon jelly. But when Abrams checked on the experiment, "he started yelling ....'You won't believe this — you've got to come here and see!'" recalls Abrams's doctoral adviser, Lea Goentoro of Calthech in Pasadena. [A] Instead of regrowing limbs, the jellyfish had rearranged its remaining arms so they were spaced equidistantly around its body. [B] For Abrams's test animal to achieve that, muscles contracted in its body, which pushed and pulled the remaining arms until they were once again evenly spaced. [C] The scientists had stumbled upon a phenomenon completely new to science, which they call "symmetrization." [D] It's clearly an important way in which jellyfish heal themselves and it could prove useful to scientists studying regenerative mechanisms, says Goentoro.

다음의 주어진 문장이 들어갈 가장 알맞은 곳을 고르시오.

For a young moon jelly, or an adult, being symmetrical is crucial for movement and feeding.

① [A] ② [B]
③ [C] ④ [D]

20

Good criticism gives us ideas to explore and debate. The water cooler effect is not just about scandal but about dialogue among readers and viewers. This is one place where I might be inclined to say something is different in the twenty-first century. [A] With the Internet and social media, we can access criticism faster (and it can thrust itself upon us more easily). [B] The water cooler is not only local but global. In a cliché that is still worth noting, new media is collapsing time and space. [C] It is not unusual to debate the ideological premises of the latest Steven Spielberg movie with a colleague down the hall and then go into an online group discussion with scholars from Russia, China, and England. [D] Such dialogues expand not only our sense of the work but also the world in which we are living. Hopefully, such conversations draw us closer or at least opens us up to appreciating difference. Criticism is itself a work of art, freshening perception, revitalizing itself, and requiring engagement with it and among other people.

Which is the best place in the passage for the following sentence?

But more importantly, we can engage immediately in international conversations.

① [A]　　② [B]

③ [C]　　④ [D]

22만 6천 편입합격생의 선택

김영편입 영어 독해

워크북 1단계

10

빈칸완성

10 빈칸완성

▸▸▸ ANSWERS P.257

01

Despite outward gaiety, modernity, and unparalleled material prosperity, young Americans of the 1920s were "the lost generation" — so named by literary portraitist Gertrude Stein. Without a stable, traditional structure of values, the individual lost a sense of identity. The secure, supportive family life; the familiar, settled community; the natural and eternal rhythms of nature that guide the planting and harvesting on a farm; the sustaining sense of patriotism; moral values inculcated by religious beliefs and observations — all seemed Ⓐ______ by World War I and its aftermath.

Which of the following is most appropriate for the blank Ⓐ?

① consecrated
② undermined
③ indoctrinated
④ reinforced

02

During the frigid days of the Pleistocene, the woolly mammoth munched on a variety of Ice Age plants. These plants contained isotopes like strontium, which were taken into the mammoth's body through digestion and ______. Different locations had different strontium signatures, which became preserved in the mammoth's tusks. Thanks to the way they grow, tusks create records of an individual mammoth's life, with the younger years of the mammoth's life preserved at the tip and the adult years at the base.

Choose the most appropriate one for the blank.

① replayed what really happened during the Pleistocene
② became part of the animal's tusk tissues
③ created geochemical isotope maps
④ indicated clues as to why mammoths were extirpated
⑤ became a trivial archive of biological information

03

We know that physical activity helps people sleep better. More screen time is also likely to reduce time spent for physical activity, a link that has been established by research. "It induces more Ⓐ______ behaviour during the day. If you have a smart phone in your hand, you won't be swinging your arms as quickly or moving your legs. If you add that up over six months, you may have a new generation who are not Ⓑ______ as much each day," says Aric Sigman, an independent lecturer in child health education.

Which of the following is most appropriate for the blanks Ⓐ and Ⓑ?

① paralytic — motorial
② neurasthenic — volatile
③ sedentary — moving
④ mental — physical

04

But such an approach is by no means universal. Much thinking about value in our common experience is instead grounded in economic perspectives, such as the notion that something's value is a measure of what one would be willing to spend to acquire it, rather than a function of its inherent worth. Even art, which we often purposefully attempt to distance from such directly market-based concerns, clearly functions economically within Western society. In many circumstances artistic expressions are consumed as commodities, and routinely art is employed in the service of selling other products, ______.

다음 글의 빈칸에 들어갈 말로 가장 적절한 것은?

① as in the case of artists who were employed in some companies
② such as plays, operas, and movies
③ as in the various uses of music within radio and television commercials
④ as fine arts are commonly sold in art fairs
⑤ which was not dreamt of in the last century

05

Aristotle thought of the city as a *synoikismos*, a coming together of people from diverse family tribes — each *oikos* having its own history, allegiances, property, family gods. For the sake of trade and mutual support during war, a city is composed of different kinds of men; Ⓐ______ people cannot bring a city into existence; the city thus obliges people to think about and deal with others who have different loyalties. Obviously mutual aggression cannot hold a city together, but Aristotle made this precept more subtle. Ⓑ______, he said, involves thinking you know what other people are like without knowing them; lacking direct experience of others, you fall back on fearful fantasies. Brought up to date, this is the idea of the stereotype.

빈칸 Ⓐ와 Ⓑ에 들어가기에 가장 적합한 것을 고르시오.

① inferior — Chauvinism
② half-bred — Ethnocentrism
③ similar — Tribalism
④ heterogenous — Nationalism

06

Some language practices are particularly unfair to women. Women have been far less visible in language than men and have thus been at a disadvantage. Another word for the human race is not "woman," but "man" or "mankind." The generic human has often been referred to as "he." How do you run a project? You *man* it. Who supervises the department or runs the meeting? The chair*man*. Who heads the crew? The fore*man*. Picture a research scientist to yourself. Got the picture? Is it a picture of a woman? No? That's because the standard picture, or stereotype, of a research scientist is a picture of a man. Or, read this sentence: "Research scientists often put their work before their personal lives and neglect their husbands." ______ Again, the stereotypical picture of a research scientist is a picture of a man.

다음 글의 빈칸에 들어갈 말로 가장 적절한 것은?

① Were you surprised by the last word?
② Who wants to be a research scientist under that circumstance?
③ On what grounds do we judge a person by gender?
④ Are men just better at science research than women?
⑤ Do you accept that women work as hard as men?

07

In 1968, ecologist Garrett Hardin explored a particular social dilemma in "The Tragedy of the Commons", published in the journal *Science*. He pointed out the problem of individuals acting in rational self-interest by claiming that if all members in a group used common resources for their own gain and with no regard for others, all resources would still eventually be depleted. Overall, Hardin argues against relying on conscience as a means of policing commons, suggesting that this favors selfish individuals — often known as free riders — over those who are more altruistic. In the context of avoiding over-exploitation of common resources, Hardin concludes by restating Hegel's maxim, "freedom is the recognition of necessity." He suggests that "freedom" completes the tragedy of the commons. By recognizing resources as commons in the first place, and by recognizing that, as such, they require management, Hardin believes that humans "______."

빈칸에 들어가기에 가장 적합한 것을 고르시오.

① can be altruistic only when they rely on their conscience
② are much too reliant on common resources and others
③ can preserve and nurture other and more precious freedoms
④ are the greatest threat to commons and to each other

08

When you started your business, you might have pictured a gradual-but-rewarding climb to success. Sure, you knew there might be a few bumps in the road to Ⓐ______, but you never imagined the rollercoaster ride that building and growing a business actually is. Over the course of adding new clients and bringing in revenue, you could suffer a setback. It may be the loss of your biggest client or a major flaw in the manufacturing process that forces you to go back to square one. If that happens, it's important to remember that some companies suffering from Ⓑ______ at some point made Ⓒ______ eventually. Here are 12 ways to push past the disappointment and find success.

다음 글의 빈칸 Ⓐ, Ⓑ, Ⓒ에 들어갈 말로 가장 적절한 것은?

① setbacks — success — setbacks
② setbacks — success — success
③ success — success — setbacks
④ success — setbacks — setbacks
⑤ success — setbacks — success

09

Ancestral Pueblo culture, also called Anasazi, is prehistoric Native American civilization that existed from approximately AD 100 to 1600, centring generally on the area where the boundaries of what are now the U.S. states of Arizona, New Mexico, Colorado, and Utah intersect. The descendents of the Ancestral Pueblo comprise the modern Pueblo tribes, including the Hopi, Zuni, Acoma, and Laguna. As farmers, Ancestral Pueblo peoples and their nomadic neighbours were often mutually hostile. ______ by about AD 1300. It is believed that a convergence of cultural and environmental factors caused this to occur. The Great Drought (1276-99) probably caused massive crop failure. At the same time, and perhaps in relation to the Great Drought's impact on the availability of wild foods, conflicts increased between the Ancestral Pueblo and ancestral Navajo and Apache groups.

위 글에서 빈칸에 들어가기에 가장 적절한 것은?

① Ancestral Pueblo people contacted early settlers from Europe
② Ancestral Pueblo people created a new civilization
③ Ancestral Pueblo people abandoned their communities
④ Ancestral Pueblo people moved to a coastal region

10

The change in our conception of time and hence of the whole of our experience of reality took place step by step, first in impressionist painting, then in Bergson's philosophy, and finally, most explicitly and significantly of all, in the work of Proust. Time is no longer the principle of dissolution and destruction, no longer the element in which ideas and ideals lose their value, and life and mind their substance, it is rather the form in which we obtain possession and become aware of our spiritual life, our living nature, which is the antithesis of dead matter and rigid mechanics. What we are, we become not only in time but through time. We are not merely the sum-total of the individual moments of our life, but the result of the ever-changing aspect which they acquire through each new moment. Time that is past does not make us poorer; it is this very time that ______.

Choose the most appropriate one for the blank.

① deprives our lives of significance
② evacuates our lives from dangers
③ fills our lives with content
④ instills emptiness into our lives
⑤ discourages our lives from getting content

11

It is by making sense of our experience that we human beings grow wiser and gain greater control over the environment we live in. This has been true for the development of the human race over the centuries. It is equally true for each of us individuals in our own lifetimes. Fortunately, we have this capacity for noticing things. We observe people, things and events in the world around us. We notice their similarities and differences, their patterns and regularities — especially when such features could endanger us or, Ⓐ______, could be turned to our advantage. Many of our observations involve us in counting and measuring. Perhaps we do so in rough-and-ready fashion, and often so intuitively that we are scarcely aware of this habit of "Ⓑ______." Nevertheless our observations and comparisons are often in terms of "how much?", "how long?", "how often?", "how far?", "how difficult?", "how quickly?", "how well?", and so on.

Choose the best words for blanks Ⓐ and Ⓑ.

① alternatively — quantification
② ironically — stratification
③ subsequently — qualification
④ contradictorily — standardization

12

Formulated by Albert Einstein in 1905, the theory of relativity is the notion that the laws of physics are the same everywhere. The theory explains the behavior of objects in space and time, and it can be used to predict everything from the existence of black holes, to light bending due to gravity, to the behavior of the planet Mercury in its orbit. The theory is deceptively simple. First, there is no "absolute" frame of reference. Every time you measure an object's velocity, or its momentum, or how it experiences time, it's always in relation to something else. Second, the speed of light is the same no matter who measures it or how fast the person measuring it is going. Third, nothing can go faster than light. The implications of Einstein's most famous theory are profound. If the speed of light is always the same, it means that an astronaut going very fast relative to the Earth will measure the seconds ticking by slower than an Earthbound observer will — ______ for the astronaut, a phenomenon called time dilation.

위 글에서 빈칸에 들어가기에 가장 적절한 것을 고르시오.

① time intrinsically runs fast
② space is inherently flat
③ time essentially slows down
④ space is in essence bent

13

In 1996 a Chinese artist named Peng Wang, who had taken an interest in garbage as his subject matter, came across a human fetus wrapped in plastic labeled "medical waste." He was so shaken and moved by the sight that he made China's one-child policy a major theme of his work. Wang is just one of the subjects interviewed in Nanfu Wang and Jialing Zhang's compelling and upsetting documentary *One Child Nation*, which explores China's government policy, launched in 1979 and eliminated in 2015, mandating that each family produce only one child. The law was heavily enforced; families who violated it faced stiff fines or destruction of their homes. Worse yet, many women were forced to undergo sterilization or abortion, in some cases even after fetuses had reached eight or nine months. Unwanted infants were often abandoned and left to die, or sold to orphanages. Wang and Zhang, both of whom were born in China under the one-child rule, explore not just the policy but also its far-reaching effects — and offer a chilling glimpse of what can happen when ______.

Which of the following best fits in the blank?

① a nation opts to control women's bodies for its own political gain
② people live deprived of human rights under the communist regime
③ women do not conform to the government's birth control policies
④ a government is bent on oppressing the freedom of artistic expression
⑤ artists turn a blind eye to the atrocity of the authoritarian government

14

Ed Diener, aka "Dr. Happiness", is a leading researcher in positive psychology who coined the expression "subjective well-being" or SWB as the aspect of happiness that can be empirically measured. One of Ed Diener's major contributions is his research on whether people are in fact happy or not. Diener found that in America, 1/3 of people respond they are "very happy" and only 1 in 10 claim they are "not too happy." The majority rate themselves as "pretty happy." These results were replicated in other countries, showing that there is a positive level of Subjective Well Being throughout the world. Further, he found that even the majority of disadvantaged individuals, such as people with disabilities and even quadriplegics reported greater than average levels of happiness. These findings are somewhat surprising given philosophers and poets' typical depiction of the misery of human existence. But Diener hypothesizes that there is a genetic basis for "positive affect" in human beings: basically we are programmed to be happy and even horrific events like being paralyzed often upset happiness only temporarily. Due to the principle of hedonic adaptation, ______.

Which of the following is most appropriate for the blank?

① negative emotions had an impact on lasting happiness
② external conditions change one's level of happiness
③ we are able to quickly revert back to our "set level" of happiness
④ the pursuit of happiness makes a positive contribution to life satisfaction

15

Tasmania has four distinct seasons with the warmest months being December to March. The average maximum daily summer temperatures are between 17 and 23 degrees Celsius and winter daily temperatures sit between 3 and 11 degrees Celsius. Rainfall Ⓐ______ dramatically across the island. Hobart, with an average of 626 millimetres, is Australia's second-driest capital city (after Adelaide), while on the west coast an annual average of 2,400 mm ensures the rainforest thrives. Regardless of where you travel in Tasmania you should be prepared for sudden, temporary Ⓑ______ in the weather, especially if bushwalking. Always carry additional warm clothing, including a waterproof outer layer.

1 **Which best fits into the blank Ⓐ?**

① conforms ② relieves
③ varies ④ confuses

2 **Which best fits into the blank Ⓑ?**

① fraction ② deterioration
③ entirety ④ improvement

16

By the term of the Middle Ages, historians generally mean to denote the history of Western Europe from the end of the Roman Empire in the west until the Italian Renaissance: roughly, 400-1400 AD. No one living in Europe from the fifth to the fifteenth century, of course, thought of themselves as living in a "middle age." This term, "the Middle Ages," was first used by Italian intellectuals during the Renaissance of the fifteenth century to Ⓐ______ the period that separated them from the authors and artists they so admired in classical antiquity (ancient Greece and Rome). So in its origins, the concept of the Middle Ages frames the period negatively as a time of cultural backwardness, a period in which the accomplishments of classical civilization were Ⓑ______ by ignorance and superstition. This was the view of fifteenth-century elites.

1 **Which of the following is most appropriate for the blank Ⓐ?**

① insulate
② authenticate
③ denigrate
④ stellify

2 **Which of the following is most appropriate for the blank Ⓑ?**

① glorified
② eclipsed
③ effulged
④ strengthened

17

It has been observed by Adam Smith, that "the word Value has two different meanings, and sometimes expresses the utility of some particular object, and sometimes the power of purchasing other goods which the possession of that object conveys." The one may be called *value in use*; the other *value in exchange*. "The things," he continues, "which have the greatest value in use, have frequently little or no value in exchange; and, on the contrary, those which have the greatest value in exchange have little or no value in use." Water and air are abundantly useful; they are indeed Ⓐ______ to existence, yet, under ordinary circumstances, nothing can be obtained in exchange for them. Gold, on the contrary, though of little use compared with air or water, will Ⓑ______.

1 **Which best fits Ⓐ?**

① prodigal
② ubiquitous
③ sparse
④ indispensable
⑤ mediocre

2 **Which best completes Ⓑ?**

① be the measure of value in use
② derive its usable value from the quality
③ exchange for a great quantity of other goods
④ form a small part of the mass of commodities
⑤ be increased in quantity by the exertion of human industry

18

The word most often used to describe Donald Stuart is 'complex'. Clearly, the influence of his family, their strong socialist politics and humanist beliefs, together with his life experiences, all contributed to the complexity of his character. He was not someone you could overlook; opinions about him ranged from affectionate acceptance of his unconventional behaviour, as well as deep regard and respect for his writing, politics and championship of the Aboriginal cause, to Ⓐ______ accounts of unsociable drinking habits and outspokenness. You sense the tolerance of those, mostly younger members of the Western Australian writing community, who would happily help him out to his car at the end of a literary event and worry about him getting home safely, and the annoyance of those who suffered what they regarded as his Ⓑ______ behaviour.

1 Which of the following is most appropriate for the blank Ⓐ?

① eclectic
② tranquil
③ fortuitous
④ dismissive

2 Which of the following is most appropriate for the blank Ⓑ?

① outrageous
② congenial
③ litigious
④ ingenious

19

According to subjectivism, meaning in life varies from person to person, depending on each one's Ⓐ______ mental states. Common instances are views that one's life is more meaningful, the more one gets what one happens to want strongly, the more one achieves one's highly ranked goals, or the more one does what one believes to be really important. Subjectivism was dominant for much of the 20th century when pragmatism, positivism, existentialism, noncognitivism, and Humeanism were quite influential. Ⓑ______, in the last quarter of the 20th century, "reflective equilibrium" became a widely accepted argumentative procedure, whereby more controversial normative claims are justified by virtue of entailing and explaining less controversial normative claims that do not command universal acceptance. Such a method has been used to defend the existence of objective value, and, Ⓒ______, subjectivism about meaning has lost its dominance.

1 Which best fits in the blank Ⓐ?

① discreet
② variable
③ blatant
④ whining

2 Which pair best fits in the blanks Ⓑ and Ⓒ?

① Nevertheless — in addition
② Moreover — for example
③ However — as a result
④ Therefore — by the way

20

Ⓐ______ Rational thought, logical and metaphysical thought can comprehend only those objects which are free from contradiction, and which have a consistent nature and truth. It is, however, just this homogeneity which we never find in man. The philosopher is not permitted to construct an artificial man; he must describe a real one. All the so-called definitions of man are nothing but Ⓑ______ speculation so long as they are not based upon and confirmed by our experience of man. There is no other way to know man than to understand his life and conduct. But what we find here Ⓒ______ every attempt at inclusion within a single and simple formula. Ⓓ______ is the very element of human existence. Man has no "nature" — no simple or homogeneous being. He is a strange mixture of being and non-being. His place is between these two opposite poles.

1 Choose the BEST set of words for blanks Ⓑ, Ⓒ, and Ⓓ.

① rigid — eludes — Dysphoria
② hazy — resists — Vicissitude
③ lax — abets — Discrepancy
④ airy — defies — Contradiction

2 Choose the BEST sentence for the blank Ⓐ.

① It is not really possible to draw a sharp line between what is logic and what is metaphysics.
② Metaphysics uses logic based on the meaning of human terms rather than logic tied to human perception of the world.
③ Traditional logic and metaphysics are themselves in no better position to understand and solve the riddle of man.
④ Any theory of logic or metaphysics necessarily involves some fundamental assumptions about the nature of man.

22만 6천 편입합격생의 선택

김영편입 영어 독해

워크북 1단계

해설편

01 제목

01

모든 산업 국가들은 어느 날 환경적 전환점, 즉 그 국민들에게 성장의 생태학적 결과를 극적으로 보여주는 사건에 봉착하였다. 미국의 경우 1969년 오염물질로 탁해져 물고기가 사라진 오하이오주의 Cuyahoga 강에 불이 났을 때 그런 일이 일어났다. 이듬해 미국 환경보호국(EPA)이 설립됐다. 1970년대 일본이 엄격한 환경법들을 통과시켰던 것도, 플라스틱 공장에서 유출된 유독한 수은이 미나마타만 주변에서 수천 명의 목숨을 앗아가고 있다는 사실을 깨달은 뒤에 있었던 일이다. 2013년 1월 베이징에 내려앉은 악취 나는 스모그도 이러한 대세 전환의 환경적 파괴들의 대열에 합류했다.

③

▶ 이 글은 인간이 경제성장을 위해 환경을 파괴해 자초한 피해를 겪었지만 그래도 뒤늦게나마 환경보호에 대한 인식과 정책, 법규의 대전환이 일어났음을 말하고 있으므로 글의 제목으로 ③(늦게라도 하는 것이 더 낫다)이 적절하다. 첫 문장에서 '환경적 전환점'을 언급했고 마지막 문장에서도 환경적 파괴를 '대세 전환의'라고 수식한 것은 긍정적인 의미를 갖는 것이므로 ④(소 잃고 외양간 고친다)는 적절치 않다.

hit v. (특정한 수준에) 이르다[달하다]; (문제·곤경 등에) 부닥치다[봉착하다]
turning-point n. 전환점
dramatize v. 극적으로 보여주다
bereft a. ~이 전무한, ~을 상실한
poisonous a. 유독한
mercury n. (중금속) 수은
fetid a. 악취가 나는
settle v. 자리 잡다; 한동안 머물다
rank n. 지위; 대열
game-changing a. 대세를 바꾸는, 획기적인

02

대부분의 사람들은 가격에 세심한 주의를 기울이지 않는다. 대신에 그들은 상품이 할인 판매되고 있다고 말해주는 단서에 의존한다. 예를 들어, 슈퍼마켓에서 상품 가까이에 놓여있는 "최상의 구매"나 "저렴한 가격" 같은 문구가 적힌 표지판이나 통로 끝에 놓여있는 상품은 세일(할인판매) 중이라는 인상을 준다. 그런 다음 슈퍼마켓은 옛 가격표 위에 새 가격표를 올려놓지만 그 상품이 세일 중이라는 것을 의미하지는 않는다. 주의 깊게 살펴보면 상품의 가격이 변하지 않았음을 알게 될 것이다. 그러니까 소비자들이 진짜 바겐세일을 찾아낼 수 있도록 가격을 예의주시해야 한다는 것은 말할 필요도 없다. 소비자들은 시장에서의 여러 가격들을 비교하고 서로 다른 품목들의 가격에 주목하는 것이 현명하다.

③

▶ 이 글의 저자는 '소비자들이 보통 가격에 주의를 기울이지 않는데, 가격을 잘 살펴봐야 진짜 바겐세일을 찾아낼 수 있다'고 하고 있으므로, ③(가격표를 보라)이 제목으로 적절하다.

cue n. 단서, 실마리
discount v. 할인하여 팔다
wording n. 용어, 문구
price tag 가격표
it goes without saying that ~는 말할 필요도 없다
keep tabs on ~에 주의하다, ~를 감시하다
spot v. 발견하다, 탐지해내다
advisable a. 권할만한, 현명한
take note of ~에 주목하다

03

다른 형태의 훈육들도 적절한 상황에서 행해지면 효과적이지만 정적 강화만이 갖는 독특한 이점들이 있다. 사람들은 종종 다른 형태의 훈육보다 정적 강화를 더 쉽게 받아들이는데, 이는 정적 강화가 어떤 것도 빼앗아 가지 않고 부정적 결과 또한 가져오지 않기 때문이다. 행동을 단념하게 만드는 것보다 장려하는 게 훨씬 쉽기 때문에, 대부분의 경우 정적 강화라는 도구가 처벌보다 더 강력하다. 아마도 가장 중요한 것은, 정적 강화가 특히 장기적 관점에서 그야말로 더 효과적일 수 있다는 사실이다. 긍정적 감정과 연상이 학습에 수반되면, 그런 학습은 더 잘 기억될 것이고 이는 강화 계획이 끝난 뒤에까지도 그 효과가 지속될 것이다.

⑤

▶ 첫 문장에서 "다른 형태의 훈육들도 적절한 상황에서 행해지면 효과적이지만 정적 강화만이 갖는 독특한 '이점들(benefits)'이 있다."고 진술한 뒤, 정적 강화의 이점들을 열거하고 있으므로, ⑤가 글의 제목으로 가장 적절하다. ①과 ④는 이점들 중 하나에 불과한 것들이어서 정답이 되기에 부적절하다.

benefit n. 이점, 혜택
positive reinforcement 정적 강화(正的强化)
swallow v. 받아들이다
motivation n. 동기부여

04

언어는 표현과 의사소통이라는 두 가지 주요한 목적이 있다. 가장 원시적 형태에서 언어는 다른 형태의 행동과 거의 다르지 않다. 어떤 이가 한숨을 내쉬며 슬픔을 표현하는가 하면, '아아!' 혹은 '아아 슬프도다!'라는 말로도 표현할 수 있는 것이다. 그는 뭔가를 가리키거나 '저 봐!'라며 의사를 전달하기도 한다. 표현과 의사소통이 반드시 구별되는 것은 아니다. 만약 당신이 헛것을 보아서 '저 봐!'라고 말한다면, 그것은 공포를 표현하는 어조가 될 것이다. 이것은 단지 언어의 초보적인 형태에만 적용되는 얘기는 아니다. 시에서도, 특히 노래에서는, 감정과 정보가 동일한 수단에 의해 전달된다. 음악은 감정이 정보와 결별한 언어의 형태라고 간주될 수 있지만, 전화번호부라면 감정 없이 정보만 전달한다. 그러나 일반적인 말에서는 두 가지 요소가 보통 공존한다.

③

▶ 언어는 정보(information)를 전달하는 의사소통(communication)과 감정(emotion)을 표현하는 것(expression)이라는 2가지 기본 목적을 가진 수단이라는 것이 이 글의 주제이다. 따라서 ③ '당신이 언어로 전달하는 것'이 제목으로 적절하다. ①의 경우 대단히 매력적이긴 하지만, 글 전체의 핵심어인 언어(language, words)가 빠져 있어 무엇의 내용인지가 명확하지 않다는 것이 큰 단점이다.

primary a. 주요한, 주된
primitive a. 원시적인
differ from ~와 다르다
sigh v. 한숨 쉬다
alas int. 아아
woe n. 고민, 비통, 비애
separate v. 구별하다
elementary a. 기본의, 초보의
present a. 있는, 존재하는

05

54세의 게리 리언 리지웨이(Gary Leon Ridgway)는 48명의 여성을 살해해 유죄선고를 받았는데, 이것으로 그는 미국 역사상 가장 많은 사람을 죽인 연쇄살인범이 되었다. 그는 배심원과 슬퍼하고 있는 가족들 앞에서 '유죄'임을 48번 되풀이 하여 인정할 때조차 양심의 가책을 보이지 않았다.
희생자의 가족들은 연단 앞에 서서 그가 저지른 것에 대해 그를 조롱하고 저주했다. 그는 살해당한 여성의 한 아버지가 예상치 못한 말을 건네기 위해 연단에 올라설 때까지 감정 없이 그곳에 앉아있었다. 그 아버지는 "리지웨이씨. 당신을 증오하는 사람들이 이곳에 있어요. 저는 그들과 달라요. 당신이 저지른 일에 대해 당신을 용서할게요."라고 말했다. 연쇄살인범인 게리 리지웨이는 희생자의 아버지에게 용서를 받은 후에 후회의 눈물을 흘렸다.

②

▶ 많은 사람을 살해한 연쇄살인범이 희생자의 아버지에게 용서를 받고 후회의 눈물을 흘렸다고 했으므로 이 글의 제목으로는 ② '용서의 힘'이 적절하다.

plead guilty 유죄[책임]를 인정하다
serial killer 연쇄살인범
remorse n. 후회, 양심의 가책
podium n. 연단
shed v. (눈물을) 흘리다

06

세상은 실재하는 위험들과 상상의 위험들로 시끄러우며 전자를 후자와 구별하기가 쉽지 않다. 우리는 체액에 직접 닿음으로써만 확산되는 에볼라 바이러스가 공기로 전염되는 초대형 전염병으로 돌연변이를 할 것이라고 염려해야 하는가? 과학계의 일치된 의견은 그것은 가능성이 대단히 희박하다는 것이다. 그러나 '공기로 전염되는 에볼라'라고 인터넷 검색 엔진에 입력해 넣으면 당신은 이 바이러스가 우리 모두를 죽일 수 있는 능력을 포함해 거의 초자연적인 능력을 갖고 있는 지옥 같은 세상에 들어가게 될 것이다. 이 당황스러운 세상에서 우리는 무엇을 믿을 것이며 어떻게 그 믿는 바에 따라 행동할 것인가를 결정해야 한다. 원칙적으로, 바로 그것을 위해 과학은 존재하는 것이다. 과학은 사실들의 집합이 아니다. 과학은 우리가 믿기로 하는 것이 자연법칙에 기초한 것인지 아닌지를 결정하는 방법이다. 그러나 그 방법은 우리들 대부분에게는 쉽지 않다. 그래서 우리는 거듭하여 의심과 혼란에 빠지게 된다.

④

▶ 과학계에서 일치된 견해로 에볼라 바이러스는 초대형 전염병으로 돌연변이를 할 가능성이 희박하다고 하는데도 인터넷에 의견을 올리는 사람들은 마치 이 바이러스로 인류가 전멸할 것 같은 말을 한다. 이렇게 과학을 못 믿는 이유는 과학이 제공하는 방법으로 어떤 판단을 내리는 것이 우리에게는 어려운 일이어서 의심과 혼란에 빠지기 때문이라고 했다. 따라서 글의 제목으로 ④가 적절하다.

crackle v. 딱딱 소리를 내다; 금이 나다
hazard n. 위험
bodily fluid 체액
mutate v. 돌연변이하다
airborne a. 공수의, 공기로 전염되는
superplague n. 초대형 전염병(사람에서 사람으로 전염되어 많은 사망자를 내는 전염병)
consensus n. 의견일치
dystopia n. 암흑향, 지옥향(↔utopia)
come natural[naturally] to ~에게는 쉽다
run into ~에 빠지다

07

1920년에는, 과일 맛이 나는 막대 아이스크림이 존재하지 않았다. 매우 인기 있는 이 여름철 간식은 레모네이드 믹스를 판매하는 사람에 의해 우연히 발명되었다. 어느 추운 밤에 이 판매원은 스푼이 들어있는 레모네이드 유리잔을 창턱에 올려놓았다. 아침에 보니, 스푼이 손잡이 형태가 된 채 레모네이드가 꽁꽁 얼어붙어 있었다. 그것은 그 판매원에게 막대기 손잡이가 달린 냉동 과일 아이스크림을 팔아야겠다는 아이디어를 제공해 주었다. 곧 과일 맛이 나는 막대 아이스크림은 모든 곳에서 판매되었으며, 아이들이 매우 좋아하는 간식이 되었다.
1930년대에, 많은 사람들은 실직 상태여서 돈이 거의 없었다. 비록 막대 아이스크림이 개당 5센트에 불과했지만, 많은 사람들이 너무나 가난해, 이 간식을 사먹을 형편이 되지 못했다. 바로 이 시기에 아이 둘이서 5센트짜리 간식을 나눠 먹도록 두 개의 막대기로 되어있는 2인용 막대 아이스크림이 개발되었다.

① ▶ 매우 인기 있는 여름철 간식인 막대 아이스크림이 어떻게 발명되었고, 경제적인 어려움으로 어떤 형태까지 나오게 되었는지 소개하고 있으므로, ①의 '막대 아이스크림이 출시하게 된 배경'이 글의 제목으로 적절하다.

fruit-flavored a. 과일 맛이 나는
ice pop 막대 아이스크림
treat n. 즐거움을 주는 것; 간식
accidentally ad. 우연히
window sill 창턱
frozen solid 꽁꽁 얼어붙은
handle n. 손잡이
apiece ad. 각각
impoverished a. 빈곤한
afford v. ~할 여유가 되다

08

중세 말에 유럽의 안정이 증대한 것은 동·서양 사이의 교역과 유럽 자체 내에서의 대규모의 교역을 가능하게 했다. 베니스와 제노바와 같은 이탈리아의 도시 국가들은 동쪽 지중해와 흑해에 무역항이 있었는데 이 무역으로 인해 이들 도시는 유럽에게 가장 부유한 도시 중 하나가 되었다. 오늘날 대부분의 역사학자들은 흑사병이 설치류 동물의 등에 묻은 기생충(쥐에서 기생하는 병원균)에 의해 이들 무역항로를 거쳐 유라시아로 퍼져나갔을 것 같다는 데 대체로 동의한다. 예르시니아 페스트균은 중국에서 당시 몽골 제국의 일부였던 카스피해 북서쪽 해안까지 이동했을 가능성이 높으며 1346년 봄쯤에는 크림반도 — 특히 제노바 사람들이 많이 거주하던 도시인 카파(오늘날 우크라이나의 페오도시야) — 의 이탈리아 상인들이 그 병을 서부로 옮겼다. 감염된 벼룩을 옮기는 쥐들이 비잔티움 제국의 수도인 콘스탄티노플(오늘날 터키의 이스탄불)로 향하는 배에 올라탔다. 그곳에 거주하던 주민들은 7월 초 흑사병에 걸리게 되었다.

② ▶ 이 글은 중세 말에 무역이 발달하면서 감염된 벼룩을 옮기는 쥐들이 선박을 통해 항구 도시에 사는 주민들을 감염시켜 여러 지역에서 흑사병이 확산됐다는 내용을 소개하고 있으므로 제목으로 ②가 적절하다.

trading port 무역항
Mediterranean n. (the ~) 지중해
parasite n. 기생충[균]
rodent n. 설치류 동물(쥐·다람쥐 따위)
pestis n. 페스트, 흑사병
flea n. 벼룩
inhabitant n. 주민, 거주자

09

우리의 순수 예술은 지금과는 많이 달랐던 시절에 우리가 사물에 미치는 영향력에 비하면 보잘것없는 영향력을 가졌던 사람들에 의해 개발되었고, 그 유형과 용도가 확립되었다. 그러나 우리 기술의 놀라운 성장과, 그 기술이 성취한 적응력과 정확성, 그리고 그 기술이 창조하는 사상과 습관들로 인해 아름다움을 창조하는 아주 오래된 기법들은 바야흐로 엄청난 변화에 직면했다는 것은 확실해진다. 더 이상 예전과 같은 것으로 간주되거나 다루어질 수 없는, 우리의 현대적 지식과 힘에 영향받지 않은 채 남아 있을 수는 없는 그런 물리적 요소가 모든 예술에 존재한다. 지난 20년 동안 물질, 공간, 시간 모두 태곳적부터 있었던 그것이 더 이상 아니다. 우리는 예술의 전반적 기법을 완전히 바꾸어버리고, 그리하여 예술적 창작 그 자체에 영향을 미치며 우리의 예술 관념에 놀라운 변화를 야기할 커다란 혁신을 예상할 수밖에 없다.

① ▶ technique(기법, 기술)이 예술 전반에 커다란 변화를 야기하고 있다는 글이다.

insignificant a. 하찮은, 보잘것없는
adaptability n. 적응성, 융통성
precision n. 정확, 정밀
profound a. 엄청난, 심오한
craft n. 공예, 기술
immemorial a. 태곳적부터의

10

항공사나 현대문명의 또 다른 모든 부속물을 운영하는 데에는 고도의 정확성과 분업, 그리고 주어진 시간에 특정한 활동들을 수행해야 하는 많은 사람들의 노력의 일치 등이 요구된다. 이러한 것들은 또한 지식의 객관성과 행동의 합리성, 그리고 훈련, 선견지명, 조직, 관리 등의 용인을 전제로 한다. 그러나 바로 이 특성들이 정반대의 것들을 발생시킨다. 주관성과 불합리의 새로운 철학들과 형식에 대한 반발과 자유로운 표현에 대한 요구가 20세기 현대성의 징표로 간주되어온 것은 더 큰 역설이다. 조직은 자유를 제한하지만, 현대 생활에 필요한 것이다. 사람이 자신의 조건을 개선하기 위해 자신이 만든 그 사회 환경에 적응하기가 쉽지 않다. 그 역설은 루소(Rousseau)만큼이나 오래되었지만 매일 커지는 것 같다.

② ▶ 이 글은 '그러나 바로 이 특성들이 정반대의 것들을 발생시킨다'고 한 셋째 문장 이하에서 알 수 있듯이 '현대 사회의 역설적인 면'을 설명하므로 ②(현대성의 역설)가 제목으로 적절하다.

appurtenance n. 부속물, 종속물
synchronization n. 일치, 동시화
presuppose v. 전제로 하다, 미리 가정하다
foresight n. 선견지명
paradox n. 역설, 모순
irrationalism n. 비합리주의, 불합리
revolt n. 반란, 반항, 반발
restrict v. 제한하다

11

증명하기는 어렵고, 동참하기 쉬우며, 충격이 파괴적인, 배척하기는 직장에서 공격하는 사람들이 가장 좋아하는 책략이다. 퍼듀대학교의 저명한 심리학 교수인 키플링 윌리엄스(Kipling Williams)에 따르면, "배제되거나 배척되는 것은 상처를 남기지 않는 보이지 않는 형태의 약자 괴롭히기이며, 따라서 우리는 종종 그 영향을 과소평가한다."고 한다. 사회적 배제는 (배제되는) 대상의 소속감을 공격하고, 인간관계를 무너뜨리며, 프로젝트와 과제를 성공적으로 완수하는 데 필요한 정보의 흐름을 막는다. 직장내 약자를 괴롭히는 자에게 배척을 더욱 매력적으로 만들게도, 배척은 전염성이 있다는 것을 연구는 보여준다. 사회적 배제에 대한 두려움은 너무 두드러지기 때문에 대부분의 방관자들은 집단 규범에 의문을 제기하는 것에 대한 가능한 보복의 위험을 무릅쓰는 것과 반대로 '내집단'의 소속감을 확실히 제공하는 공격자의 행동을 채택할 것이다. 일단 배척되는 대상이 확인되면, 많은 무리가 뒤따를 지도 모르며, 배척의 고통과 범위는 심화될 것이다.

④ ▶ 이 글은 직장에서 보이지 않는 형태로 약자를 괴롭히는 한 유형인 상대방을 배척(외면)하는 ostracization에 대해 설명하고 있으므로 ④가 제목으로 적절하다.

ostracization n. 추방, 배척
aggressor n. 침략자[국], 공격자
exclude v. 제외[배제]하다
invisible a. 보이지 않는, 볼 수 없는
bullying n. 약자를 괴롭히기
bruise n. 타박상, 멍
underestimate v. 과소평가하다
appealing a. 사람을 끄는, 매력적인
salient a. 가장 중요한, 핵심적인; 가장 두드러진
bystander n. 방관자, 구경꾼
retaliation n. 보복, 앙갚음

12

부모들은 그들의 적합성 목표를 충족시킬 가능성이 가장 높은 성별로 자원을 돌리는 것처럼 보인다. 전형적으로 아들들의 생식 성공이 더 가변적(승자가 아주 많은 자손들을 낳을 때, 패자의 적합성은 0일 가능성이 크다)임을 고려할 때, 부모는 자원이 부족하거나 자신의 상태가 나쁠 때는 딸을 선호하고, 반대 상황에서는 아들을 선호한다고 보여진다. 부모들은 심지어 그들 자손의 성비를 조작할 수도 있다. 트라이버스-윌러드(Trivers-Willard)의 성비 조작 가설은 자원이 풍부할 때는 부모가 아들을 낳고, 자원이 부족할 때는 딸을 낳음으로써 이득을 보게 된다고 기술하고 있다. 이는 딸들은 상대적으로 상태가 좋지 않더라도 전형적으로 자손을 만들 수 있다는 관찰에서 논리적으로 생기는 가설이다. 따라서, 아들들은 위험도 크고 보상도 크다는 점(자손의 수가 0일 수도 있고, 아주 많을 수도 있다)에서, 전반적으로 건강한 부모들로부터 더 많은 아들이 나올 것으로 예측되는 것이다.

② ▶ 이 글은 부모가 자신의 자원 상태나 건강 상태에 따라 특정 성별을 선호한다는 생물학적 가설을 소개하고 있다. 한편, ③에서 말하는 gender discrimination은 '인간 사회 내에서 차별의 근거로 성 구별을 이용하는 것'을 가리키므로 이 글의 생물학적(또는 진화적) 맥락과는 어울리지 않는다.

divert v. (방향을) 다른 데로 돌리다
variable a. 가변적인
sire v. 아비가 되다
hypothesize v. 가설을 세우다
sex ration 성비

13

농민의 생활권에 자리 잡는 최초의 문학은 헤시오도스(Hesiod)의 작품이다. 그의 문학도 흔히 말하는 민중문학은 아니다. 즉 민중의 입에서 입으로 전해지는 문학도 아니고 서민들이 모이는 모닥불 같은 데서 하는 항간의 음탕한 이야기들과 겨룰 수 있는 문학도 아니었다. 그러나 그의 작품에서 다루는 소재와 가치관, 인생목표 등은 농민층, 즉 지주 귀족들에게 억압받는 민중의 그것이었다. 헤시오도스 작품의 역사적인 의의는 그것이 사회적 긴장과 계급간의 대립의 최초의 문학적 표현이었다는 데 있다. 그것은 물론 화해를 옹호하고 대립의 해소와 위로를 시도하지만 — 계급투쟁의 시대는 아직 요원했다 — 여하간 처음으로 문학 속에서 노동자의 목소리를 들려주었고, 사회정의를 주장하며 독단과 폭력을 규탄한 최초의 목소리가 되었다. 요약하면, 종교와 궁중사회가 시인에게 맡겨져 온 임무 대신에 시인이 정치 및 교육적 사명을 처음으로 떠맡아 피압박계급의 스승이자 충고자, 대변자가 된 것이다.

③ ▶ 이 글은 고대 그리스 시인 헤시오도스의 작품이 사회적 긴장과 계급간의 대립을 문학적으로 형상화한 최초의 작품이라는 사실에 대해서 설명하고 있는 글이다.

folk n. 가족, 친척; 서민, 민중, 민족
from mouth to mouth 입에서 입으로
bawdy a. 음탕한, 외설적인
anecdote n. 일화, 기담; 비사
antagonism n. 반대, 적대, 대립; 적대심, 반항심
conciliation n. 달램, 위로; 회유; (노동 쟁의 등의) 조정, 화해
console v. 위로하다, 위문하다
arbitrariness n. 절대주의, 전제주의
drawback n. 약점; 어려움, 장애; 공제, 환불금

14

세계 최초로 부분 안면이식수술을 받았던 한 프랑스 여성이 오랫동안 병마에 시달린 끝에 49세의 나이로 병원에서 숨졌다. 개에게 물린 뒤 입과 코를 잃고만 이자벨 디누아르(Isabelle Dinoire)는 2005년, Amiens Picardie 병원에서 뇌사 상태에 빠진 한 여성의 세포조직을 이용한 부분 안면이식수술을 15시간에 걸쳐 받았을 때 의학의 역사를 새로 썼다. 디누아르가 4월에 사망했다고 피가로지가 밝혔는데, 이러한 사실은 그녀 가족들의 사생활을 보호하기 위해 그녀의 죽음을 이전에 발표하지 않고 있었던 Amiens의 의사들에 의해서 확인되었다. 의사들은 사망의 정확한 원인을 밝히지 않았다. 피가로지는 작년에 디누아르의 몸이 이식수술 거부반응을 일으켰고, 그녀가 (이식받은) '윗입술의 일부를 잃었었다'고 보도했다. 이식수술 거부반응을 억제하기 위해 그녀가 복용했던 약들은 그녀를 암에 취약하게 만들었고 두 개의 암이 그녀에게 발병했었다고 그 신문은 보도했다.

② ▶ 이 글은 세계 최초로 부분 안면이식수술을 받았던 한 프랑스 여성이 수술의 부작용으로 암이 발생해 끝내 숨을 거두고 말았다는 이야기를 전하고 있다.

partial face transplant 부분 안면이식수술
confirm v. 확인하다, 확증하다
take a drug 약을 복용하다
vulnerable a. 상처 입기 쉬운; 비난[공격]받기 쉬운; 취약성[약점]이 있는
develop v. (병에) 걸리다
medical malpractice 의료사고

15

어떤 동물 공동체에서도 선전용 목적, 즉 잔인함의 방지나 연구를 방어하기 위한 사회를 찾아볼 수 없다. 그러한 사회들은 인간 공동체에서만 발견된다. 그러한 사회들은 그렇게 (인간 공동체에) 국한되는데 인간은 자신의 동료들뿐만 아니라 다른 생물들의 고통에 민감해하는 감정을 자연에 의해 부여받아 다른 모든 동물과 구별되기 때문이다. 만약 인간이 짐승에게서 진화되었다면, 일생 동안의 조사에서 내가 그럴 것 같다고 확신해왔듯이 어떻게 인간은 어떤 짐승도 가지고 있지 않는 의식적인 동정의 힘을 얻을 수 있었을까? 이러한 특별한 자질은 사고뿐 아니라 감정을 관장하는 기관인 인간의 뇌가 획기적으로 증진되어 진화의 과정에서 나중에 인간에게 오게 됐다. 동료들에게 도움을 주기 위해 주로 의도된 인간의 동정 능력은 최근에 가족이나 종족의 경계를 넘어 인간과 우호적으로 관계를 맺어온 모든 동물을 포함하는 것까지 확장되어 왔다.

③ ▶ 인간 공동체에서만 발견되는 인간이 가진 특징인 동정심에 대해서 설명하고 있으므로 ③이 글의 제목으로 적절하다.

confined a. 한정된, 좁은
brute n. 짐승, 동물
inquiry n. 조사, 문의
endowment n. 기부; 자질, 재능
succor n. 도움, 구제, 원조

16

찰스 리히터(Charles Richter)와 그의 가족은 1908년 그들이 살던 오하이오 주의 농장을 떠나 로스앤젤레스로 향했다. 이사한지 1년도 안 되어, 리히터의 가족은 지진을 처음 겪었는데, 이 지진은 9살짜리 리히터에게 너무나 깊은 인상을 주어 그는 결국 지진 연구에 그의 일생을 바치게 되었다. 로스앤젤레스 지역의 학교들에서 교육을 마친 이후, 리히터는 서던캘리포니아 대학교에 입학했으며, 1년 후에 북부 캘리포니아로 이주해 스탠포드 대학교에 입학했다. 리히터는 1920년에 스탠퍼드 대학교를 졸업한 다음, 1928년 패서디나에 위치한 캘리포니아 공과대학에서 물리학으로 박사학위를 받았다. 리히터가 캘리포니아 공과대학에 있는 동안, 학교부설 지진학연구소에 일자리를 제안 받았으며, 그 연구소에서 그와 지진학연구소 소장이었던 베노 구텐베르크(Beno Gutenberg) 박사는 남 캘리포니아의 지진활동을 추적하는 새로운 프로젝트에 곧 착수했다. 그들은 지진을 여러 범주로 나누었으며 그 범주들에 진도라고 불리는 수치를 매겼다. 지진계를 이용하여, 구텐베르크와 리히터는 1935년 지진을 측정하는 척도를 만들어냈다. 오늘날, 이 척도는 리히터 척도로 잘 알려져 있다.

④

▶ 이 글은 찰스 리히터가 어릴 적에 겪었던 지진으로 인해 일생을 지진연구에 몸담게 되었고, 그 결실로 결국 리히터 척도를 만들어냈다는 글이므로, 제목으로 ④의 '리히터 척도'가 가장 적절하다.

head for ~로 향하다
impress v. 깊은 인상을 주다
end up ~ing 결국 ~을 하게 되다
dedicate v. (시간이나 노력을) 바치다
sign up 참가하다, 등록하다
seismology n. 지진학
get busy 일을 착수하다
keep track of ~을 추적하다
quake n. 지진
numerical value 수치
magnitude n. (지진) 규모
seismograph n. 지진계
scale n. 척도, 기준
perilous a. 위험한
modern conveniences 현대문명의 이기
disciple n. 제자

17

1898년 스페인-미국 전쟁 동안 보도 기자들은 오히려 군대를 응원했다. 제1차 세계대전 기간 내내, 저널리스트들은 독립적인 감시자들이 아니라 스스로를 전쟁에 기여하는 일부로 생각했다. 이러한 유형의 언론과 군대의 협력은 제2차 세계대전까지 계속되었다.
그러나 한국 전쟁에 뒤이어 베트남 전쟁 때부터 언론은 군대에 대해 점점 독립적이고 비판적인 태도를 취하게 되었다. 베트남에서 2,000명 이상의 공인 기자들은 미 국방부가 제시하는 종종 낙관적인 전황에 의존하기보다는 일반 병사들을 인터뷰하며 전쟁 지역을 자유롭게 돌아다녔다. 미군 또는 군사 작전을 위험하게 빠뜨리는 보도 기사 사건은 거의 없었다. 그러나 부정적인 보도 기사가 미국 국내에서 반전에 대한 감정을 자극했다.
동남아시아에서 전쟁(베트남 전쟁)이 마침내 끝나자, 많은 군인들은 '베트남 전쟁에서 패배'한 것에 대해 언론을 비난했다. 몇몇 국방부 관리들은 미래의 미국 전쟁에서 보도의 범위를 제한하기로 결정했다. 1983년, 미 국방부는 모든 저널리스트들이 그레나다의 초기 침공을 보도하지 못하게 했다. 그리고 1989년 미 국방부는 파나마의 침공을 보도하는 데 12명의 기자들만 선발하여 전쟁이 거의 끝날 때까지 그들을 파나마의 공항에 억류했다.

②

▶ 제2차 세계대전까지 전쟁에 대한 보도가 자유로웠지만, 미국이 베트남 전쟁에서 패배하자 군대는 언론을 비난했으며, 보도범위를 제한했다. 이 이후로 군대의 언론 통제가 계속됨을 설명하고 있으므로 ② '군대의 언론통제'가 이 글의 제목으로 적절하다.

independent a. 독립적인
accredited a. 인정된, 공인된
roam v. 거닐다, 방랑[배회]하다
rosy a. 유망한, 낙관적인
fuel v. 부채질하다; ~을 자극하다
bar v. 금하다; 반대하다

18

인권의 위기가 발생하면, 국제앰네스티는 현장으로 직원을 파견해 실상을 직접 보고 침해 사례를 폭로하는 것을 목표로 한다. 그러나 때때로 치안, 외교 혹은 행정상의 문제로 우리는 그렇게 하지 못하기도 한다. 바로 그럴 때 우리는 소셜미디어 플랫폼을 포함한 원격 도구에 의존해 위기 지역에서 일어나고 있는 일을 실시간으로 모니터할 수 있다. 전 세계적으로 일반 대중의 인권을 옹호하는 사람들은 위험

deploy v. (장비·인력을) 배치하다
witness v. ~을 목격하다, 현장에서 보다
first-hand ad. 직접, 바로
grassroots n. 일반 대중

을 무릅쓰고 인권 침해를 위반하는 비디오를 촬영하고 페이스북, 유튜브, 트위터 등과 같이 자신들의 목소리를 가장 잘 설명할 수 있는 매체에 그 비디오를 공유한다. 이런 플랫폼들은 모두 세계의 다양한 지역에 개인들 사이에서 아이디어를 공유하고 연결망을 구축하는 새로운 시장을 약속하며 정보를 민주화한다는 전제 위에 구축되었다. 그들은 "콘텐츠를 여기에 올리면 당신의 지역사회에 무슨 일이 일어나는지 세상이 알게 될 것"이라는 약속으로 인권 운동가를 끌어들였다. 그래서 사람들은 재판 없는 처형, 급조된 폭탄, 고문 등 가장 끔찍한 인권 침해의 사진과 동영상을 올렸고 우리가 범죄자에게 책임을 묻는 데 필요한 결정적인 증거를 제공했다. 인권단체들은 이런 새로운 환경에 반응하고 적응했다.

①

▶ 인권의 위기가 발생할 때, 직원을 파견하기 어려운 경우 소셜미디어 플랫폼을 이용하여 위기 지역에서 일어나고 있는 일을 모니터할 수 있다고 설명하는 글이다. 따라서 ①이 글의 제목으로 적절하다.

amplify v. 증폭시키다
lure v. 유혹하다, 꾀어 들이다
extrajudicial a. 사법 절차에 의하지 않는
barrel bomb 급조된 폭탄
torture n. 고문

19

연구원들은 대부분의 사람들이 반응을 통제할 수 없다는 사실을 발견했는데, 이것은 '진정한 감정의 강력한 증거'를 제공하는 것이었다. 연구원들은 추위에 대한 신체의 자연 방어 메커니즘이 감정적 반응에 대한 일종의 '거짓말 탐지기'로 기능할 수 있다고 말한다. 닭살이 종종 '강력한' 사건 또는 누군가의 '인상적인' 행동에 의해 촉발된 '감정적인 클라이맥스'로 인해 생긴다는 것을 과학자들은 발견했다. 사람의 피부가 쭈뼛 서는 방법은 공포, 놀람, 경외 혹은 존경에 대한 이해를 제공했다. 학술지 『동기와 정서(Motivation and Emotion)』에 발표된 그 연구는 어떤 사람이 느끼거나 생각하고 있는 것에 대해 거짓말을 할 수는 있지만, 닭살이 돋는 것을 속이기는 쉽지 않다고 결론지었다. "물론, 사람들은 거짓된 인상을 남기기 위해 닭살이 돋는 감정에 대해 거짓말을 할 수 있습니다. 그러나 종종 사람들은 누군가에 반응해서 그들의 자연스럽고 꾸미지 않은 닭살이 돋는다는 감정의 사실을 특별한 반응에 대한 의사소통의 한 방법으로 사용할 수 있습니다."라고 켄터키대학교의 리처드 스미스 교수가 『데일리 텔리그래프(The Daily Telegraph)』에 말했다. "우리는 닭살이 돋는 것을 보통 추위나 두려움에서 비롯된다고 생각하는 경향이 있습니다. 그러나 우리는 닭살이 돋는 것이 종종 다른 사람에 의해 행해진 주목할 만한 행동에 대한 반응으로 공포, 놀라움, 복종이 혼합된 감정일지도 모른다고 생각합니다. 경외심은 이런 종류의 경험에 대한 가장 비슷한 감정의 표시입니다."

①

▶ 닭살이 돋는 것이 추위나 두려움 같은 신체의 반응이기도 하지만, 감정적 반응의 기능을 한다고 했으므로 ①이 이 글의 제목으로 적절하다.

goose bumps (추위·공포로 인한) 소름, 닭살, 전율
indication n. 암시; 표시
come after ~의 뒤를 잇다
remarkable a. 주목할 만한, 현저한
un-faked a. 모방할 수 없는
submission n. 항복, 굴복

20

부모가 훈육을 시작할 때 즉각적 순응이 중요한 목표일 수 있지만, 자녀의 내적 통제의 발달을 촉진하는 것이 즉각적 순응보다 장기적인 사회화에 더 중요하다. 도덕적 내면화는 "사회의 가치와 태도를 자신의 것으로 받아들여 사회적으로 용인되는 행동이 외적 결과에 대한 기대가 아니라 내재적 또는 내적 요인에 의해 동기 부여되는 것"으로 정의되며 이는 아동의 사회적, 정서적 발달의 기초가 된다고 생각된다. 아동의 도덕적 내면화는 부모 권한을 최소한으로 사용하고, 선택과 자율성을 촉진하며, 바람직한 행동에 대한 설명을 제공하는 부모의 훈육 전략에 의해 향상되는 것으로 생각된다. 귀인 이론가들은 체벌과 같은 강압적 방법은 아동으로 하여금 자신의 행동에 대한 외적 귀인을 촉진하고, 내적 동기로 귀인하는 것을 최소화한다고 강조한다. 또한 체벌은 아동에게 올바른 행동의 이유를 가르치지 않고, 아동의 행동이 다른 사람에게 미치는 영향에 대한 의사소통을 포함하지 않으며, 아동에게 들키지 않는 것이 바람직하다는 것을 가르칠 수 있기 때문에 도덕적 내면화를 촉진하지 않을 수 있다.

⑤

▶ 이 글의 요지는 '체벌은 자녀의 내적 통제의 발달, 즉 도덕적 내면화를 촉진하지 않는다'는 것이므로 ⑤가 제목으로 적절하다.

immediate a. 즉각적인
compliance n. 순응
salient a. 두드러진
initiate v. 시작하다
discipline n. 훈육
take over ~을 인수하다, 넘겨받다
anticipation n. 기대, 예상
intrinsic a. 내재적인
underlie v. 기저를 이루다
autonomy n. 자율성
attribution n. 귀인
corporal punishment 체벌

02 주제·요지

01

편견은 다양한 방식으로 표현될 수 있다. 82세의 한 노인이 그의 왼쪽 무릎이 땅기고 아픈 통증으로 의사에게 진찰을 받으러 갔을 때 그 의사가 어떻게 반응했는지 생각해보자. 그 의사는 무릎을 진찰하고 나서 "이봐요, 무엇(무슨 치료)을 예상하시나요? 어쨌든, 82세 노인의 무릎이에요."라고 말했다. 그 환자는 "확실히 맞는 얘기에요. 하지만 저의 오른쪽 무릎도 82살이지만 조금도 저를 성가시게 하지 않습니다."라고 응수했다. 실제로 그 의사가 보여준 것처럼 노인들이 노쇠하다거나 허약하다는 잠재적인 고정관념인 나이에 대한 편견은 그것에 대해 인지하지 못할 정도로 많은 사람들의 생각 속에 너무나 깊이 뿌리박혀있다.

③

▶ 나이 많은 환자와 의사의 예를 통해 노인들이 허약하다는 고정관념이 많은 사람들의 생각 속에 뿌리박혀 있다고 했으므로 이 글의 요지로는 ③이 적절하다.

prejudice n. 편견
complaint n. 통증, 질환
stiff a. 뻐근한; (몸의 근육이) 땅기는
physician n. 내과의사
retort v. 받아넘기다, 응수하다
bother v. ~을 괴롭히다, 성가시게 하다
underlying a. 밑에 있는; 근본적인
stereotype n. 고정 관념
frail a. 노쇠한; 허약한
ingrain v. (습관·생각 등을) 스며[배어]들게 하다

02

총명한 의사는 환자의 질병의 원인을 진단하기 전에 환자들의 통증을 주의 깊게 듣는다. 투자 상담가들은 재무 포트폴리오의 변화를 제안하기 전에 어떻게 고객이 재무 포트폴리오를 현재 관리하고 있는 지에 대해 고객의 이야기를 듣는다. 훌륭한 자동차 판매원은 고객들에게 자동차가 세워져 있는 곳을 보여주기 전에 고객들이 자동차에서 찾고 있는 것이 무엇인지에 대해 고객들의 의견을 듣는다. 조립라인에서 일하는 사람들과 건설현장의 노동자들은 회사 또는 동료가 사고에서 자유로울 수 있으려면 안전 규칙을 주의 깊게 듣고 익혀야 한다. 현명한 관리자는 어떤 무모하고 잠재적으로 비용이 많이 드는 사업을 추진하기 전에 부하직원들의 우려와 생각에 대해 귀 기울인다.

①

▶ 총명한 의사, 투자 상담가, 훌륭한 자동차 판매원, 현명한 관리자 등의 사람들은 직종은 다르지만 환자, 고객, 부하들의 이야기를 잘 듣는다는 내용을 설명하고 있으므로 이 글의 요지로 적절한 것은 ①이다.

diagnose v. 진단하다
account n. 이야기; 기술
lot n. 한 구획의 토지, 지구
safety regulations 안전 규칙
subordinate n. 하위(의 사람), 부하
bold a. 대담한, 과감한

03

'전쟁'에 대해 대부분의 사람들이 이야기할 때면, 사막을 가로지르는 탱크, 폭탄을 투하하는 전투기, 바다에서 격돌하는 군함, 그리고 상대편과 정면으로 맞붙는 군인들을 떠올린다. 그러나 최소한 똑같이 중요하게도, 사람들은 말의 전략적인 힘을 인정할 필요가 있다. 우리의 적들은 확실히 말의 전략적인 힘을 인정한다. 우리의 적들은 페이스북과 트위터와 같은 공개토론을 할 수 있는 소셜 미디어에서 말을 사용하여 추종자들을 모집하고, 테러리스트들을 고무시키며, 인터넷 전역에 증오의 메시지를 보내는데, 이 인터넷을 이용하여, 그들은 또한 우리 국가 내부에 '잠복해 있는 스파이' 등 수많은 추종자들과 연락을 취한다. 사상, 그리고 사상을 표현하는 말은 전쟁에서 매우 많은 부분을 차지하지만, 우리는 일부러 사상과 말을 사용하는 것을 자제해 왔다.

⑤

▶ 이 글은 전쟁에서 탱크, 전투기, 전함, 군인만큼 중요한 '말'의 전략적인 힘을 인정할 필요가 있다는 내용이므로, ⑤의 '말의 전략적 가치'가 글의 주제로 적절하다.

toe to toe 정면으로 맞선 태도로
strategic a. 전략적인
forum n. 공개토론의 장
legions of 수많은
sleeper n. 활동하지 않고 숨어 있는 간첩
deliberately ad. 고의로, 일부로

04

이를 테면 당신은 당신이 매력적이지 않으며 "나에게 아무도 관심이 없을 텐데 파티에 가서 뭘 하겠어?"라고 생각한다고 치자. 당신은 아무도 당신을 매력 있다고 생각하지 않을 것이라고 미리 결정했기 때문에 누군가 당신에게 관심을 보일 때, 당신은 으쓱해지지 않으며 사실상 기분이 더욱 불편해진다. 왜 그러할까? 당신은 "이는 그저 예의에서 비롯된 관심일 뿐이야." 또는 "다른 누군가가 그를 부추겼겠지." 또는 "어차피 진전이 될 수 없으니 시간낭비야."라고 '알고 있다'거나 대화를 중단할 다른 변명을 찾기 때문이다. 당신은 관계를 맺지 않음으로써 당신의 원래 생각과 반대되는 관계를 발전할 기회가 없다. 아무도 나를 흥미롭게 여지지 않을 것이라고 생각하는 것과 그러고 나서 누군가 당신에게 진실한 관심을 표현해오는 것은 인지적 불협화음을 발생시킨다. 따라서 당신은 사실을 왜곡하고 관심의 어떠한 표현도 가짜일 수밖에 없다고 단정한다.

④

▶ 본문에서 스스로를 매력적이지 않다고 생각하면 다른 누군가가 자신에게 진실된 관심을 표현해도 이를 부정하고 그 관심을 거짓으로 단정한다고 설명하였다. 따라서 본문의 요지로는 이러한 내용을 아우르는 "스스로를 어떻게 보느냐는 생각이 행동의 준거 기준을 결정한다."가 적절하다.

bother v. 신경 쓰다, 애를 쓰다
predetermine v. 미리 결정하다
be flattered 으쓱해지다
put someone up to something ~를 부추기다, 설득하다
excuse n. 변명, 이유
engage v. 사로잡다, 관계를 맺다
contradict v. 부정하다, 반박하다
original a. 원래의, 본래의
cognitive a. 인지의, 인식의
dissonance n. 불협화음, 충돌
genuine a. 진짜의, 진품의
twist v. 비틀다, 일그러뜨리다
display n. 전시, 진열
phony a. 가짜의, 허위의
sarcastic a. 빈정대는, 비꼬는
offensive a. 모욕적인, 불쾌한

05

모든 픽션 기획물(책뿐 아니라 TV 시리즈도 포함)의 애호가들은 좋아하는 극중 인물이 죽을 때 진짜 슬픔을 느낄 수 있는 것으로 연구 결과 밝혀졌다. 우정은 가상적이지만, 감정적 애착은 실재하는 것이며, 그것은 현실적인 의미를 내포할 수 있다. 2012년 오하이오 주립대학의 한 연구는 등록된 학부 학생들에게 한 이야기의 여러 다른 버전을 읽게 했는데, 주인공이 투표를 하기 위해 자동차 고장, 악천후, 긴 대기 행렬 등과 같은 여러 어려움을 극복한다는 이야기였다. 그들로 하여금 극중 인물과 강하게 동일시하게 하는 버전을 읽은 학생들은 며칠 후의 실제 선거에서 투표할 가능성이 더 많았는데, 그들 중 65%가 투표했다고 말하여, 극중 인물을 자신과 결부시키기 더 어려운 버전을 읽은 학생들 중에 29%가 그렇게 말한 것과 비교되었다.

③

▶ 이 글은 픽션을 읽는 것이 독자로 하여금 극중 인물에 대해 감정적 애착을 갖게 하는데, 이것은 마지막 문장이 말하듯이 극중 인물이 한 행동을 따라하게 하는 현실적인 의미를 내포한다는 것을 말하고 있다. 따라서 ③이 글의 요지로 적절하다. actual social bond는 실제 생활에서 함께 행동할 수 있게 해주는 유대관계를 말한다. 따라서 실제 생활과 거리가 먼 ②는 부적절하다. ④, ⑤ the emotional attachment is real — and it can have real-life implications가 주제문이며 그 이하의 투표는 예를 든 것일 뿐이다.

fan n. 애호가
enterprise n. 기획물
grief n. 슬픔
imaginary a. 상상의, 가상적인
attachment n. 애정, 애착
real-life a. 현실의, 공상이 아닌, 실재의
implication n. 내포, 함축, 암시, 영향
protagonist n. 주인공
identify v. 동일시하다
relatable a. 결부시킬 수 있는

06

HIV바이러스는 혈매개성 바이러스이고, 성장 중의 태아를 감염시킬 수도 있는 탯줄을 통해 끊임없이 혈액순환이 이뤄지고 있음에도 불구하고, HIV바이러스에 감염된 산모에게서 태어난 아기 중 태어나기 전에 그 병에 옮은 아기들은 거의 없다. 유전자 검사에서 입증된 것처럼, 이것은 인간 태아의 면역 체계가 성인의 면역 체계와 별개로 발달할지도 모르기 때문이며, 이것이 일종의 보호 장치를 제공할지도 모른다는 것이다. 이질적인 세포에 노출되면, 면역세포는 유기체를 방어하는 T-세포가 되기 위해 '활성화된다.' 태아의 T세포는 HIV바이러스에 대해 더 내성을 가진 것처럼 보이며 HIV 감염이 되었을 때 전형적으로 보이는 반응을 일으키지 않는다. 그리고 이 T세포는 이질적인 세포를 인

in utero 자궁 내의[에서], 태어나기 전의[전에]
blood-borne a. 혈액에 의해 옮겨지는
umbilical cord 탯줄
fetus n. 태아
fetal a. 태아(胎兒)의
full-blown a. 완전히 발달한[진행된]

식은 하지만 그 세포들과 싸우지 않는다. 그리고 그 바이러스는 한 개인이 완전히 진행된 AIDS를 가지고 있을 때 발생하는 것처럼 T세포를 파괴하도록 활성화되지 않는다.

④ ▶ HIV바이러스는 혈매개성 바이러스이지만, HIV바이러스에 감염된 산모에서 태어난 아기 중 그 병에 옮은 아기들이 거의 없다고 첫 문장에서 밝히고 있으며, 그다음 문장부터 그 이유를 들고 있는데 이는 "태아의 면역 체계가 성인의 면역 체계와 별개로 발달하여, 이것이 일종의 보호 장치를 제공할지도 모른다."라고 했으므로 이 글의 요지로는 ④가 적절하다.

07

전 세계적으로 벌의 개체수가 감소하면서 인간의 복지와 생계에 중요한 여러 다양한 식물들이 심각한 위협을 받고 있으며, 이제 국가들은 기근과 영양실조를 막기 위한 싸움에서 우리의 중요한 협력자를 지키기 위해 보다 많은 일을 해야 한다. 벌들과 다른 수분 매개체들이 세계의 많은 지역들에서 다량으로 감소하고 있는데, 이것의 주된 원인은 집약농작 관행, 단일작물 재배, 농업용 화학물질의 과다한 사용, 기후변화와 연관된 온도 상승이며, 작물수확뿐만 아니라 영양에도 영향을 주고 있다. 만약 이런 추세가 계속되면, 과일, 견과, 많은 야채들 같은 영양가 높은 작물들이 쌀, 옥수수, 감자 같은 주요 곡물에 의해 갈수록 대체될 것이고, 이는 결국 식사의 불균형을 초래하고 말 것이다.

③ ▶ "전 세계적으로 '벌의 개체수가 감소(decline in bee populations)'하면서 인간의 복지와 생계에 중요한 여러 다양한 식물들이 위협을 받고 있으며, 이제 국가들은 '기근(hunger)'과 '영양실조(malnutrition)'를 막기 위한 싸움에서 우리의 중요한 협력자를 지키기 위해 보다 많은 일을 해야 한다."는 첫 문장이 전체 요지이므로, ③이 글의 주제로 가장 적절하다.

decline n. 감소
livelihood n. 생계
safeguard v. 보호하다, 지키다
ally n. 동맹자, 협력자
malnutrition n. 영양실조
pollinator n. 수분(授粉) 매개체
nutritious a. 영양분이 많은
imbalanced a. 불균형의

08

벵골 르네상스는 19세기 후반에서 20세기 초까지 이어졌는데, 이때는 영국과 벵골 문화의 충돌이 있던 시기였다. 벵골 르네상스의 교양인으로는 라빈드라나트 타고르(Rabindranath Tagore)가 있었다. 그는 수필가이면서 극작가이자 운동가였지만, 시인으로서 노벨 문학상을 처음으로 받은 비서구권 수상자로 가장 잘 알려져 있다. 또한 생리학자이자 물리학자인 찬드라 보스(Chandra Bose)와 같은 과학자들이 있었다. 많은 책들이 런던을 제외하고 세계의 어느 도시보다 그 당시 캘커타에서 출판되었다. 오늘날 우리는 지금 콜카타라고 불리는 캘커타를 제3세계의 박탈감과 빈곤의 전형으로 생각하기 때문에 이는 놀라운 일이다. 그러나 한동안 그곳은 천재성이 발현되던 곳이었다. 캘커타의 교훈은 혼란과 문화 충돌의 중요성이다. 혼란은 당신의 상상력을 자극할 수 있다. 그리고 당신의 사고를 새로운 방향으로 인도한다.

① ▶ 영국과 벵골 문화의 충돌이 있었던 혼란한 시기에 벵골 르네상스가 탄생했으며, 이 시기에 훌륭한 석학이 나왔던 이유로 상상력을 자극했던 이 시기의 혼란스러운 문화적 상황을 언급하고 있으므로 글의 요지로 ①이 적절하다.

collision n. 충돌 (사고), 부딪침
epitome n. 완벽한 (본보기), 전형
chaos n. 혼란, 혼돈
spark v. 촉발시키다, 유발하다
chaotic a. 혼돈된, 무질서한

09

세계 어디서든 인간적인 사회를 가지려면, 우리의 모든 행동과 결정을 지배하는 경쟁성을 많이 없애야 할 것이다. 세계무대에서 지배적이고 압도적인 사실은 소수는 풍요를 즐기는데 세계인구의 75퍼센트가 비참한 상태에 있다는 것이다. 더 큰 협력이 이러한 폭발적인 대조 앞에 놓여있는 위험에 대한 가능한 유일한 해결책이다. 우리 사회에서 우리는 우리 모두가 온당한 수준의 삶의 기회를 가지

rid oneself of 없애다
competitiveness n. 경쟁성
overriding a. 압도적인
luxuriate v. 즐기다

려면 우리 중 일부는 줄어든 상품과 서비스를 받아들여야 할 것이라는 어려운 사실에 직면하기 시작하고 있다. 앞으로 에너지 위기와 환경문제가 우리에게 강제로 떠맡겨짐에 따라, 최대 다수를 위한 최대 유익을 가져다주는 경쟁성의 윤리는 갈수록 의문시될 것이다.

③ ▶ 경쟁은 불평등을 초래하므로 경쟁을 줄이고 협력을 늘여야 인간적인 사회가 될 수 있다는 것이 저자가 말하고자 하는 바이므로 ③이 글의 요지로 적절하다.

reasonable a. 온당한, 타당한
be productive of ~를 낳다, 가져오다
come into question 의문시되다

10

평범한 대시보드(계기판) 카메라에서부터 인공위성에 이르기까지 새로운 센서(감지기)들은 전에 없이 지구와 사람들을 살펴보고 있다. 취미에 열중하는 사람들과 전문가들은 놀라운 속도로 난제들을 해결하고 악행을 밝혀내기 위해 이러한 재원들로부터 얻은 정보를 사용하고 있다. 인공위성이 보내오는 사진은 미얀마에서 자행되고 있는 인종청소를 기록하는 데 사용되고 있다. 사진은 어린이들의 인신매매를 막는 데 도움이 되는 지리적 단서를 제공하고 있다. 나노위성은 불법적으로 남획하는 어선을 추적하고 있다. 국가들은 겸손해질 수 있는데, 오픈소스 정보가 러시아가 2014년 우크라이나 상공에서 말레이시아 항공기를 격추한 것을 입증했고 위구르족에 대한 중국 정부의 억류 규모의 증거를 제공했다. 오픈소스 정보의 분산적이고 평등한 특성은 전통적인 진실과 거짓의 중재자, 특히 정부, 스파이, 군인들의 힘을 약화시킨다. 비밀이 권력을 가진 사람들에 의해 쉽게 남용될 수 있다고 생각하는 사람들에게, 그것은 반가운 소식이다.

① ▶ 대시보드 카메라와 인공위성 등을 통한 오픈소스 정보에 의해 악행을 저지르는 사람들과 국가들이 숨기고 싶어하는 불법 활동이 공개되어 비밀이 남용되고 있는 것을 막고 있다고 설명하고 있는 글이다. 따라서 오픈소스 정보가 비밀을 숨기려고 하는 '범죄자들이나 정부에게 위협'이 될 것이고, 이는 사람들에게는 '환영할 일'이므로 이 글의 요지로 ①이 적절하다.

humdrum a. 평범한, 보통의; 단조로운
riddle n. 수수께끼; 난제; 이해할 수 없는 일
unearth v. 찾다, 밝혀내다
misdeed n. 나쁜 짓, 악행, 비행, 범죄
document v. (상세한) 내용을 기록하다
humble v. 겸허하게[겸손하게] 만들다; 쉽게 꺾다[이기다]; 겸손하게 처신하다
internment n. 유치, 억류, 수용
egalitarian a. 평등주의의
erode v. (서서히) 약화시키다[무너뜨리다]
arbiter n. 중재인, 조정자

11

시드니 교외의 한 과수원에서 자란 나의 성장기는 모험과 힘든 일로 가득 찬 시기였다. 언제나 밖에서 일하거나 놀거나 강에서 헤엄을 치다보니 결국 온몸이 주근깨로 덮이게 되었다. 17살이었을 때 본디로 이사를 가서 서핑을 발견했고 곧 서핑을 아주 좋아하게 되었지만, 내 몸은 영영 햇볕에 타게 되었다. 직장에 통근하면서 나는 항상 좋아하는 잡지 한 부를 갖고 다녔다. 1977년에 내가 읽은 어떤 기사는 멜라노마라 불리는 피부암에 관한 것이었는데 그때 당시는 이것(멜라노마)이 새로 나온 생소한 단어였다. 그 기사는 멜라노마의 위험성에 대해 많은 정보를 제공해주었고 다양한 유형의 멜라노마의 사진도 보여주었다. 나는 내 허벅지에 멜라노마가 있다는 것을 즉각 알게 되었다. 기차가 윈야드에 당도했을 때 나는 곧장 병원으로 갔다. 며칠 후 입원하여 수술을 받았고 여러 달 후 많은 검사를 받은 끝에 나는 운 좋게 살아있음을 깨달았다. 지금까지도 나는 영원히 그 잡지에 고마움을 느끼고, 아직도 그 잡지가 좋은 읽을거리이며 정보로 가득한 것이라고 여긴다.

② ▶ 이 글은 잡지에 실린 암 관련 기사를 읽고 즉시 병원에 가서 수술을 받아 살아나게 된 필자의 경험을 소개한 글이므로 ②(잡지 기사를 읽고 생명을 구하게 된 혜택)가 주제로 적절하다. 마지막에 잡지에 대한 찬사가 이어지므로 ③보다는 ②가 주제로 더 적절하다.

freckle n. 주근깨
passion n. 열정; 매우 좋아하는 것
sunburnt a. 햇볕에 탄
commute v. 통근하다
melanoma n. 흑색종(멜라닌) 세포의 악성종양
thigh n. 허벅지
grateful a. 고마워하는

12

우리들 대부분은 공복에 음식 쇼핑을 하는 것은 좋지 않다는 것을 알고 있다. 그것은 배가 고플 때 음식을 더 많이 사게 되기 때문이라고 생각한다. 그러나 우리의 연구에서는, 배고픈 쇼핑객도 배부른 쇼핑객과 정확하게 똑같은 양의 음식을 사는 것으로 드러난다. 배고픈 쇼핑객은 더 많이 사는 것이 아니라 더 잘못되게 사는 것이다. 배고플 때는 비스킷이나 칩(튀김)이나 달콤한 것들과 같이 당장 먹어 식탐을 멈추게 하기에 편리한 것들을 사게 된다. 상상이 문제이다. 배고픔은 어떤 음식을 (먹지 않으면서도) 먹고 있다면 입안에서 느낌이 어떠할까 상상하게 만든다. 그래서 우리는 껌을 씹는 것이 이러한 식탐을 저지하여 퍼석퍼석한 칩이나 매끄럽고 보드라운 아이스크림의 세부적인 느낌을 상상하기 아주 어렵게 만들 수 있을 것인지 시험해보았다. 한 동료와 나는 음식 쇼핑객들에게 쇼핑을 시작할 때 껌을 주었는데, 쇼핑이 끝났을 때 그들은 배가 덜 고파서 음식의 유혹을 덜 받았다고 평가했다. 또 다른 연구에서도 쇼핑객들은 껌을 씹지 않은 쇼핑객들보다 정크 푸드를 7% 더 적게 구입했다.

⑤

▶ 이 글은 배고플 때 껌을 씹으면 음식에 대한 상상과 식탐이 저지되어 당장 허기를 채우기에 편리한 정크 푸드를 살 위험이 줄어든다는 내용이므로 ⑤가 요지로 적절하다.

go food shopping 음식 쇼핑을 하다 (= go shopping for food)
starving a. 배고픈
full a. 배부른
craving n. 갈망, 열망
interrupt v. 저지하다, 중단시키다
crunchy a. 퍼석퍼석한
creamy a. 크림 같은, 매끄럽고 보드라운
rate v. 평가하다
tempt v. 유혹하다
junk food 정크 푸드(건강에 좋지 못한 것으로 여겨지는 인스턴트 음식이나 패스트푸드)

13

동일한 시간대에 살고 있는 모든 사람은 정확히 같은 일주기성 인자를 가지고 있는가? 그렇지 않다. 어떤 사람들은 아침형 인간이며, 어떤 사람들은 올빼미형 인간(저녁형 인간)이며, 그리고 다른 사람들은 그사이 어딘가에 속해있지만, 전체적인 차이는 어느 쪽이든지 몇 시간에 불과하다. 당신이 당신 자신의 일주기성 인자의 이상적인 수면 시간을 지킬 수 없다면(우리의 현대 세계는 아침형 인간을 선호한다) 혹은 당신의 선천적인 기질을 극단적으로 몰아붙인다면(꼭두새벽까지 깨어 있는 올빼미형 인간), 당신의 중추 신경의 시계는 비동기화된다(자연의 시계와 어긋나게 된다).
당신의 일주기성 인자와 관계없이, 늦은 저녁 식사 또는 야식은 — 특히 당신이 당과 정제된 탄수화물을 섭취한다면 — 당신의 금식 주기를 바꾸어 놓으며, 당신의 주변 시계를 잘못되게 맞춘다. 아침 식사를 거르는 것도 비슷한 효과가 있다. 이것은 푸짐한 아침식사를 하고 저녁 식사를 많이 하지 않는 것이 더 건강한 혈당 및 콜레스테롤 수치와 적은 체중 증가와 관련되어 있는 한 가지 이유일지도 모른다. 시계 비동기화 또는 어떤 이유든지 수면 부족은 배고픔을 억제하는 데 도움을 주는 호르몬인 렙틴의 수치를 낮추는데, 이것은 과식을 유발할 수 있다.

③

▶ 수면 시간을 제대로 지키지 않고, 늦은 저녁 식사 또는 야식 등의 잘못된 식습관을 가지고 있으면 중추 신경의 시계가 비동기화되어 렙틴의 수치를 낮춘다고 했다. 이를 바꿔서 말하면 건강한 식습관과 규칙적인 수면이 건강에 유익하다는 것이므로 이 글의 요지로는 ③이 적절하다.

chronotype n. (아침형 인간인지 저녁형 인간인지를 결정하는) 일주기성 인자
variation n. 변화, 변동
honor v. 존경[존중]하다; 승낙하다
wee hour 꼭두새벽(0시에서 3시까지)
desynchronize v. 비동기화(非同期化)하다
fasting n. 단식, 금식, 절식
peripheral a. 주위의, 주변의
partake v. 마시다, 먹다
refined a. 정제된
carbohydrate n. 탄수화물

14

오늘날 뉴욕시민들은 아마도 맨해튼의 브로드웨이 253번지에 있는 포스탈 텔레그래프 건물을 별다른 생각 없이 지나갈 것이다. 그러나 발명가 프랭크 스프라그(Frank Sprague)가 일렬의 전기 승강기를 최초로 설치하여 수직적 도시의 성장에 동력이 되어준 것이 바로 1893년 그곳에서였다. 그 전에는 사람들이 기꺼이 계단을 오르려 하다 보니 도시들이 높지 않고(고층건물이 없고) 나지막했다. 그런데 전기 승강기가 생겨나서 도시들이 과거 어느 때보다 더 적은 땅에 더 많은 사람들을 수용하게 되었다. 전 세계의 도시들이 지금 세계 인구의 반 이상을 포함하지만 땅은 전 세계 땅의 3% 미만을 차지하고 있다. 스프라그의 시절 이후로 뉴욕 시는 날로 더 고층건물이 숲을 이루게 되었다. 2017년에 일단의 경제학자들은 뉴욕 시 땅의 — 건물을 제외한 땅만의 — 가치를 약 2조 5000억

deploy v. 배치하다
bank n. 한 줄로 늘어선 열, 층
fuel v. 연료[동력]를 공급하다
squat a. 웅크린, 나지막한, 낮고 넓은
skyscraper n. 고층건물
thin air 허공

달러로 추정했다. 이 추정 액수는 땅 표면에, 아니 오히려 그 위의 공간에 지어질 수 있는 것에서 비롯된다. 전기 승강기가 없다면 그 공간 전체가 그저 허공에 지나지 않을 것이다.

⑤ ▶ 이 글은 엘리베이터로 인해 뉴욕이 고층건물이 많은, 즉 공간의 이용 효율성이 높은, 도시가 되었음을 설명한 내용이므로 ⑤가 주제로 적절하다.

15

열여섯 살 여학생은 아프리카에서 야생동물을 연구하는 직업을 꿈꾸었지만, 학교의 진로상담 교사는 이런 비현실적인 생각에 깜짝 놀랐다. 그 교사는 사람들의 애완동물 사진을 찍어주는 것이 실제로 (그 여학생에게 어울리는) 멋진 소박한 직업이 될 거라고 생각했다. 그러나 제인의 어머니는 "만일 네가 뭔가를 진정으로 원하고, 충분히 열심히 노력하고, 기회를 이용하고 절대로 포기하지 않는다면, 길을 발견하게 될 거야."라고 말해주었다. 절대로 포기하지 않는 것이 지구 반대편으로 가서 탄자니아의 산속에서 신체적 역경을 겪는 것을 의미했다. 그리고 그것은 반군들이 습격하여 그녀의 동료들을 붙잡아 억류하고 몸값을 요구하는 가운데서도 살아남는 것을 의미했다. 모두가 살아남았으며, 제인 구달(Jane Goodall)의 꿈도 살아남았다. 그녀의 연구는 침팬지의 복잡한 사회적 행동을 기록했는데, 이들은 서로 입 맞추고 끌어안음으로써 인사를 나누며 도구를 만들어 사용하는 동물이다. 제인 구달 박사는 세계적으로 유명해졌고, 그녀는 이 놀라운 동물에 대한 우리의 사고방식을 바꾸어놓았는데, 이 모든 일은 비현실적인 꿈을 간직하고 나아감으로써 이루어졌던 것이다.

④ ▶ 이 글은 영장류 동물학자(primatologist)인 제인 구달이 어렸을 때의 꿈을 포기하지 않고 결국 꿈을 실현시킨 내용이므로 ④가 글의 요지로 적절하다.

career counsellor 진로상담원
pet n. 애완동물
raid n. 습격
ransom n. 몸값
document v. (문서·기록으로) 입증하다, 상세히 기록하다

16

늙어감에 따라 집안의 약품 수납장이 약국을 닮아가기 시작할 수 있다. 그러나 오늘날 많은 연구자들은 55세 이상의 많은 사람들에게 그렇게도 많은 의약품이 정말로 필요한가? 라고 묻고 있다. 시드니의 로열 노스 쇼어 병원에서 근무하는 노인병 약리학자 사라 힐머(Sarah Hilmer)는 두 가지 문제가 있다고 말하는데, (그중 하나는) 의약품은 우리가 늙어감에 따라 몸 안에서 다르게 작용한다는 것이다. 즉, 노화가 진행됨에 따라 우리 몸은 일반적으로 근육이 줄어들고 지방이 늘어나며, 종종 체격이 줄어들고 간과 신장이 그다지 잘 작동하지 않아서 우리는 종종 과거 젊었을 때와 같은 양의 의약품을 필요로 하지 않는다는 것이다. "또한, 여러 가지 병이 생길 가능성도 높아지는데, 각 질병마다 약이 필요하고 그러면 약들끼리 상호작용이 일어날지도 모르는 겁니다."라고 그녀는 말한다. 아니면 그 의약품이 몸에 전혀 맞지 않을지도 모른다. 너무나 자주 의사들은 반드시 처방전대로 잘 복용하도록 하는 후속조치를 취하지 않거나 예전에 처방한 약들을 그 약들이 여전히 필요한지 생각해 보지도 않고 계속 다시 처방해준다.

② ▶ 노화에 따라 약이 예전과 다르게 작용하고 약리 작용이 서로 충돌하기도 하여 젊었을 때보다 약이 더 적게 필요할지 모르는데도 의사들은 예전에 처방한 약을 그대로 다시 처방해주는 등 과다처방하고 있는 것이 문제라고 지적한 글이다. 즉 서두에 제기한 의문에 대한 답을 마지막에 의사들의 과다처방으로 제시하고 있다. 따라서 ②가 주제로 적절하다.

pharmacy n. 약국
medication n. 의약품
geriatric a. 노인병의
pharmacologist n. 약리학자
follow up 계속하여 행하다; 적절히 처리하다
prescription n. 처방, 처방전
tolerate v. 견디다, 용납하다
refill v. 다시 채우다

17

종종 민족, 문화, 종교적인 입장에 따라 구성된 사회단체들은 다른 단체들을 맹렬하게 공격해왔다. 나치 독일의 가스실은 수백만 명의 유태인들을 절멸시켰으며, 르완다의 후투족(族)은 칼을 휘두르며 수십만 명의 투트시족을 학살했고, IS 테러리스트들은 이라크의 야지디족을 몰살시켰다. 실제로 세계의 모든 지역이 대량학살을 목격했던 것처럼 보인다.
많은 가해자들은 양심의 가책을 느끼지 않는데 — 정신병에 걸린 살인자들이 그러하듯이 — 그들은 그 감정을 느끼지 못하는 것이 아니라 대량학살을 합리화하는 방법을 찾기 때문이다. 대량학살을 전문적으로 연구하는 학자인 제임스 월러(James Waller)는 투트시족 학살 혐의로 유죄 판결을 받은 수십 명의 후투족 사람들을 인터뷰했을 때 "최악의 행동을 이해하고 정당화할 수 있는 인간 마음의 놀라운 능력"을 엿볼 수 있었다고 말했다. 그들 중 일부는 어린이들을 도끼로 베어 죽였다. 월러에 따르면 그들이 저지른 이런 행동의 근본적인 이유는 다음과 같다고 했다. "제가 이것을 하지 않았다면, 이 어린이들이 자라서 저를 죽이기 위해서 찾아왔을 것입니다. 이것은 나의 부족이 안전하게 살고 살아남기 위해 필요한 조치였습니다."

①

▶ 전 세계적으로 자행되는 집단 학살을 소개한 후, 이런 최악의 행동에도 인간은 정당성을 부여한다고 한 다음 르완다 후투족을 예로 들며 집단 학살의 근거로서의 자기 방어를 들었으므로 이 글에서 다루고 있는 주요 내용은 ①이다.

ethnic a. 인종의, 민족의
savage v. 맹렬하게 공격[비난]하다
chamber n. (특정 목적용) -실(室)
extinguish v. 끝내다, 없애다
wield a machete 칼을 휘두르다
slaughter v. 대량 학살하다
massacre v. 대량 학살하다, 몰살시키다
genocide n. (인종·국민 등의 계획적인) 대량 학살
perpetrator n. 가해자[범인]
untouched a. 감동되지 않은, 마음이 흔들리지 않은, 영향을 받지 않은
remorse n. 후회, 양심의 가책
psychopathic a. 정신병질(質)의
rationalize v. 합리화하다
get a glimpse of ~을 엿보다
axe v. 도끼로 베다
rationale n. 근본적 이유, 정당화

18

세상에서 일어나는 나쁜 일을 모두 알기는 쉽다. 좋은 일에 대해 알기가 더 어려운데, 전혀 보도되지 않는 향상들이 수없이 많이 일어나고 있는 것이다. 내 말을 오해하지 마시라. 나는 지금 부정적인 뉴스에 필적할 것으로 생각되는 그 어떤 사소한 긍정적인 뉴스에 대해 말하고 있는 것이 아니라, 세상을 바꾸어놓는 것이지만 속도가 너무 느리거나 너무 단편적이거나 하나하나로는 너무 작은 것이어서 뉴스라고 할 수도 없는 근본적인 향상들에 대해 말하고 있는 것이며, 그 은밀하고 소리 없는 인간 진보의 기적에 대해 말하고 있는 것이다. 세상의 진보에 대한 기본적인 사실들을 일반인들이 너무나 모르다보니 나는 전 세계의 회의와 기업 모임에 불려 다니며 그 사실들에 대해 이야기해주고 있다. 그들은 때때로 내 강연을 "영감을 주는" 강연이라고 말하고 위안을 주는 효과도 있다고 말한다. 내가 그렇게 강연하려고 한 것은 결코 아니었지만 그렇게 된 것은 논리적 필연이다. 내가 그들에게 제시해 보이는 것은 대개 유엔의 공식적인 데이터일 뿐이다. 사람들이 실제보다 너무나 더 부정적인 세계관을 갖고 있는 한, 단순한 통계자료만으로도 사람들로 하여금 보다 더 긍정적으로 여기게 만들 수 있다. 세상이 생각보다 훨씬 더 좋은 세상이라는 것을 알고 나면 격려도 되고 위안도 된다. 신종 행복증진제가 인터넷에 완전 공짜로 널려있다!

④

▶ 이 글에서 저자가 말하고자 하는 바는 세상의 진보에 대해 너무 모르고 있는 일반인들에게 통계자료만 제시해보여도, 세상이 생각보다 훨씬 좋은 곳임을 알게 할 수 있고 그들의 부정적인 세계관을 긍정적으로 바꾸어 놓을 수 있다는 것이다. 따라서 글의 요지로 ④가 적절하다.

supposedly ad. 아마도, 추정상
balance out 필적하다
fragmented a. 단편적인, 파편화된
one by one 하나씩, 하나하나로
qualify v. 자격을 주다
inspirational a. 영감을 주는
comforting a. 기운을 돋우는, 위안이 되는
logical a. 논리적인, 필연의

19

발사체의 움직임을 수학적으로 기술하는 과제는 중력, 투사각 및 초기 속도를 분리함으로써 더 쉽게 가능해진다. 그러한 분석 후에 적절한 운동 이론을 수립할 수 있다. 환원주의는 이러한 접근법과 관련된 몇 가지 철학적 입장 중 하나를 나타낼 수 있다. 환원주의의 한 종류는 모든 학문 분야가 궁극적으로 과학적 설명에 순응할 수 있다는 믿음이다. 아마도 한 역사적 사건은 사회학적, 심리학적 용어로 설명될 수 있을 것이고, 사회학과 심리학은 또한 인간의 생리학적 용어로 설명될 수 있고, 생리학은 또한 화학이나 물리학적 용어로 설명될 수 있을 것이다. 다니엘 데넷(Daniel Dennett)은 그러한 환원주의가 가능하다는 가정을 설명하기 위해 "탐욕스러운 환원주의"라는 용어를 만들어냈다. 그는 그런 환원주의는 자연현상을 예측하는 데 유용한 설명이 아니라 매력적이거나 웅변적인 설명을 찾으려는 '나쁜 과학'에 불과하다고 주장한다. 그는 또한 "철학 없는 과학은 없다. 검사받지 않고 철학적 짐을 적재한 과학만 있을 뿐이다."고 말한다.

③

▶ ②는 본문의 취지를 벗어난 과도한 진술이며, ④는 본문에 나와 있지만 글 전체의 요지는 아니다. 이 글의 요지는 '분석적 방법은 과학에서 유용하지만, 모든 것을 분석하여 본질에 도달할 수 있다는 과도한 환원주의는 위험하다'는 것이다.

projectile n. 발사체
velocity n. 속도
formulate v. 만들어내다
reductionism n. 환원주의
amenable a. 고분고분한, 순종하는
physiology n. 생리학
appealing a. 매력적인
eloquent a. 웅변적인

20

물론 뉴턴(Newton)은 혼자가 아니었다. 그는 당시 근대 과학의 토대를 마련하고 있던 많은 사람들 중에 가장 위대한 사람이었지만 유일한 사람은 아니었다. 실험 과학 정신이 감돌던 때였고, 뉴턴은 당시 진행 중이던 지성 운동의 최고 인물이었다. 위대한 인물은 그들의 시대로부터 지적으로 정신적으로 동떨어져 생겨나지는 않는다. 르네상스 시대 가장 뛰어난 플로렌스의 예술가였던 미켈란젤로(Michelangelo)는 이태리에서 예술이 활짝 꽃을 피우던 시기에 활동했는데 당시 이태리에는 천재적인 예술가들이 많이 있었다. 셰익스피어(Shakespeare)는 가장 위대한 극작가이지만, 그가 활약한 엘리자베스 시대에는 연극 무대가 연기자들과 극작가들 모두에게 강렬한 흥미와 활발한 활동의 중심이었는데, 그보다 못한 극작가들이 수십 명 있었고 그들 중 일부는 셰익스피어에 버금갈 정도였다. 모든 계층의 사람들이 연극과 시를 사랑했다. 베토벤(Beethoven)의 시대는 위대한 음악의 시대였다. 그는 그 당시 열정적으로 활동한 많은 위대한 음악가들 중에 가장 위대했다.

②

▶ 뉴턴 이외에도 훌륭한 과학자들이 있었고 미켈란젤로 이외에도 천재적인 예술가가 많이 있었고 셰익스피어나 베토벤 이외에도 위대한 극작가나 음악가가 많이 있어서 위대한 인물은 혼자서가 아니라 위대한 동료들과 함께 활동했다는 것이 글의 필자가 말하고자 하는 바이므로 ②가 글의 요지로 적절하다.

in the air (분위기가) 감돌아, 낌새가 있어
supreme a. 최고의
in progress 진행 중인
isolation n. 고립
mighty a. 강력한, 위대한, 굉장한
dramatist n. 극작가
flourish v. 번성하다, 활약하다
playwright n. 극작가
be second only to ~에 버금가다, ~을 빼면 첫째이다

03 내용일치·내용파악

01

혹한의 날씨는 (미리) 대비하지 않으면, 동상을 의미할 수 있다. 동상은 피부가 너무 오랫동안 극심한 추위에 노출되었을 때 생기는 손상이다. 동상은 주로 손, 발, 코 그리고 귀에 생긴다. 피부에만 영향을 준 경미한 동상을 입은 사람들은 영구적인 손상을 겪지 않을지도 모른다. 그러나 보다 깊숙한 조직이 영향을 받는다면, 그 부위가 차가워질 때마다 통증을 느낄 가능성이 있다. 만약 혈관이 손상된다면, 괴저에 감염될 수 있다. 때때로 의사가 이와 같은 손상을 치료할 수 있는 유일한 방법은 손가락과 발가락과 같은 동상에 걸린 부위를 절단하는 것이다.

④

▶ ① 괴저에 감염되면, 의사가 치료할 수 있는 유일한 방법이 동상에 걸린 부위를 절단하는 것이라고 했을 뿐, 감염된 부위가 저절로 낫는 것은 아니다. ② 보다 깊숙한 조직이 영향을 받는다면, 그 부위가 '차가워질 때마다' 통증을 느낄 가능성이 있다고 했지, 항상 영구적인 고통을 겪는다는 말은 본문에 언급되지 않았다. ③ 동상의 상태가 괴저와 같이 심할 경우에, 때때로 의사가 할 수 방법은 동상부위를 절단하는 것이 유일하다고 했다. ④ (미리) 대비하지 않으면, 차가운 날씨가 동상을 의미한다고 했다. 따라서 추위에 대비하지 않는 사람은 동상에 걸릴 수 있으므로 ④가 정답이다.

freezing a. 몹시 추운, 혹한의
frostbite n. 동상
damage n. 손해, 손상
be exposed to ~에 노출되다
extreme a. 극심한, 극단적인
minor a. 경미한, 가벼운, 심각하지 않은
affect v. 영향을 미치다; 병이 나게 하다
permanent a. 영구적인
tissue n. (세포들로 이뤄진) 조직
blood vessel 혈관
infection n. 감염, 전염
treat v. 치료하다
injury n. 손상, 부상
frostbitten a. 동상에 걸린

02

흰돌고래인 벨루가는 가장 작은 고래 종들 중 하나다. 벨루가의 독특한 피부색과 돌출된 이마는 벨루가를 쉽게 알아볼 수 있게 해준다. 대부분의 다른 고래들과 달리 벨루가는 매우 유연한 목을 가지고 있는데 그 목은 벨루가가 모든 방향으로 고개를 끄덕이거나 돌릴 수 있도록 해준다. 벨루가는 일반적으로 작은 떼를 이루어 함께 산다. 벨루가는 사회적 동물이며 목소리로 의사전달을 할 수 있다. 벨루가는 혀를 차는 소리, 휘파람 소리, 날카로운 울음소리 등의 다양한 언어를 사용한다. 또한 벨루가는 다양한 다른 소리를 흉내 낼 수 있다. 벨루가는 물고기, 갑각류, 벌레 등을 먹고 산다.

④

▶ 벨루가가 다양한 언어를 사용하며 다양하게 여러 소리를 흉내 낸다고 했지만, 인간의 말을 흉내 낸다고는 언급하지 않았으므로 ④가 정답이다.

whale n. 고래
distinctive a. 독특한, 특이한
prominent a. 현저한, 두드러진; 돌출된
forehead n. 이마, 앞머리
identifiable a. 인식 가능한, 알아볼 수 있는
pod n. (바다표범·고래·상어 등의) 작은 떼
feed on ~을 먹고 살다
crustacean n. 갑각류 동물

03

영국 시인 퍼시 비시 셸리(Percy Bysshe Shelley)는 정치 집회에서 무고한 시민들이 학살된 것을 보고 『혼돈의 가면극(The Masque of Anarchy)』을 썼다. 그는 시를 통해서 사람들에게 권력자들에 대항해서 뭉칠 것을 촉구한다. 하지만 그는 또한 사람들에게 자신들을 폭력으로 억압하려는 시도에 반격하지 말라고 조언한다. 그는 수동적인 태도를 유지함으로써, 대학살의 책임이 있는 기사 같은 권력층을 비호하는 자들이 수치심을 느끼게 할 수 있다고 주장한다. 그는 말하기를 이 수치심으로 인해서 군대는 자신들의 지도자를 버리게 되고, 그럼으로써 사회의 권력 구조에 급진적인 변화가 일어나게 될 것이라고 한다.

massacre n. 대량 학살; 완패
innocent a. 무죄인, 결백한
rally n. 집회, 대회
repress v. 억압하다
passive a. 수동적인, 소극적인
cavalry n. 기사
abandon v. 버리다
initiate v. 시작하다, 일으키다

③ ▶ 셸리는 『혼돈의 가면극』을 통해서 권력층에 대항하기 위해 폭력적인 방법이 아닌, 수동적인 저항의 필요성을 강조한다. 그럼으로써 권력층을 비호하고 있는 자들을 수치심을 느끼게 만들고 그들 스스로 급진적으로 권력 구조를 바꾸도록 유도할 수 있다고 했으므로 ③이 정답이다.

04

유전자와 표현형이라 불리는 특징 사이의 일대일 대응을 지닌 생물의 청사진으로써의 DNA에 대한 대중적인 이해는 유전학의 초기 역사가 낳은 유산이다. '유전자'라는 용어는 유전의 추상적인 구성 단위들을 가리키기 위해 DNA의 발견보다 40년 앞선 1909년에 만들어졌다. 생물학자들은 유전자를 끈에 묶인 구슬들처럼 하나의 표현형을 결정하는 각각의 유전자들로 이루어져 염색체로 단정하게 정렬된 것으로 생각하게 되었다. 그러나 눈동자 색 또는 혈액형에서와 같이 어떤 유전자들은 직접적인 방식으로 특징들에 상응하는 반면, 대부분의 표현형들은 생물이 사는 환경뿐만 아니라 많은 다양한 유전자들에 의해 결정되며 훨씬 더 복잡하다.

② ▶ 마지막 문장에서 어떤 특징들은 하나의 유전자가 각각 결정하는 것이 아닌 환경 및 많은 다양한 유전자들의 영향을 받아 나타날 수 있다고 하였다. 이로써 "일부 특징들은 다양한 유전자들 사이의 상호작용의 결과이다."를 알 수 있다.

blueprint n. 계획, 청사진
correspondence n. 서신; 관련성, 유사함
legacy n. 유산, 유물
abstract a. 관념적인, 추상적인
inheritance n. 유산, 상속
predate v. (시간적으로) 선행하다
bead n. 구슬, 비즈
line up 줄을 서다, 이루다
chromosome n. 염색체
phenotype n. 표현형(유전자와 환경의 영향에 의해 형성된 생물의 형질)
correspond v. 일치하다, 부합하다
set in motion ~에 시동을 걸다, 활기를 띠게 하다

05

기술적 결함이 우리가 안전하지 않은 인터넷을 갖게 된 유일한 이유가 아니다. 또 다른 중요한 이유, 아마 가장 중요한 이유는 인터넷의 가장 강력한 설계자들이 자신들의 이익에 도움이 되도록 네트워크를 조작해 왔기 때문이다. 모든 사람들은 당신이 안전하길 바란다. 그들로부터 안전한 것은 제외하고 말이다. 구글은 기꺼이 보안을 제공한다. 당신을 감시하고 자신이 모은 정보를 이용하여 광고를 팔 수 있는 한 말이다. 페이스북도 비슷한 거래를 당신과 하고 있다. 페이스북은 안전한 소셜 네트워크를 제공한다. 당신이 하는 모든 것을 마케팅 목적으로 감시할 수 있는 한 말이다. 하버드 경영대학원 교수 쇼샤나 주보프(Shoshana Zuboff)는 이를 '감시 자본주의'라고 부르고 있으며, 이는 인터넷의 비즈니스 모델이다.

④ ▶ 두 번째 문장이 이 글의 주제다. 구글이나 페이스북은 자신에게 도움이 되도록 일부러 인터넷을 조작하고 있다고 주장하는 글이다. 따라서 정답은 ④ "보안이 잘되지 않는 인터넷은 사실 몇몇 첨단 기술 기업들에게 가장 큰 이익이 되고 있다."이다. ③ "우리가 감시 사회에 살고 있기 때문에 아무런 이의 없이 감시를 내면화하고 있다."는 과장이다.

manipulate v. 조작하다
security n. 보안
be willing to 기꺼이 ~하다
as long as ~하는 한
surveil v. 감시하다
internalize v. 내면화하다
without question 아무런 이의도 제기하지 않고

06

호머(Homer)의 그리스 서사시 『일리아드(The Iliad)』를 옮긴 알렉산더 포프(Alexander Pope)의 번역본은 종종 편지와 메모의 뒷면을 사용하여 종이쪽지에 초안이 작성되었다. 그 서사시는 메모의 한쪽 면에서 실현되었고(번역이 되었고), 다른 쪽 면에 쓰인 편지를 통해 우리는 야망을 가진 젊은 작가로서 포프의 사생활을 엿볼 수 있다. 그는 런던의 커피하우스에서 문학 동맹을 결성하고 경쟁을

draft v. 초안[원고]을 작성하다
take shape 형태를 갖추다, 구체화되다
glimpse n. 잠깐[언뜻] 봄, 일별
ambitious a. 대망을 품은, 야심[야망]을 가진

피하고 개신교 국가 영국에서 가톨릭 신자로서 그의 불안정한 역할을 잘해나간다. 포프는 6년이 넘는 동안 이 영어 번역본에 공을 들였으며 1715년에서 1720년 사이에 (독자들의) 예약 구독을 받아 6편의 번역본을 발표했다. 결국, 포프는 5천 파운드에 달하는 큰돈을 벌었으며 그가 전문 작가로서 스스로 생계를 이어나갈 수 있게 해 주었다.

④ ▶ 포프는 호머의 서사시 『일리아드』를 번역한 번역본으로 충분한 수입을 벌어 전문 작가로서 글을 쓸 수 있었다고 했지만, 번역 작업을 위해 구독자로부터 더 많은 돈을 버는 데 집중한 것은 아니므로 ④가 정답이다.

alliance n. 동맹
fend off 막아내다, 피하다
negotiate v. 처리하다, (곤란·장애를) 뛰어넘다
precarious a. 불안정한, 위태로운

07

원시 인류의 삶의 결핍에 대해 무슨 말을 한다 해도, 그 명백한 이점들 중 하나는 시간과는 참으로 관계없는 삶이라는 것이었다. 몇 시인지 알 필요가 없었고 하루를 경험하고 송곳니가 발달한 호랑이를 피하는 것 이외에 달리 많은 일을 하려고 일어나야 할 의무가 없었다. 인류의 삶이 보다 더 복잡해지자, 이른 시각에 깨워주는 장치의 필요성이 더욱 중요해졌다. 기원전 4세기 때 고대 그리스 철학자 플라톤(Plato)은 그의 전설적인 새벽 강의로 유명했는데, 그 당시는 물시계가 '하루의' 시간 측정 도구였다. 플라톤의 물시계는 초저녁에 한 번 새벽에 한 번 울리도록 되어있는 차임벨 기능을 추가로 더 갖고 있었다. 그의 강의를 듣는 사람들이 어떻게 정시에 강의실에 당도했는지는 아무도 모르지만 그 물시계는 플라톤에게 편리한 것이었다.

② ▶ 시간과 관계없는 하루를 살아가고 몇 시인지 알 필요가 없었다는 것은 시간의 경과를 계속 알고 있어야 할(keep track of time) 필요가 없었다는 의미이므로 ②가 글의 내용과 일치한다. ① 호랑이를 피해야 하므로 안전한 삶은 아니었다. ③ 그리스 시대의 물시계는 플라톤 이전에 이미 있었고 플라톤은 이것에 알람기능을 추가하여 개량했을 뿐이다. ④ 어떻게 시간엄수를 할 수 있었는지 아무도 모른다고 했다.

deprivation n. 박탈, 결핍
irrelevant a. 무관계한
obligation n. 의무
dodge v. 피하다
sabre-toothed a. 송곳니가 발달한
sophisticated a. 정교한, 복잡한, 세련된
wake-up call 모닝콜
legendary a. 전설적인
de jour 하루의(= of the day)
feature n. 특징, 기능
handy a. 편리한
attendee n. 출석자
anyone's guess 불확실한 것, 아무도 모르는 것

08

적색 신호에서 멈춰야 한다고 말하는 교통법규에는 잘못된 점이 전혀 없다. 그러나 불이 나서 맹렬히 타고 있을 때는 소방차가 적색 신호를 곧장 통과하며 보통의 차량들은 길을 비켜주는 게 좋다. 혹은 사람이 피를 흘리며 죽어가고 있을 때는 앰뷸런스가 적색 신호를 전속력으로 통과한다. 지금 이 사회의 흑인들과 가난한 사람들에게는 불이 나서 활활 타고 있는 상황이다. 그들은 그들을 사회학적 용어인 "하류층"으로 가두어놓고 있는 끔찍스런 경제적 불의로 인해 비극적인 상황에서 살아가고 있다. 전 세계의 소외계층 사람들은 깊은 사회적·경제적 상처로 인해 피를 흘리며 죽어가고 있다. 그들에게는 위급상황이 해결될 때까지 현 체제의 적색 신호를 무시해야 할 수많은 앰뷸런스 운전자들이 필요하다.

② ▶ 화재가 일어나고 사람이 피를 흘리며 죽어가는 두 상황은 이 글에서 비유적으로 표현한 것일 뿐 실제로 가난한 흑인 동네에 화재와 응급상황이 일어날 가능성이 더 많다는 말은 아니므로 ②가 사실이 아닌 진술이다.

traffic law 교통법규
rage v. 격노하다, 사납게 날뛰다
bleed v. 피를 흘리다
at top speed 전속력으로
tragic a. 비극적인
injustice n. 불의
disinherited a. (권리나 혜택을) 박탈당한
brigade n. (군대의) 여단
emergency n. 위급상황, 비상사태

09

미국의 제38대 대통령이었던 제럴드 포드(Gerald Ford)가 대통령에 취임했을 때, 제럴드 포드는 그의 가장 유명한 전임자들 중 한 명인 해리 트루먼(Harry S. Truman)과 자신의 유사성을 강조하는 것을 좋아했다. 포드와 마찬가지로 트루먼은 우연히 대통령이 되었던 부통령이었다. 트루먼은 프랭클린 루스벨트(Franklin Roosevelt)가 대통령 임기 중에 서거했을 때, 대통령직을 이어받았는데, 이런 상황은 리처드 닉슨(Richard Nixon)이 대통령직에서 물러났을 때 제럴드 포드가 대통령직에 올랐던 상황과 유사했다. 포드처럼 트루먼은 지식인이 아니었는데, 트루먼은 그의 배움이 부족하다는 것을 과장해서 말하는 경향이 있었으며, 그는 평범한 취미를 가진 평범한 남자에 불과하다고 주장했다. 포드는 또한 자신과 트루먼 둘 다 어려운 시기에 대통령직에 올랐다는 것을 강조하는 것을 좋아했다. 트루먼은 제2차 세계대전이 끝나갈 무렵 미국을 이끌었으며, 포드는 미국이 워터게이트 스캔들에 휩싸인 이후 대통령직에 취임하였다.

④

▶ ① 포드는 트루먼과 자신의 유사성을 강조하는 것을 좋아했다고 했지, 대조적이라고 한 적은 없다. ② 트루먼과 포드는 둘 다 대통령이 되기 이전에 부통령이었던 것은 사실이나, 두 대통령 모두 칭송을 받지 못했다는 것은 이 글만으로 알 수 없다. ③ 포드는 트루먼과 같이 우연히 대통령이 된 것은 사실이나, 포드는 트루먼과 달리 전임 대통령이 임기 중에 서거해서 대통령이 된 것이 아니라 전임 대통령이 사임해서 대통령이 된 것이다. ④ 트루먼과 포드는 대통령의 신변에 이상이 생겨 뜻하지 않게 대통령이 된 것이지, 대선에서 승리해서 대통령이 된 것은 아니므로 ④가 정답이다.

come to office 취임하다
predecessor n. 전임자
by chance 우연히
take over 이어받다, 인계받다
ascent n. 상승, 승진

10

조이스(Joyce)의『율리시스(Ulysses)』와 T. S. 엘리엇(T. S. Eliot)의『황무지(The Waste Land)』는 1922년 동시에 발표되어 새로운 문학의 대조적인 두 가지 기조(기본유형)를 이룬다. 조이스의 소설이 표현주의와 초현실주의 방향으로, 엘리엇의 시는 상징주의와 형식주의 쪽으로 움직인다. 두 작가 모두에게서 주지주의적 태도를 볼 수 있지만, 엘리엇의 작품에 핵심을 이루는 것은 '교양체험'인데 비해, 조이스의 경우는 '원초체험'이다. 교양체험에서는 역사적 문화와 정신적 전통 그리고 (문학의) 사상적·형식적 유산이 영감의 원천이 된다. 반면 원초체험의 경우 직접적인 생활현실과 인간존재의 문제가 그 원천을 이룬다. 엘리엇과 폴 발레리(Paul Valéry)에게 출발점(주된 기초)은 항상 어떤 개념이나 사상 아니면 어떤 문제였고, 조이스와 카프카(Kafka)에게는 어떤 비합리적인 체험, 비전, 형이상학적·신화적 이미지였다.

④

▶ 본문에 따르면 조이스의『율리시스』와 엘리엇의『황무지』는 모두 주지주의적 접근방식을 따르고 있다.

simultaneously ad. 동시에
strike[sound] the keynote of 기조를 이루다, 골자를 이루다
expressionistic a. 표현주의적인
surrealistic a. 초현실주의적인
symbolistic a. 상징주의적인
formalistic a. 형식주의적인
intellectualistic approach 주지주의적 접근
metaphysical a. 형이상학적인
mythological a. 신화학적인

11

적자는 종종 부채를 초래한다. 당신이 가진 것보다 더 많이 소비할 때, 당신은 누군가에게 돈을 빌리는 것 외에는 다른 방도가 없다. 이것은 정부에게도 일어난다. 정부가 적자를 낼 때, 그것은 정부의 장기부채를 증가시키게 된다. 예를 들어, 스리랑카 정부가 1년에 재정적자가 2억이라고 가정해 보자. 그러면 스리랑카 정부는 자국의 재정적자를 갚기 위해 돈을 빌리게 된다. 그러나 다음 해, 스리랑카 정부가 추가로 재정적자가 1억이 나서 다시 빌리게 된다. 지금 스리랑카 정부는 누적적자가 3억이 되었다. 그러나 다른 사람들처럼, 정부들도 부채의 금액과 이자를 모두 갚아야 한다. 따라서 스리랑카 정부는 3억과 이자를 갚아야 할 것이다. 최종 지불액은 이자율에 달려 있게 될 것이다. 스리랑카 정부가 부채를 상환하기를 원한다면, 우선 적자를 내는 것을 멈춰야 하고 흑자를 내기 시작해야 할 것이다.

deficit n. 적자
have no other option but to do ~외에 달리 방도가 없다
run a deficit 적자를 내다
debt n. 부채
budget deficit 재정적자, 예산적자
accumulate v. (서서히) 모으다[축적하다]
loan n. 대출; 대출금
interest n. 이자

② ▶ 당신이 가진 것보다 더 많이 소비할 때, 당신은 누군가에게 돈을 빌리는 것 외에는 다른 방도가 없다고 했으며, 이것이 정부에게도 일어난다고 했으므로, ②가 정답이다.

repay v. (빌린 돈을) 갚다[상환하다]
surplus n. 흑자

12

피에르 오귀스트 르누아르(Pierre-Auguste Renoir)는 1892년경 관절염 증세를 보이기 시작했는데, 손의 진행성 기형, 어깨와 팔의 관절유착으로 결국 심하게 이동성이 제한되게 되었다. 자연스럽게 그의 상태는 르누아르가 그의 방법을 (상황에) 적응시킬 필요가 있게 만들었다. 그는 지중해 근처에 위치한 카뉴쉬르메르(Cagnes-sur-Mer)의 따뜻한 지방으로 이주했고 스파 치료를 종종 받았다. 르누아르의 사진은 화필을 쥐고 있을 때 피부 염증을 막기 위해 붕대로 감은 손을 보여준다. 팔레트는 휠체어 옆에 붙여, 팔레트가 좌우로 움직이도록 했다. 수평 실린더와 크랭크 시스템은 그가 앉아 있는 동안 큰 캔버스의 여러 부분에 접근할 수 있게 해주었다. 그의 건강 상태가 악화되었음에도 불구하고 르누아르는 여전히 그림에 전념했고, "고통은 사라지지만, 아름다움은 남는다."라는 말을 했다.

② ▶ 르누아르가 관절염에 걸려 따뜻한 지방으로 이주했다고 했지만, 그의 이주가 관절염 상태를 호전시키고 그림의 질을 향상시켰는지는 알 수 없으므로 ②가 정답이다.

arthritis n. 관절염
progressive a. 점진적인; <의학> 진행성의
deformity n. 기형
ankylosis n. 관절유착증
clime n. 나라, 지방; 풍토
wrap v. 감싸다
bandage n. 붕대
skin irritation 피부 자극, 피부 염증
affix v. 첨부하다, 붙이다
swivel v. 돌다, 회전하다
crank n. 크랭크
committed a. 헌신적인, 열성적인

13

에고이스트의 인생에 대한 태도는 간단하고 직접적이고 솔직해서, 그가 내리는 모든 결정은 "그것에 나에게 유익한 것이 무엇이 있는가?"라는 하나의 질문에 대한 답에 기초해 있다. 그의 이기심과 탐욕과 무자비한 자기발전 욕망이 다른 사람들에게 해를 입힌다면 그것은 너무나 나쁘다. 그는 "여보게, 이 세상은 먹고 먹히는 험악한 그런 세상이라네. 그러니 나도 남에게 뒤질 생각은 없네."라고 말한다. 이와 달리 에고티스트는 역겨울 정도로 자기자랑이 심해서 그가 연주하는 대화의 바이올린에는 그 자신이라는 단 하나의 줄만 있으며, 그는 그 줄로 그가 무슨 생각을 하는지, 그가 어떤 일을 해냈는지, 그가 얼마나 선한지, 그리고 그라면 세상의 문제를 어떻게 해결할 것인지 등등 수많은 변주곡들을 지겹도록 연주해댄다. 그는 "자, 한번 보자고. 자네 내가 지금 벌고 있는 그 모든 돈에 대해 들어보았나? 내가 최근에 여자를 정복한 것에 대해 자네에게 말해주었던가? 내 의견을 말하겠네. 난 알아. 난 거의 모든 일에 전문가니까!"라고 말한다.

① ▶ 에고이스트는 자기 이익에만 관심이 있으므로 탐욕스러워지기 쉽고 에고티스트는 자기자랑이 심하므로 교만해지기 쉽다. 따라서 ①이 글의 내용과 일치한다. 다른 보기는 모두 에고이스트와 에고티스트가 뒤바뀌어 있다.

aboveboard a. 공명정대한, 솔직한
ruthless a. 무자비한, 무정한
pal n. 친구, 여보게
dog-eat-dog a. 치열한 경쟁의, 냉혹한 사리추구의
and all that 그 밖의 여러 가지, ~따위
for one 한 예로서, 나로서는, 나 자신은
boastful a. 자랑하는, 자화자찬의
obnoxious a. 불쾌한, 역겨운
ad nauseam ad. 지겹도록, 구역질나도록
now ad. 자, 그런데
amorous a. 연애의, 호색적인, 바람기 있는

14

나는 지난 15년간 표절 감지 소프트웨어를 테스트해왔다. 그 결과는 종종 판단하기 힘들고, 다루기 어려우며, 때로는 완전히 터무니없다. 많은 시스템들은 일반적인 문구, 기관의 긴 이름 혹은 심지어 참고한 문헌 정보에도 긍정오류(거짓을 참인 것으로 잘못 판단하는 것)를 보고한다. 소프트웨어는 또한 부정오류(참인 것이 거짓으로 잘못 판정되는 것)를 만들어낸다. 표절된 텍스트의 출처가 디지털화되어 있지 않았다거나, 그 텍스트 출처에 철자 오류가 있다거나, 그렇지 않다면(표절이 되지 않

plagiarism n. 표절
interpret v. 이해[해석]하다, 판단하다
navigate v. 다루다, 처리하다
reference n. 참고[인용] 문헌
digitize v. (데이터를) 디지털화하다

았다면) 소프트웨어 시스템이 그 텍스트 출처를 사용하지 못하는 경우 표절을 찾지 못할 수도 있다. 많은 경우 표절은 자료가 번역되어 있거나 다양한 출처에서 발췌되었다면 발견되지 않고 통과된다. 표절의 평가는 사용된 알고리즘과, 비교를 위해 이용할 수 있는 전체 연구 자료에 의존하게 된다. 무작위 표본을 검사하는 시스템의 경우, 몇 분 후에 그 문서를 다시 반복해서 검사하면 다른 결과가 나올 수 있다. 나는 또한 한 텍스트를 두고 완전히 표절하였거나, 부분적으로 표절하였거나, 표절을 하지 않았다고 분류하는 여러 가지 시스템을 확인했다.

②

▶ 이 글은 표절 감지 소프트웨어가 가지고 있는 '한계점'에 대해서 설명하는데, ① 자료가 번역되어 있거나, ③ 참고 문헌을 표절로 인식하는 경우, ④ 본문의 철자에 오류가 있는 경우에는 표절을 제대로 판단하지 못한다고 설명하고 있다. 하지만 표절 감지 소프트웨어가 표절로 처리한 자료가 자동적으로 표절로 이어진다는 내용은 한계점으로 언급되어 있지 않으므로 ②가 정답이다.

slip through ~을 지나가다, 통과시키다
assessment n. 평가, 판단
corpus n. (자료 등의) 전부, 총체

15

대양으로 휩쓸려 들어오는 유기물의 탄소를 대양이 저장한다는 것을 과학자들은 오래 전부터 알고 있었다. 탄소는 유해한 이산화탄소로 대기에 방출되지 않고 수백만 년 동안 바다 속에 가두어질 수 있다. 새로운 연구 결과 노르웨이의 피오르드와 같은 피오르드가 탄소를 붙잡아두는 데에는 대양보다 훨씬 더 능숙한 것으로 밝혀졌는데, 1 평방마일 당, 빙하에 깎인 수로(피오르드)가 대양의 탄소 저장 평균치의 100배나 되는 양의 탄소를 저장한다. 피오르드에는 유속이 빠른 산악 강으로부터 물이 흘러들어오며 피오르드의 깊이와 울툭불툭한 모양이 비교적 효율적으로 유기물을 운반 저장하여, 매년 바다에 매립되는 탄소의 총 11퍼센트를 수용하고 있다. 그러나 인간은 피오르드를 탄소 매립지로 이용해서는 안 된다. 피오르드의 힘(효력)은 원시 상태를 유지하는 것에 있다고 글로벌 해양 연구소의 화학 해양학자 리처드 W. 스미스(Richard W. Smith)는 말하면서 "나는 우리가 그 일을 자연이 이미 하고 있는 것보다 더 잘 할 수 있다고는 생각지 않습니다. 우리는 그 일에 끼어들어 다 망쳐놓을 것입니다."라고 덧붙인다.

③

▶ 끝에서 다섯 번째 문장에서 피오르드가 매년 바다에 매립되는 탄소의 총 11퍼센트를 수용하고 있다고 했는데, 만일 탄소 매립(저장)에 있어서 피오르드가 다른 바다와 똑같이 효율적이라면 면적에 있어서도 피오르드가 전체 바다의 11퍼센트에 달할 것이다. 그러나 피오르드가 전체 바다가 평균적으로 저장하는 탄소의 100배나 되는 양의 탄소를 저장한다고 했으므로 피오르드의 면적은 전체 바다 면적의 11퍼센트에 훨씬 못 미친다고 할 수 있다. 따라서 ③이 글의 내용과 일치한다. ① 최근의 연구로 처음 밝혀진 것이 아니라 오래 전부터 알려져 있었다. ② 피오르드의 위도가 아니라 깊이와 모양에 기인한다. ④ 피오르드를 원시상태로 보존해야 한다고 했을 뿐, 과거에 더 많은 탄소를 저장했다고 볼 수 없다. ⑤ 피오르드는 앞으로 탄소 저장소로 이용할 것이 아니라 원시 상태로 보존해야 한다고 했다.

store v. 저장하다
organic matter 유기물
fjord n. 피오르드, 협만
hold on to 붙잡다
waterway n. 수로, 항로
hoard v. 저장하다
sinewy a. 힘줄의, 근육이 울툭불툭한
take in 받아들이다, 끌어들이다, 수용하다
dump n. 더미; 쓰레기 매립장
oceanographer n. 해양학자
get in 끼어들다
muck v. 더럽히다, 망치다

16

하워드 베커(Howard Becker)는 헌신은 그 어떤 상황에서도 우리를 일관된 방식으로 행동하게 만들고 이것이 시간이 지나면서 우리의 자아개념의 일부가 된다고 말했다. 어른이 되는 과정을 보는 한 가지 시각은 그것을 우리의 행동을 어떤 인정된 경계 안에 제한하고 그래서 우리 자신을 우리의 행동 방식에 따라 정의 내리게 강요하는 다양한 헌신할 대상들 — 직업, 가족, 직장 등 — 을 획득해가는 과정으로 보는 것이다. 이런 견해를 따르면, 더 적은 수의 헌신거리를 가진 사람들 — 어쩌면 독신이면서 직장이 없는 사람들 — 이 덜 안정적인 자아개념을 가질 가능성이 높다. 예를 들어 이혼율이 더 높고 일자리 이동이 더 많이 일어나고 부양가족에 대한 개인적인 책임감이 더 적다는 점에서 헌신을 더 적게 장려하는 사회에서는 자아개념이 불안정한 사람들이 점점 더 많아질 것이다. 기업조직의 여러 상황에서 헌신은 종종 책임에 수반하여 일어나는데, 안정된 자아개념을, 따라서 더

commitment n. 약속, 책임, 몰두, 헌신
constrain v. 강제하다, 속박하다
bound n. 경계, 범위, 한계
in terms of ~의 관점에서
job mobility 일자리 이동, 직업 이동성
dependent n. 부양가족
accompany v. ~에 수반하여 일어나다

욱 예측 가능하고 일관된 행동과 업무수행을, 촉진할 것이다.

③ ▶ 자기중심적인 사람은 자기 이외에는 아무 것에도 헌신하지 않는 사람인데 셋째 문장에 따르면 이런 사람은 덜 안정적인 자아개념을 가질 가능성이 높으므로 ③이 글의 내용과 거리가 먼 진술이다.

17

어느 때고 한 번은 허리 통증을 겪어본 적이 있는 사람들이 전 세계적으로 5억4천만 명에 달해서 이제는 허리 통증이 신체장애의 주된 원인이다. 대부분의 허리 통증은 치료를 하든 안 하든 대개 6주 이내에 나아버린다. 모나시 대학교 연구원인 레이첼 부흐빈더(Rachelle Buchbinder) 교수는 허리 통증은 하나의 부상(신체 손상)으로가 아니라 잠시 있다가 없다가 하는, 많은 경우에 효과적으로 관리될 수 있는, 하나의 신체 상태로 다루어져야 한다고 말한다.
이 상태(허리 통증)의 관리를 위한 최근의 지침에는 통증과 이와 관계된 뻐근함을 완화시키기 위해 아픈 부위를 계속 따뜻하게 해줄 것, 장시간 누워있지 말고 가능한 한 몸을 계속 움직일 것, 그리고 부차적인 치료법으로서 소량의 진통제 복용과, 마사지, 침술 같은 신체적 요법 등이 포함된다. 물론 당신의 의사는 항상 당신의 신체 상태를 평가하고 개별적인 조언을 제공해야 한다.

② ▶ 둘째 문장에서 '치료를 하든 안 하든 대개 6주 이내에 나아버린다'고 했으므로 ②가 글의 내용과 일치한다. ① 5억4천만 명을 대다수라 할 수는 없다. ③ 가능한 한 몸을 계속 움직이라고 했다. ④ 이 둘이 부차적 치료법으로 소개되었지만 이 둘을 동시에 해서는 안 되는지는 알 수 없다.

back pain 허리 통증(= lower back pain)
disability n. 신체장애
clear up 낫다, 치유되다
come and go 오가다, 잠시 들르다
bed rest 침상안정(치료를 위해 장시간 누워있는 것)
line n. 종류
dose n. 복용량
painkiller n. 진통제
acupuncture n. 침술
health care provider 의료인
assess v. 평가하다

18

암을 유발하는 모든 물질은 발암물질로 알려져 있다. 그러나 단순히 한 물질이 발암물질로 지정됐다고 해서 그 물질이 반드시 암을 유발할 것이라는 의미는 아니다. 많은 요인들이 발암물질에 노출된 사람이 암에 걸릴지에 영향을 미치는데, 여기에는 발암물질에 노출된 양과 시간 그리고 개인의 유전적 배경 등이 포함된다. 환경 발암물질에 대한 원치 않는 노출로 인해 야기되는 암은 근무 중에 발암물질에 노출될지도 모르는 특정 산업에 종사하는 근로자들과 같은 인구의 하위 집단에서 발생할 가능성이 높다. 미국에서는 직장에서 발암물질로 알려진 물질에 대한 노출을 줄이기 위한 규정이 마련되어 있다. 직장 밖에서, 사람들은 금연, 햇빛에 노출되는 것의 제한, 음주 제한 또는 적절한 연령의 사람들에게 HPV(인유두종 바이러스)와 HBV(B형 간염바이러스) 예방 접종을 하는 것과 같이 알려진 발암물질에 대한 노출을 제한하는 조치를 취할 수도 있다.

② ▶ 이 글에서는 발암물질에 노출되는 것을 제한하는 방법을 소개하고 있는데, 유독성 물질에 대한 노출 제한, 금연, 햇빛에 노출되는 것의 제한, 음주 제한, 예방 접종 등은 언급하고 있지만, 유전자 조작과 관련된 내용은 없으므로 ②가 정답이다.

substance n. 물질
carcinogen n. 발암물질
designate v. 지정[지적]하다
genetic a. 유전의
subgroup n. 소(小) 집단, 하위 집단

19

한 분야에 대한 혁혁한 공헌으로 두드러진 사람들이 역사를 통틀어 드물게 있었다. 문학적 창의성으로 뛰어난 레이디 무라사키(Lady Murasaki), 노련한 필치로 뛰어난 미켈란젤로(Michelangelo), 과학적 예리함으로 뛰어난 마리 퀴리(Marie Curie) 등이었다. 독일의 철학자 아서 쇼펜하우어(Arthur Schopenhauer)는 "천재는 행성들의 궤도에 뛰어든 혜성처럼 자신의 시대에 빛을 비춘다."

meteoric a. 유성의; 화려한; 급속한
masterful a. 오만한, 능숙한, 노련한
touch n. 필치, 일필
acuity n. 예리함, 예민함

라고 썼다. 아인슈타인(Einstein)이 물리학에 미친 영향을 생각해보라. 자신의 사고력만을 도구로 사용하여, 그는 자신의 일반 상대성 이론에서 서로의 궤도를 도는 블랙홀처럼, 가속적으로 나아가는 질량이 큰 물체는 시공간의 조직에 표면장력파를 만들어낼 것이라고 예측했다. 2년이 채 안 되기 전에 그러한 중력파를 물리적으로 탐지함으로써 그의 예측이 옳았음을 명확히 증명하는 데에는 100년의 세월과 엄청난 계산능력과 최첨단기술이 소요되었다. 아인슈타인은 바로 그 우주의 법칙들에 대한 우리의 이해에 혁명을 일으켰지만, 그의 지성과 같은 지성이 어떻게 작용하는지에 대한 우리의 이해는 여전히 평범하기만 하다.

④

▶ 마지막 문장의 a mind like his는 a mind like Einstein's mind와 같은 것으로 천재의 지성(정신세계, 머리)을 의미하여 마지막 문장의 의미는 천재의 지성이 어떻게 작용하는지에 대한 우리의 이해는 혁명적으로 나아지지 못했다는 뜻이다. 따라서 ④(인간의 지성에 대한 우리의 이해는 아인슈타인의 연구에도 불구하고 아직 제한적이다/미미하다)가 글의 내용과 일치하지 않는다. ① 서두에 등장하는 사람들은 모두 천재의 예이다. ② 자신의 시대에 혜성처럼 빛을 비춘다는 것은 자신의 시대에 획기적인 통찰력을 제공한다는 의미다. ③ 아인슈타인에 대하여 '자신의 사고력만을 도구로 사용하여'라고 했고 '그의 예측이 옳았음을 명확히 증명하는 데에 최첨단기술이 소요되었다'고 한 것은 아인슈타인이 연구할 때는 오히려 그런 것의 도움 없이 했다는 말이다.

at one's disposal 자기 마음대로 해도 되는
ripple n. 잔물결, 표면장력파
fabric n. 직물; 바탕; 구조; 조직, 구성
massively ad. 대대적으로
revolutionize v. 혁명을 일으키다
stubbornly ad. 완강하게
earthbound a. 현세적인; 상상력이 결핍된, 평범한

20

이름에서 알 수 있듯이, 알코올성치매는 과다한 음주와 관련된 치매의 한 증상이다. 이 병은 기억, 학습, 다른 정신 기능에 악영향을 준다. 수년간 지나친 음주를 한 사람은 알코올성치매에 걸릴지도 모른다. 기본 술잔으로 하루 6잔 이상을 마시는 남성들과 4잔 이상을 마시는 여성들은 알코올성치매에 걸릴 위험이 증가하는 것처럼 보인다. 발병 위험은 정기적으로 높은 수준의 음주를 하는 사람들에게 확실히 증가한다.
과음을 하는 어떤 사람들은 알코올성치매에 걸리지 않지만, 누가 알코올성치매에 걸리게 되고, 걸리지 않을지를 현재 이해하고 예측하는 것은 불가능하다. 알코올성치매에 걸린 어떤 사람들은 알코올 섭취를 안전한 수준으로 줄이거나 알코올을 절제하고 건강을 유지한다면 시간이 지남에 따라 어느 정도 회복을 보이기도 한다. 알코올성치매는 모든 연령의 남성과 여성 모두에 영향을 줄 수 있다.

②

▶ 두 번째 단락에서 알코올성치매에 걸린 어떤 사람들의 경우 알코올 섭취를 줄이거나 절제함으로써 회복을 보이기도 한다고 했으므로, 알코올성치매가 발병이 되면 그 병의 진행을 늦출 수 있는 방법이 없다고 한 ②는 본문의 내용과 다르다.

dementia n. 치매
excessive a. 지나친, 과도한
on a regular basis 정기적으로
predict v. 예언하다, 예보하다
intake n. 섭취, 섭취량
abstain from ~을 삼가다

21

당신은 안색을 좋게 하고, 주름을 줄여주고, 흉터로 생긴 자국을 개선하기 위해 당신의 얼굴을 달팽이 크림으로 마사지 할 수 있다. 적어도 업계의 주장은 그렇다. 화장품 마케팅 담당자들은 정말 재주가 많지 않은가? 그들은 트럭 한 대분의 희망(큰 희망)을 아주 작은 화장품 병에 눌러 담을 수 있다. 화장품 업계는 미친 속도로 새로운 상품을 생산하는 경향이 있지만, 특별한 경우에는 아주 느린 속도로 이런 일이 일어난다. 말 그대로 그렇다. 달팽이 점액이 함유되어 있는 페이스 크림은 남미와 한국에서 아주 인기가 많다. 그리고 북미로 그 인기가 아주 서서히 움직이고 있다.
여기에는 약간의 역사가 있다. 히포크라테스(Hippocrates)는 염증이 난 피부에 산미유와 으깬 달팽이를 혼합하여 바르는 것을 좋아했던 것처럼 보인다. 물론 그것이 효과가 있었다는 것을 의미하지는 않는다. 그러나 달팽이 조각에는 뭔가가 있을지도 모른다. 분명히 식량 시장에 달팽이를 팔기 위해 달팽이를 길렀던 칠레의 농부들은 자신들의 피부가 달팽이를 다루고 난 후에 더 부드러워졌다는 것을 알아차렸다. 정확히 과학적인 증거는 없지만, 화장품 업계가 달팽이 점액을 상품으로 내놓는 데 있어서 어느 정도 속도를 내기에는 충분하다.

snail n. 달팽이
complexion n. 안색
squeeze v. ~을 짜내다
truckload n. 트럭 한 대분의 짐
jar n. 병, 단지
frantic a. 미친 듯이 날뛰는, 미친 듯한
at a snail's pace 달팽이 같이 아주 느린 속도로
slime n. (더럽고) 끈적끈적한 물질, 점액
slither v. (매끄럽게) 스르르 나아가다
favour v. ~에 찬성하다, 선호하다
inflamed a. 염증이 생긴

④

▶ 이 글은 화장품 원료로 사용되어 인기를 끌고 있는 달팽이 점액에 대한 내용을 소개하고 있다. 마지막 문장에서 과학적인 증거는 아직 없다고 했으므로 ④가 정답이다. 참고로 치유의 속성을 최초로 발견한 것은 히포크라테스가 살던 고대 그리스일 것이므로 ②는 옳지 않으며, 히포크라테스는 달팽이 점액이 피부 염증에 효과가 있다고 생각했으므로 ③도 옳은 내용이 아니다.

22

철학하는 행위가 본질적으로 분석적이라고 말할 때 물론 우리는 일반적으로 철학자라 불리는 모든 사람들이 실제로 분석하는 일을 해왔다고 주장하고 있는 것은 아니다. 오히려 반대로 우리는 일반적으로 철학이라 불리는 것의 많은 부분이 성격상 형이상학적이라는 것을 보여주려고 애써왔다. 철학의 기능에 대한 탐구에 있어 우리가 모색해온 것은 철학에 대한 정의인데, 이 정의는 일반적으로 철학자라 불리는 사람들의 실제 행위와 어느 정도 일치해야 하고 동시에 철학은 지식의 한 특수한 분야라는 일반적인 가정과도 일치해야 한다. 형이상학은 이 두 번째 조건을 충족시키지 못하는데 바로 그런 이유 때문에 우리는 형이상학이 일반적으로 철학이라 불리고 있다는 사실에도 불구하고 형이상학을 철학과 구별 짓는다. 이렇게 구별 짓는 것에 대해 우리가 내세우는 정당한 근거는 우리가 철학은 지식의 한 특수한 분야라고 애초에 내세운 가정과 형이상학은 그렇지 않다는 우리의 증명에 따라 그렇게 구별 지을 수밖에 없다는 것이다.

①

▶ '철학자라 불리는 모든 사람들이 실제로 분석하는 일을 해왔다고 주장하고 있는 것은 아니다'라는 부분 부정의 첫 문장 진술은 철학자들이 분석을 하기도 한다는 의미이므로 ① 이 글의 내용과 가장 거리가 멀다. ② 철학의 정의를 이루는 첫 번째 조건은 형이상학도 충족시키므로 실제 행위에 있어서는 철학과 형이상학이 유사하다.

philosophize v. 철학하다, 철학적으로 연구하다
metaphysical a. 형이상학적인
metaphysics n. 형이상학
justification n. 정당화, 정당한 근거[이유]
necessitate v. 필요로 하다, (결과를) 수반하다
postulate n. 가정, 자명한 원리, 선결조건
demonstration n. 증명, 논증, 증거

23

맏이와 막내 사이 가운데 태어난 아이들은 종종 형제자매들 사이의 조정자 역할을 맡게 되며 그런 조정자로서 또한 리더 역할도 잘 해나가게 된다. 한 가지 놀라운 사실은 『가운데 아이들의 숨겨진 힘(The Secret Power of Middle Children)』의 공동저자인 케이트린 슈만(Katrin Schumann)에 따르면 에이브러햄 링컨(Abraham Lincoln)과 존 F. 케네디(John F. Kennedy)를 포함한 미국 대통령의 52퍼센트가 가운데 아이들이었다는 것이다. "가운데 아이들이 아래위로 압력을 받는 것은 사실이지만, 그들은 평생토록 그런 역할을 하라는 요청을 받아왔기 때문에 훌륭한 협상가이자 타협자입니다."라고 심리학자이자 출생순서 연구가인 린다 캠벨(Linda Campbell)은 말한다. 가운데 아이들의 대인관계 기술은 그들이 집단 상황에서 맏이나 막내보다 더 잘 해나간다는 것을 보여주는 연구에서 입증되었다. "가운데 아이는 사람들과 어울리고 상황을 진정시키는 방법을 알고 있는 경향이 있어요. 상황을 양쪽 각도 모두에서 이해할 수 있으니까요."라고 아동 가족 치료사 메리 월리스(Meri Wallace)는 말한다. 그들은 또한 공정성과 정의를 중시하는 경향이 있다. 마틴 루터 킹 주니어(Martin Luther King Jr)와 넬슨 만델라(Nelson Mandela)는 모두 가운데 아이였다.

③

▶ 가운데 아이들이 형제간의 다툼을 중재해서 해결하는 능력이 있는 것은 사실이지만 그로 인해 부모의 사랑을 더 많이 받는 것은 아니므로 ③이 가운데 아이들에 대한 잘못된 기술이다.

peacemaker n. 조정자, 중재인
sibling n. 형제자매
squeeze v. 압착하다, 압력을 가하다
negotiator n. 협상가
compromiser n. 타협자
people skill 대인관계 기술, 사람 다루는 기술
evidence v. 입증하다
therapist n. 치료사
hold ~ in high esteem ~를 존경하다, 중시하다

24

인간은 원숭이, 고릴라, 혹은 침팬지로부터 진화하지 않았다. 비록 인간이 아프리카 원숭이와 같은 어떤 유인원들과 공통의 조상을 공유하고 있기는 하지만, 우리 모두는 다른 진화 길들을 따라온 현생 종들이다. 인간 진화의 연대기는 길고 논쟁적이며 상당히 큰 차이를 보인다. 전문가들은 다양한 종들의 시작되는 시점과 끝나는 시점에 관해서 상당한 의견의 불일치를 보이고 있다. 우리가 털이 많은 우리의 사촌들보다 더 '진화되었다고' 말하는 것은 잘못된 것이다. 생물의 종이 생존하기 위해서 진화한다고 생각하는 것은 본말을 전도시키는 것이다. 유전적 돌연변이는 화려한 과시 없이 그리고 종종 생명체의 삶의 방식의 두드러진 변화 없이 항상 일어난다. 일반적으로 미래 세대들에 전해질 개연성이 높은 돌연변이들은 개체의 생존이나 종의 생존에 유용하다고 증명된 것들이다. 돌연변이의 '유용성'은 식량, 포식자들, 그리고 기후, 그리고 또한 사회적 압력들과 같은 환경적 요인들의 변화에 주로 의존한다. 진화는 생태적이고 사회적인 틈새를 채워 넣는 일이다. 아프리카 원숭이가 오늘날까지도 남아있는 이유는 그들이 처한 환경이 우리와 다른 유전 물질을 가진 개체들의 번식의 성공을 촉진했기 때문이다. 진화는 시행착오의 지속적인 과정이고, 모든 현생 유인원들은 여전히 그 과정의 일부다.

④

▶ ① 영장류들은 각기 다른 진화의 길을 걸어왔다. ② 인간 진화의 시간대에 관해서는 많은 논쟁과 이견이 있었다. ③ 유전적 돌연변이는 계속해서 지속적으로 일어난다.

evolve v. 진화하다
primate n. 영장류
put the cart before the horse 본말을 전도시키다
mutation n. 돌연변이
organism n. 유기체, 생명체
reproductive a. 번식의

25

성(性)별은 언뜻 보기보다 훨씬 더 복잡할 수 있다. 간단한 시나리오에 따르면, Y 염색체의 존재 여부가 중요한데, Y 염색체가 있다면 남성이고 없으면 여성이다. 성 발달 장애의 여러 연구들은 성이 단순한 이분법으로 나뉘어 있지 않다는 것을 보여주어 왔다. 그러나 과학자들이 개개의 세포들을 자세히 살펴볼 때는 상황이 훨씬 더 복잡하게 된다. 모든 세포가 같은 유전자의 집합체를 가지고 있다는 일반적인 가정은 사실이 아니다. 몇몇 사람들은 모자이크 현상(생체에 유전적으로 다른 세포군이 혼재하는 상태)을 겪는데 그들은 단일한 수정란에서 발달하지만 유전적으로 서로 다른 유전적 구성을 가진 세포들로 이뤄지게 된다. 초기 배아 발달 시기에 세포가 분열되는 사이에 성염색체가 고르지 않게 분배될 때 이것은 발생할 수 있다. 예를 들면, XY 염색체로 시작된 태아는 (분열되는 동안) 그 염색체의 일부분인 Y 염색체를 잃어버릴 수 있다. 만약 대부분의 세포가 결국 XY가 되면, 그 결과는 신체적으로 일반적인 남성이지만, 대부분의 세포가 X라면, 그 결과는 터너 증후군이라 불리는 증상을 겪는 여성이 되는데, 이 증후군은 저신장증과 난소가 발달하지 않는 결과로 이어지는 경향이 있다. 이러한 종류의 모자이크 현상은 극히 드물며 약 15,000명의 사람들 중 1명꼴로 발생한다.

①

▶ 성 발달 장애의 연구들은 성이 단순한 이분법으로 나눠져 있지 않다는 것을 보여주었다고 했으며 그 예로 X염색체만 가지고 태어나는 터너 증후군을 들고 있는데, 이에 따르면 사람들을 단순히 두 가지 성으로 나눌 수 있다고 보기 어려우므로 ①은 이 글의 내용과 일치하지 않는다.

chromosome n. 염색체
dichotomy n. 둘로 갈림; 이분법
zoom in 확대하다
assumption n. 가정
fertilized egg 수정란
patchwork n. 여러 부분들로 이뤄진 것
make-up n. 구성
dole out ~을 조금씩 나눠 주다
embryonic a. 태아의
ovary n. 난소

26

미모사는 예민한 식물이다. 건드리거나, 흔들거나, 열에 갑자기 노출시키거나 갑자기 차가워지면, 식물의 잎이 오므리는 반응을 보인다. 이런 갑작스러운 반응은 감촉성이라고 알려져 있는데, 이는 식물을 보호하기 위한 기제이다. 잎이 자극에 대해 얼마나 빠르게 반응하는지는 자극이 얼마나 강한지에 달려있다. 잎을 부드럽게 만지면, 천천히 오므리고, 잎을 오므릴 때 그 움직임을 볼 수 있다. 그러나 힘을 줘서 잎을 내리치면, 아주 빠르게 오므린다. 그렇게 하는 이유는 강한 힘이 전기 충격과

sensitive a. 예민한
thigmonasty n. 감촉성(感觸性)
stimulus n. 자극
jolt n. 충격, 놀라움
blink n. 깜박임; 한 순간

같기 때문이다. 그 갑작스러운 충격은 잎의 길이를 따라 빠르게 이동하면서, 그 식물이 눈 깜짝할 사이 오므라들게 만든다.

1 ① ▶ 세 번째 문장에서 미모사의 반응에 대해 오므리는 것은 스스로를 보호하기 위한 것임을 알 수 있다. 따라서 ①이 정답이다.

2 ③ ▶ 마지막에서 두 번째 문장의 a strong force is like an eclectic jolt를 보면, 미모사가 전기 충격에 반응한다는 것이 아니라, 마치 전기 충격을 받은 것처럼 오므린다는 내용이다. 따라서 ③ 전기 충격으로 오므려진다는 내용은 사실이 아니다.

27

"남성은 여성을 보고, 여성은 남성이 보는 자신을 본다."는 것은 미술평론가 존 버거(John Berger)가 1972년 세웠던 가설이다. 그 이후로 남성 응시 이론은 영화이론가 로라 멀비(Laura Mulvey)의 독창적인 1975년 논문 『시각적 쾌락과 내러티브 영화(Visual Pleasure and Narrative Cinema)』에서부터, 일러스트레이터 플로렌스 기븐(Florence Given)의 사회의 여성 대상화에 대한 지속적인 비판에 이르기까지 수도 없이 여러 번 거론되고 분석되어 왔다. 50년 전에 처음 제시되었던 아이디어가 오늘날까지도 많은 사람 사이에서 거론되고 있다는 사실은 여성을 대상화하는 문화가 지금도 번창하고 있다는 것을 참작해보면 그리 놀랍지도 않다.
하지만 여성이 남성을 볼 때는 어떤 일이 벌어지는가? 남성의 시선이 여성의 신체의 가장 육감적인 부분에 좀 더 오래 머무른다면, 여성의 시선은 어디에 머무는가? 여성은 남성을 볼 때 무엇을 보는가? 토리 텔퍼(Tori Telfer)는 2018년 『벌쳐(Vulture)』에서 간단한 답을 제시했다. 여성들의 시선은 "사람을 사람으로 본다."

hypothesize v. 가설을 세우다
dissect v. 분석하다
seminal a. 독창적인
posit v. 제시하다
resonate v. 공명하다
linger v. 머무르다
sensual a. 육감적인
alive and well 건재하여

1 ① ▶ 남성은 여성을 성적 대상으로 보기 때문에 외모가 중요하고, 여성은 남성을 사람으로 보기 때문에 외모가 중요하지 않다는 내용이다.

2 ② ▶ 남성 응시 이론이 등장하며 여성 대상화에 대한 비판이 지속되고 있다고 하였다. 응시 이론은 존 버거부터이므로 70년대부터 여성 대상화가 관심사가 되고 있다는 ②가 정답이다. 첫 번째 문단 마지막에서도 지금까지 번창하고 있다고 하고 있다. ③은 used to가 '과거에는 그랬지만 지금은 아니다'라는 의미이므로 답이 될 수 없다.

28

전 세계는 지형과 기후가 아주 다양하지만 동물들에게 삶의 터전이다. 그 터전에는 산, 바다, 초원, 숲, 호수, 심지어 동굴이 해당된다. 이곳들은 동물이 살 수 있는 모든 서식지들이다. 동물은 자신의 특정한 필요를 충족하기 위해 서식지를 선택한다. 때때로 자연재해나 인간의 활동이 그들의 본래 서식지를 변화시키면 동물은 다른 서식지로 옮길 수밖에 없다. 댐이나 발전하고 있는 도시는 특정 지형에 광범위한 변화를 야기할 수 있다.
동물들은 일생 동안 한 두 곳의 서식지에 적응할 수 있다. 새는 겨울철에 추운 지역에서 따뜻한 지역으로 이동한다. 그러나 창꼬치와 북극곰과 같은 동물들은 계속 생존하기 위해서 특정한 지형과 기후가 필요하다. 창꼬치는 담수어가 아니므로 호수에 가져다 놓으면 금세 죽을 수 있다. 북극곰은 결빙 온도에 견딜 수 있도록 되어 있다. 북극곰의 몸은 열기를 흡수해서 유지하기 때문에 따뜻한 지역에서는 지나친 열로 쓰러질 것이다.

terrain n. 지형, 지역
habitat n. (동식물의) 서식 환경, 서식지
calamity n. 재난, 재해
migrate v. 이주하다, 이동하다
freshwater a. 민물[담수]에 사는
withstand v. 저항하다, 견디다
succumb v. 굴복하다, 쓰러지다
absorb v. 흡수하다

1 ④ ▶ 동물들은 자신들의 필요에 따라 서식지를 선택한다고 했을 뿐, 대부분의 동물들이 변화가 계속 일어나는 서식지가 필요한 것은 아니므로 ④는 본문의 내용과 일치하지 않는다.

2 ② ▶ 창꼬치는 담수어가 아니므로 바다에서만 살 수 있고, 북극곰은 몸의 특성상 따뜻한 지역에 살 수 없으므로 이 둘의 공통점은 특정 지역에서만 살 수 있다는 것이다. 따라서 ②가 정답이다.

29

산은 부식성이 있으나 염기는 가성(苛性: 물질을 깎아내거나 삭게 하는 성질)이 있다고 알려져 있다. 산은 신맛이 나는 반면, 염기는 쓴맛이 난다. 또 이것들은 미끄럽거나 끈적거리는 촉감을 준다. 염기는 파란색 리트머스지를 다른 색으로 변하게 할 수 없지만, 빨간색으로 산성화된 리트머스지를 파란색으로 복원시킬 수 있다. 약염기의 가성은 가정용 세제로 이용된다. 암모니아, 잿물(수산화나트륨), 다양한 비누들, 세정제 등이 염기화합물의 흔한 예이다.
염기는 종종 알칼리라고도 하는데, 이는 대부분의 일반적인 염기가 실제로 알칼리이기 때문이다. 모든 알칼리는 염기이지만, 모든 염기가 알칼리는 아니다. 알칼리는 사실 특정한 종류의 염기를 말한다. 사람들이 흔히 어떤 물질이 알칼리라고 언급할 때는 알칼리성을 의미하지만, 엄격한 과학자라면 사람들이 의미하는 것이 실제로는 염기와 염기의 속성이라고 즉시 지적할 것이다. 순수한 알칼리는 침전물, 즉 고체 물질을 형성시키지 않고 물에 용해된다. 대부분의 알칼리는 10이나 그 이상의 pH값을 가지고 있고 강한 가성을 지닌다.

1 ② ▶ 순수한 알칼리는 고체 물질의 형성 없이 물에 용해된다고 했으므로 ②는 이 글의 내용과 일치한다.

2 ④ ▶ 마지막에서 세 번째 문장에서 "사람들이 흔히 어떤 물질이 알칼리라고 언급할 때는 알칼리성을 의미하지만, 엄격한 과학자라면 사람들이 의미하는 것이 실제로는 염기와 염기의 속성이라고 즉시 지적할 것이다."라고 했으므로 사람들이 염기와 알칼리라는 용어를 혼용해서 구분 없이 쓰고 있음을 알 수 있다. 따라서 저자가 알칼리에 대한 기술을 한 이유는 ④ '전문용어의 부정확한 사용을 확실히 해줄 정확한 정의를 묘사하기 위함'이다.

acid n. 산
corrosive a. 부식하는
base n. 염기(塩基)
caustic a. 부식성의, 가성(苛性)의
sour a. 시큼한, 신
bitter a. 쓴
slippery a. 미끈거리는
slimy a. 끈적끈적한
causticity n. 부식성; 가성도
point out 지적[언급]하다
dissolve v. 녹이다, 용해시키다
precipitate n. 침전(물)

30

외상 후 스트레스 장애(PTSD)는 안전에 위협이 되거나 당신을 무력하게 하는 충격적인 사건에 뒤이어 발생할 수 있다. 대부분의 사람들은 PTSD를 전쟁의 상흔을 입은 군인들과 연관 짓지만, 너무도 강력한 삶의 경험, 특히 그 사건이 예상치 못하거나 통제가 불가능할 때 PTSD를 일으킬 수 있다. 외상 후 스트레스 장애를 초래하는 충격적인 사건은 일반적으로 너무 강력하고 무서워서 어느 누구도 상처를 입을 수 있다. 충격적인 사건 후에 거의 모든 사람들은 적어도 일부 PTSD 증상을 경험한다. 당신의 안전감과 신뢰감이 산산조각이 날 때, 미치거나, 단절된 느낌을 받거나, 무감각해지는 것은 일반적이다. 나쁜 꿈을 꾸고, 두려움을 느끼는 것은 매우 일반적이며 그리고 일어난 일에 대한 생각을 멈추는 것에 어려움을 느낀다. 이것들은 비정상적인 상황에 대한 일반적인 반응이다.
그러나 대부분의 사람들에게 이런 증상들은 오래가지 못한다. 그 증상들은 며칠 혹은 심지어 몇 주 동안 지속될지도 모르지만 점차 사라진다. 그러나 당신이 PTSD가 있다면 그 증상들은 경감되지 않는다. 당신은 매일 전보다 나을게 없다고 느낀다. 실제로 당신은 악화되기 시작한다고 느낄지도 모른다.

1 ① ▶ 마지막 단락에서 대부분의 사람들에게 있어 증상은 며칠 혹은 몇 주 동안 지속될지도 모르지만 점차 사라진다고 했지만 그렇지 않은 사람도 있다고 했으므로 ①이 정답이다.

traumatic a. 상처 깊은, 잊지 못할
helpless a. 무력한
battle-scarred a. 전쟁의 상흔을 입은
overwhelming a. 압도적인, 너무도 강력한
frightening a. 무서운, 굉장한
shatter v. 산산이 부수다, 박살내다
lift v. 없애다

2 ③

▶ 외상 후 스트레스의 증상을 두 번째 단락에서 소개하고 있다. ① 나쁜 꿈을 꾼다고 했으며, ② 일어난 일에 대한 생각을 멈추는 것이 어렵다고 했다. 그리고 ④ 단절된 느낌을 받는다고 했으므로 ①, ②, ④는 외상 후 스트레스와 관련된 증상이다. 하지만 ③ 면역체계 손상과 관련된 증상은 이 글에서 언급되지 않았다.

04 내용추론

01

아이들이 하는 모든 일이 다 착취적인 것은 아니다. 그러나 아동노동은 일반적으로 아이들이 너무 어려서 할 수 없는 일이나 아이들의 건강에 해가 되거나 아이들의 발육을 더디게 하거나 아이들을 학교에 가지 못하게 하는 일이라고 정의된다. 그것은 부분적으로는 전 세계인들의 자각에 힘입어 지난 10년 사이에 거의 3분의 1 감소했다. 아동노동자들은 다른 어떤 부문보다도 농업에 더 많이 있다. 대부분이 자기 집 농장에서 일하다보니 어디에 (노동과 집안일의) 구분선을 그어야 할지 항상 분명한 것은 아니다. 그래도 아이들을 학교에 보내는 대신 일에 계속 묶어두는 것은 국가 발전에 도움을 줄 수 없는 무지한 세대를 낳을 수 있다.

④

▶ 아이가 자기 집 농장에서 부모의 농사일을 도울 경우 그것이 아동노동인지 아닌지의 구분선을 긋기가 애매할 수도 있다고 했으므로 ④가 유추하기에 적절하지 않다. ③ 아동노동이 감소한 이유는 아동의 건강, 발육, 교육에 대한 사람들의 자각이라고 했고 아동노동이 농업 부문에서 가장 많이 행해진다고 했다.

exploitive a. 착취적인
awareness n. 자각, 인식
sector n. 부문
uneducated a. 교육 받지 못한, 무지한

02

'미국 교육의 아버지'로 종종 불리기도 하지만, 호레이스 맨(Horace Mann)은 가난하게 자랐으며 대학에 입학하기 전까지 거의 학교 교육을 받지 못했다. 매사추세츠 교육위원회의 의장으로서 그는 미국에서 세금으로 지원되는 공립학교를 설립하는 데 중요한 역할을 했다. 모든 사람들의 균등한 교육 기회를 옹호했던 그는 다양한 사회적 배경을 가진 학생들이 함께 교육을 받아야 한다고 생각했다. 맨은 또한 학교가 자녀들에게 가치관을 주입하고 그들이 현명한 시민이 될 수 있도록 준비시키는 데 부모들과 책임을 분담해야 한다고 생각했다.

④

▶ 호레이스 맨은 다양한 사회적 배경을 가진 학생들이 함께 교육을 받아야 한다고 생각했으므로 ④가 정답이다.

play a role in ~에서 역할을 하다
crucial a. 결정적인, 중대한
advocate n. 지지자, 옹호자
instill v. 서서히 가르쳐 주다, 주입하다
judicious a. 신중한, 판단력 있는, 현명한

03

비록 이는 오늘날의 매체들이 투사하는 이미지를 반영하고 있고, 당시의 시대정신을 확실히 포착하고 있는 것도 사실이긴 하지만, 실존주의 사유가 가지고 있는 철학적 중요성을 실존주의를 어떤 역사적 시간의 문화 현상이라는 그럴듯한 외관으로 포장하여 숨기고 있다. 아마도 추상적이고 무시간적인 방식보다는 구체적인 방식으로 철학을 하는 데 열중하는 사유 방식이 치러야 할 대가일 것 같다. 당대에 정합성을 갖고자 하는 실존주의적 충동은 사회 및 정치적 참여에 불을 질렀다. 하지만 그것은 또한 이 실존주의자들을 당대의 문제와 연결시키게 되었고, 이에 따라 후대의 사람들은 실존주의에 대해 옛날 뉴스에서나 시사점을 갖는 것으로 보게 되었다.

③

▶ 실존주의는 어떤 시대에 국한된 철학이 아니라 모든 시대에 정합성을 가지고 적용될 수 있는 것이지만 기존의 연구, 특히 매체들에 의해 과거의 어느 시기에 한정되었다는 왜곡된 이미지를 갖게 된 것에 대해 유감을 표시하고 있다. 따라서 ③ 매체에 의해 왜곡된 실존주의는 오늘날에도 정합성을 갖고 있다는 진술은 틀렸다. ②의 경우 a doctrine or system of thought는 철학 체계라는 이야기이고, a way of life는 '삶의 방식'을 의미하는데, 앞에서 사회 및 정치에 참여하는 것은 삶의 방식에 해당한다.

project v. 투사하다
gloss over 매력적인 겉모습으로 실체를 감추다
package v. 포장하다
bent on 열중하는, 결심하는
relevance n. 정합성

04

1952년 대선기간 동안, 텔레비전은 여전히 초기 단계에 있었다. (2015년 1억1천5백만 대와 비교해서) 약 1천5백만 가정에 텔레비전이 있었다. "I Love Lucy"가 가장 인기 있는 TV 쇼였다. 드와이트 D. 아이젠하워(Dwight D. Eisenhower)는 대통령 선거 운동에서 텔레비전을 충분히 사용한 최초의 대통령 후보였다. 그는 "아이젠하워가 미국에 답한다"라는 해설자가 화면에 등장하는 40여 편의 광고를 했다. 그의 경쟁자였던 아들라이 스티븐슨(Adlai Stevenson)은 텔레비전을 싫어했으며 "선거 광고에 출연하는 것을 반대했다. 그러면서 '저는 미국인이 그들의 지능에 대한 그러한 모욕에 대해 충격을 받을 것이라고 생각합니다. 이것은 아이보리 비누와 팔모리브 비누를 비교하는 것이 아닙니다.'"라고 말을 했다. 누가 이겼는지 맞춰보라!

④

▶ 아이젠하워는 대통령 선거 운동에서 TV 광고를 충분히 사용한 최초의 대통령 후보였다고 했지만, 그의 경쟁자인 스티븐슨 이러한 선거 운동에 반대했다고 했다. 그리고 누가 이겼는지 맞춰보라고 했는데, TV를 선거 운동에 충분히 이용한 아이젠하워가 이긴 것이 분명하다. 문맥상 대통령 선거 운동에서 TV 광고가 아이젠하워가 당선되는 데 긍정적인 영향을 미쳤다고 추론할 수 있으므로 ④가 정답이다.

in one's infancy 어렸을 때; 초기[요람기]에
talking-head n. (텔레비전·영화에서) 화면에 등장하는 해설자[내레이터]
opponent n. 상대, 반대자
contempt n. 경멸, 모욕

05

자기 나라 역사의 가장 어두운 장을 공개적으로 논의할 준비가 되어 있는 나라에는 그것을 위한 특별법이 필요하지 않다. 폴란드의 많은 협력자들이 폴란드 안의 나치당을 도왔다는 사실은 논란의 여지가 없다. 그러나 폴란드 국가도 폴란드 전체 국민도 유대인 대학살에 가담한 죄는 없다는 것도 또한 명백한 사실이다. 그렇게도 단순한 진실은 법률로 정할 필요가 없다는 점을 감안하면, 역사의 해석에 대한 법을 통과시키려는 법과 정의당의 의도에 의문을 제기할 필요가 있다. 모든 국가는 역사적 진실에 대한 권리를 갖는다. 그러나 그러한 진실은 한 정권이 내리는 정의(定義)를 통해서가 아니라 역사적 연구를 통해서 정당한 것으로 인정된다.

①

▶ 마지막 문장에서 역사적 진실은 역사적 연구를 통해서 정당한 것으로 인정된다고 했으므로 대중들의 일치된 의견에 기초해 역사를 해석해야 한다고 한 ①은 추론할 수 없다.

collaborator n. 협력자; 이적행위자
indisputable a. 논란의 여지가 없는
undebatable a. 토론[논쟁]의 대상이 될 수 없는
adjudication n. 판결, 재정(裁定)
intent n. 의도, 의지, 목적
legitimize v. 합법화하다, 정당한 것으로 인정하다

06

슘페터(Schumpeter)는 가톨릭의 사회적 가르침을 "친(親)자본주의적"이라고 기술했다. 그렇다. 교회는 오랫동안 집산주의를 배격하고 사기업을 지지해왔다. 그러나 교황들은 자본주의에 대해, 특히 신자유주의적 자본주의가 되풀이되는(다시 등장하는) 것에 대해 경고해오기도 했다. 피오 12세(Pius XII)는 노동자들이 "노예상태"에 처하게 된 것을 "사적 자본의 착취" 탓으로 돌렸다. 바오로 6세(Paul VI)는 자본주의에 내재해 있는 "무제한적 자유주의"를 비판했다. 요한 바오로 2세(John Paul II)는 시장 논리의 점점 더 강제적이고 심지어 침략적이기까지 한 특성을 비난했다. 베네딕트 16세(Benedict XVI)는 "새로운 경제 모형"을 요청했다. 프란시스코 교황(Pope Francis)은 이러한 전통에 확고하게 서 있는데, 이것이 세속적인 좌우 이념 스펙트럼에 딱 들어맞는 것은 아니다.

③

▶ ① 공산주의 국가인 구소련은 집산주의 체제였다. ② 가톨릭교회는 친자본주의적이지만 교황들은 자본주의에 대해 비판적이었다는 것이 이 글의 요지다. ④ 프란시스코 교황도 앞선 교황들과 마찬가지로 자본주의를 비판하는 전통에 확고하게 서 있다고 했다. ③ 자본주의에 대한 비판의 강도에 있어 교황들 사이의 차이는 알 수 없다.

pro-capitalist a. 친(親)자본주의적인
collectivism n. 집산주의
champion v. 지지하다
pope n. 교황
neoliberal a. 신자유주의적인
iteration n. 되풀이, 반복
exploitation n. 착취
servitude n. 노예상태
unbridled a. 고삐 풀린, 구속 없는
intrusive a. 강제하는; 주제넘게 나서는
invasive a. 침입하는, 침략적인
squarely ad. 단호하게, 확고하게
neatly ad. 산뜻하게, 깨끗이; 적절히
secular a. 세속적인

07

감기에 치료제가 있는가? 비타민 C는 감기를 낫게 하지 못하지만 감기의 지속기간을 줄여주며 그 증상을 덜 심각하게 해줄 것이다. 감기 증상이 시작된다고 느낄 때 비타민 C로 된 식이요법을 즉시 시작해라. 감기의 영향을 줄이고 감기를 앓고 있는 시간을 줄이는 데 있어 아연정제는 비타민 C와 같은 효과를 낼 수 있다. 이상하게도 할머니의 단골 만능 치료제인 치킨 수프는 사람들이 감기에서 회복되는 것을 돕는 것으로 밝혀졌다. 확실히 치킨 수프에 있는 몇몇 성분들이 감기에서 회복되는 것을 앞당겨 준다. 또한 마늘즙은 항바이러스 성분이 있어서 당신이 감기에서 회복되는 것을 도울 것이다. 입에 마늘을 넣고 씹기만 하면 된다.

① ▶ 첫 문장에서 비타민 C가 감기 치료제는 아니라고 했지만 지속기간을 줄여주며 증상을 덜 심각하게 해준다고 했다. 레몬차는 비타민이 많이 들어간 대표적인 음식이며, runny nose(콧물이 흐르는 것), coughing(기침)은 감기 증상이므로, 레몬차가 감기증상을 완화시킨다는 ①은 추론이 가능하다.

cure v. 치료하다, 고치다 n. 치료; 치료법[제]
duration n. 계속[지속] 기간
severe a. 극심한, 심각한
regimen n. 양생법, 식이 요법
zinc n. 아연
lozenge n. 정제, 알약
a garlic clove 마늘 한 쪽
antiviral a. 항(抗)바이러스(성의)

08

간접성이 권력(힘) 있는 사람들의 특권인 상황은 생각하기 쉽다. 예를 들어 자신의 하인들이 자신의 명령대로 할 것이라는 것을 알고 있는 부유한 부부는 직접 지시를 내릴 필요가 없고 단지 바라는 바를 말하기만 하면 된다. 집안의 여주인은 "집 안이 춥네."라고 말하면 하인이 얼른 실내온도를 올려놓는다. 남자 주인이 "식사 시간이군."이라고 말하면 하인이 얼른 식사를 차려 내놓는다. 아마도 궁극적인 간접성은 전혀 아무 말도 하지 않고 누군가로 하여금 어떤 일을 하게 만드는 것일 것이다. 파티의 여주인이 종을 울리면 하녀가 그다음 코스요리를 가져온다거나, 아이들이 장난치고 있는 방에 엄마나 아빠가 들어가 양손을 엉덩이에 올리고 서 있기만 해도 아이들은 즉각 하던 짓을 멈춘다거나 하는 것이다.

① ▶ 첫 문장에서 간접성이 힘 있는 사람들의 특권이라고 했으므로, 구태여 말로 지시를 하지 않아도 어떤 일이 행해지는 것, 즉 지시의 간접성은 지시하는 사람의 힘(권력) 없음을 나타내지는 않는다. 따라서 ①이 정답이다. ④ 주인의 종소리에 바로 코스요리를 가져오는 하녀나, 부모가 나타나기만 해도 장난을 멈추는 아이들은 훈련이 잘된 아랫사람의 예이다.

indirectness n. 간접성
prerogative n. 특권
bidding n. 입찰, 명령
do ~'s bidding ~의 명령대로 하다
chilly a. 차가운, 으스스한
set about 착수하다
ultimate a. 궁극적인, 최종적인
misbehave v. 무례한 행동을 하다
verbal a. 말의
disciplined a. 훈련된, 규율이 잡힌

09

고통스러운 배경 요소를 발굴하는 또 하나의 방법이 있다면 등장인물의 과잉보상 방식을 찾아내는 것이다. 어떤 사람을 즐겁게 하기 위해 열심히 노력하여, 다른 관계에 비해 어떤 특정한 관계에 훨씬 많은 시간과 에너지를 쏟아붓고 있는가? 어떤 사람에 대한 변명을 해주고, 그 사람의 나쁜 행동은 일소에 부치고, 다른 사람의 문제를 계속 해결해 주거나 대신 싸워주면서 다른 사람을 '구조'하고 있는가? 과잉보상은 다양한 형태로 나타난다. 최대한 너그러운 태도를 취하고, 같이 어울리려고 비상한 노력을 하고, 중요한 사람의 인정을 받기 위해서 무슨 일이든 하려고 들 수도 있다. 등장인물이 과잉보상을 하고 있다면, 그런 행동의 원인이 자책이나 두려움은 아닌지 그 이유를 잘 살펴보아야 한다.

③ ▶ 과잉보상은 말 그대로 필요 이상으로 보상을 하는 행위다. 본문에서는 "어떤 사람을 즐겁게 하기 위해 열심히 노력하고 있는가?"라는 질문을 통해 과잉보상을 하고 있는지 아닌지 판단해 보라고 요청하고 있는데, 가식적으로 누군가를 즐겁게 하기 위한 행동은 과잉보상에 해당하지 않는다. 따라서 ③이 정답이다. ① 등장인물에 따라, 그들의 역할에 따라, 보상행동도 다양하게 드러날 것이다. 두 번째 문장부터가 그 예이다. ②, ④ 마지막 문장에서 과잉보상은 자책이나 두려움이 원인이라고 했으므로 과거의 상처, 외상(trauma)에서 비롯되었다고 볼 수 있다. 두려움이란 과거의 상처를 또 겪게 될까하는 두려움을 말하기 때문이다.

unearth v. 발굴하다; 발견하다
backstory n. 배경이 되는 이야기
overcompensate v. 과잉보상하다
shrug off 무시하다
fall over backward 많은 노력을 하다
fit in 어울리다

10

많은 카멜레온이 몸의 색을 바꾸지만 이것은 종종 위장과는 덜 관계되고 기분과 체온과 더 관계있다. 카멜레온은 몸이 너무 차가우면 더 어두운 색조로 변하여 더 많은 열을 흡수할 수도 있다. 아니면 더 밝은 색으로 변하여 햇빛을 반사시키고 그래서 몸을 식힐 수도 있다. 게다가 카멜레온은 종종 피부색을 바꾸어 신호 장치로 삼는데, 팬서(표범) 카멜레온 같은 일부 카멜레온들은 선명한 오렌지색으로 변하여 포식동물을 겁주어 쫓아버리는 반면 또 다른 카멜레온들은 밝은 색을 과시하여 짝을 끌어들인다. 수컷이 보여줄 수 있는 색이 밝을수록 더욱 우세하다. 마찬가지로, 수컷은 흐릿한 색조로 복종을 보일 수도 있고 암컷은 자신의 피부 신호로 접근을 막음으로써 원치 않는 구애자를 거부할 수도 있다. 그래서 자신을 드러내는 행동이 주위에 섞여드는 행동보다 더 중요할 수 있다.

①

▶ 이 글에 따르면 카멜레온이 눈에 잘 띄는 색으로 바뀔 수도 있는데 그런 경우는 위장이 아닌 다른 목적, 즉 구애나 천적 퇴치 같은 목적에서이다. 위장은 주위에 섞여드는 것이므로 눈에 잘 띄지 않는 색이어야 할 것이다. 따라서 ①이 추론할 수 없는 진술이다.

camouflage n. 위장, 변장
shade n. 색조
reflect v. 반사시키다
signalling device 신호 장치
panther n. 표범
vivid a. 생생한, 선명한
scare off 겁주어 쫓아버리다
predator n. 포식동물
flash v. 과시하다
submission n. 복종
tone n. 색조
courtier n. 구애자(= courter)
ward off 격퇴하다, 막다
stand out 두드러지다, 눈에 띄다
blend in 조화를 이루다, (주위 환경에) 섞여들다

11

미신은 문화의 많은 부분을 차지한다. 가장 흔한 미신은 로마시대로까지 거슬러 올라가는 "악의 눈"이라는 것으로, 악의에 찬 특별한 눈길이 그 눈길이 향하는 사람에게 불행을 가져다준다는 생각이다. 사람들은 악을 쫓기 위해 눈 모양의 세라믹 부적을 집과 차와 사무실에 걸어둔다. 무언가를 감탄의 눈길로 응시하는 것도 우연히 해를 입힐 수 있다고 생각된다. 이런 이유로 해서 악의 눈 부적은 종종 푸르게 그려지는데 외국인들이 눈이 푸르고 뚫어지게 바라보는 습관을 갖고 있기가 더 쉽기 때문이다. 또 다른 행운의 부적은 소위 파티마의 손이라는 것인데 — 파티마는 예언자 무하마드(Muhammad)의 딸이다 — 종종 집과 그 안에 사는 사람들을 보호하기 위해 문을 노크하는 도구로 사용된다. 요정에 대한 믿음도 흔한 미신인데, 요정은 코란에 언급되어 있다. 이런 눈에 보이지 않는 유령들은 선할 수도 있고 악할 수도 있다.

③

▶ 첫 문장 '미신은 문화의 많은 부분을 차지한다'는 모든 문화에서 미신적인 부분이 많다는 의미이므로 ③을 추론할 수 있다. ① 요정은 눈에 보이지 않는 것이므로 요정 미신은 tangible objects와 관련된 것이 아니다. ② 마지막 문장에서 '유령들은 선할 수도 있고 악할 수도 있다'고 했다. ④ 파티마의 손과 요정이 이슬람교와 연관된 것일 뿐 모든 미신이 종교에 기원이 있는 것은 아니다.

superstition n. 미신
malevolent a. 악의에 찬
misfortune n. 불운, 불행
ceramic a. 세라믹[도기]으로 된
talisman n. 부적
dispel v. 일소하다, 쫓아버리다
accidentally ad. 우연히
portray v. 그리다, 표현하다, 묘사하다
charm n. 부적
prophet n. 예언자
occupant n. 점유자, 거주자
genie n. 요정
Quran n. 코란(이슬람교의 경전)
spirit n. 유령, 혼령

12

방관자 효과는 비상시에 다른 사람들이 존재해서 한 개인이 (사건에) 개입하는 것을 방해할 때 일어난다. 사회 심리학자인 빕 라텐(Bibb Latané)과 존 달리(John Darley)는 1964년 뉴욕 주 큐 가든에서 일어난 악명 높은 1964년 키티 제노비스(Kitty Genovese)의 살인사건이 발생한 후에 그 개념을 알렸다. 제노비스는 그녀의 아파트 밖에서 칼로 세 번 찔려 사망했는데 그 사건이 일어나는 동안 범죄현장을 지켜본 방관자들은 (제노비스를) 돕기 위해 나서거나 경찰에게 전화를 걸지 않았다. 라텐과 달리는 방관자 효과를 책임의 분산(방관자들은 목격자들이 거의 혹은 전혀 없다면 개입할 가능성이 높다)과 사회적인 영향(한 집단에 개인들은 자신들이 행동을 어떻게 해야 하는지 결정하기 위해

presence n. (특정한 곳에) 있음, 존재(함)
hinder v. 방해하다, 훼방하다
intervene v. 사이에 들다[끼다]
popularize v. 대중화하다
step in 돕고 나서다[개입하다]
diffusion n. 확산

그들 주위에 있는 사람들의 행동을 감시한다)에 있다고 생각했다. 제노비스의 사건에서 방관자 개개인은 이웃들이 사건에 개입하지 않은 것으로부터 그들 자신의 도움이 필요 없다는 결론을 내렸다.

③ ▶ 방관자 효과에서 비상시에 다른 사람들이 존재하면 개인들은 사건에 개입하지 않을 것이라고 했으므로 ③은 방관자 효과에 대한 사실이 아니다.

13

당연하게도 문화가 서로 다른 국민들 간의 상호작용은 종종 불확실성과 심지어 어려움들로 가득하다. 인류학자인 에드워드 홀(Edward T. Hall)에 의해 확인된 '공간의 언어'라는 문제를 살펴보자. 그는 아랍인들이 다른 사람들에게 입김을 불 수 있을 정도로 매우 가까이 다가서는 경향이 있다는 것에 주목한다. 아랍인들은 어떤 사람에게 입김을 불지 않을 때 그것은 그들이 부끄러움을 느낀다는 것을 의미한다. 그러나 같은 상황에서, 미국인들은 입 냄새를 불쾌한 것으로 여기며 다른 사람들의 입 냄새를 맡을 수 있는 거리 밖에 있기를 고집한다. 아랍인들은 "왜 미국인들은 그렇게 부끄러워하며 그들의 숨을 참는가?"라고 물을 것이다. 입 냄새를 맡아야 하는 미국인들은 "왜 아랍인들은 지나치게 밀어붙이는가?"라며 의아해한다. 미국인들은 일반적으로 아랍인들이 가까이 다가오면 뒷걸음치며, 아랍인들은 (뒷걸음치는 미국인을) 따라간다. 이런 차이들은 심각한 결과를 초래할 수 있다.

③ ▶ 아랍인들은 다른 사람들과 대화를 할 때 타인의 입김을 느낄 수 있을 정도로 가까이에서 대화하는 것을 당연시하며 그렇지 않을 경우 부끄러움을 느낀다는 것을 의미한다고 했으므로, 중동에서 활동하는 사업가들은 거리를 두고 대하는 사람들을 신뢰하지 않을 것이라고 추론할 수 있다. 따라서 ③이 정답이다.

anthropologist n. 인류학자
ashamed a. 부끄러운
odor n. 냄새
distasteful a. 불쾌한
receiving end 받는 쪽; 싫어도 받아들일 수밖에 없는 사람
back away 뒷걸음질 치다

14

정치적 권한에는 두 가지 측면이 있다. 한편으로, 사람들은 일반적으로 그것을 권한으로, 즉 달리 말해, 그들에게 특정한 방식으로 행동하라고 명령할 수 있는 권리를 갖고 있는 것으로, 인정한다. 예를 들어, 사람들이 법을 지킬 때 그들은 대개 법을 만든 기관은 그렇게 할 권리가 있고 그들은 그에 따른 법 준수의 의무가 있다고 생각하기 때문에 그렇게 한다(법을 지킨다). 다른 한편으로, 법을 지키기를 거부하는 사람들은 제재의 위협으로 인해 법을 지키지 않을 수 없다. 법을 어기는 자들은 적발되어 처벌받도록 되어 있는 것이다. 그리고 이 두 가지 측면은 보완적이다. 대부분의 사람들이 법을 지키는 이유가 대개의 경우 법의 정당성을 그들이 믿기 때문인데 만일 그렇지 않으면, 법제도는 제대로 작용할 수 없을 것이다. 우선 먼저, 엄청나게 많은 법집행관들이 있어야 할 필요가 있을 것이고, 그다음에는 누가 그들에게 법을 집행해야 하는가 하는 문제가 발생할 것이다.

④ ▶ 정치적 권한에는 그것이 권한으로 인정된다는 측면과 그 권한에 반항하여 법을 어기면 처벌이 가해져 법 준수가 강제된다는 측면이 있는데 이 둘이 보완적이라 한 것은 둘 중 하나만 있어서는 안 되고 하나가 다른 하나를 서로 도와주는 기능을 한다는 말이다. 권한으로 인정되어 자발적으로 지켜진다는 측면이 법을 강제로 집행하는 부담을 줄여주는 기능을 한다고 마지막 문장에서 설명했으므로 이 글에 이어질 내용은 ④ '처벌이 자발적 법 준수자들로 하여금 법을 지키도록 어떻게 도와주는가' 하는 내용이 적절하다.

authority n. 권위, 권한
body n. 조직체, 집단
corresponding a. 그에 따른
comply v. 따르다, 지키다
sanction n. 인가, 제재
lawbreaker n. 법률 위반자
liable a. ~할 의무가 있는, ~하기 쉬운
complementary a. 보완적인
legitimacy n. 정당성
law-enforcement officer 법집행관, 경찰관
enforce v. 집행하다

15

일부 아이들은 친구가 없어서 학교를 싫어한다. 만일 당신의 아이가 항상 혼자이거나 학급 소풍을 가지 않으려고 아픈 체하거나 친구들의 환심을 사려고 소중한 소지품을 주어버리면, 이것이 사실일지도 모른다. 종종 외톨이 문제는 사회적 기술을 강화함으로써 해결될 수 있다. 아이는 말을 할 때 다른 아이의 눈을 보는 법이나 너무 낮지도 너무 높지도 않은 목소리로 이야기하는 법을 배워야 할 필요가 있을지도 모른다. 당신은 어린아이에게 '내 이름은 탐이야. 네 이름은 뭐니? 술래잡기하고 싶니?'와 같은 '친구 사귀는 첫마디 말'을 몇 가지 가르쳐줄 것이다. "외톨이로 잘 있는 많은 아이들은 자신에 대해 좋은 말을 들어본 적이 없습니다. 외톨이 아이들이, 예를 들어 컴퓨터와 같은, 어떤 분야에 능숙하면, 나는 종종 다른 학생들로 하여금 그들과 함께 공부하게 합니다. 그것이 그들의 자존감을 높이는 데 많은 기여를 하고 외톨이 아이들이 친구를 사귀도록 도움을 줍니다."라고 교사인 매티 로드리게스-월링(Matty Rodriguez-Walling)은 말한다.

①

▶ 외톨이 아이는 친구들의 환심을 사려고 소중한 소지품을 주어버리는 경우에서 알 수 있듯이 친구 사귀기를 싫어하는 것은 아니므로 ①은 추론할 수 없다.

feign v. ~인 체하다
outing n. 소풍
treasured a. 소중한
possession n. 소유물, 소지품
bolster v. 강화하다
whisper n. 속삭임
yell n. 고함
tag n. 술래잡기
self-esteem n. 자존, 자부심

16

나는 우리 인간 종을 가리키는 호모 사피엔스보다 더 진실한 명칭은 호모 나랜스, 즉 이야기하는 인간일지 모른다는 생각이 든다. 우리를 동물과 구별지어주는 것은 우리가 다른 사람들의 꿈과 공포와 기쁨과 슬픔과 욕망과 패배를 경청할 수 있고 그들도 또한 우리의 그러한 것들을 경청할 수 있다는 사실이다. 많은 사람들이 정보와 지식을 혼동하는 실수를 저지른다. 정보와 지식은 같은 것이 아니다. 지식은 정보의 해석과 관련된 것이다. 지식은 경청하는 것과 관련된 것이다. 그래서 만일 우리는 이야기하는 동물이라고 하는 내 말이 옳다면, 그리고 우리가 가끔 잠시 말을 하지 않고 있기로 하는 한, 이야기는 영원히 계속될 것이다. 많은 글이 바람과 모래 위에 써질 것이거나 결국 그 어떤 모호한 디지털 금고(저장실)에 들어가 있게 될 것이다. 그러나 이야기하기는 마지막 인간이 경청하기를 중단할 때까지 계속될 것이다. 그때는 우리는 인류의 위대한 연대기(살아온 이야기)를 끝없는 우주 속으로 보낼 수 있다. 누가 아는가? 혹 누군가가 바깥 외계에 있으면서 경청하려 할지도 모를 일이다.

④

▶ 마지막 세 문장은 이야기하기는 인간이 하나도 없어도 계속될 수 있다는 의미이지 실제로 외계인이 있어서 그들과 교신할 수 있을 것이라는 말은 아니므로 ③은 유추할 수 있으나 ④는 유추할 수 없다. ① listening이 인간을 동물과 구별지어주므로 human-specific하고, 지식은 listening과 관련되고 지식은 정보를 해석하는 것과 관련 있다고 했으므로 지식을 쌓아가는 데는 listening이 필요하다고 할 수 있다. ② 글은 쉽게 없어지거나 끝나 버리지만 이야기하기는 최후의 한 사람까지도 들어주면 그때까지 계속된다고 했고, 인간을 호모 나랜스(이야기하는 인간)라고 하는 것이 더 맞는 말일지 모른다고 한 것은 이야기하기가 인간 본성의 핵심과 관련된 것이라는 말이다.

strike v. 생각이 들다
differentiate v. 구별 짓다
interpretation n. 해석
end up 결국 ~이 되다
vault n. 금고, 저장실
chronicle n. 연대기

17

테오(Theo)는 일생동안 자신의 형인 빈센트(Vincent)를 존경했다. 그러나 빈센트가 자신의 예술적 소명을 따르기로 결정하기 이전에도 그와의 의사소통은 어려웠다. 두 형제 사이의 대화는 여러 기준에 대한 서로 다른 정의로 지장을 받았으며, 계속해서 편지를 쓴 사람은 테오임이 분명했다. 테오는 종종 빈센트의 정신 상태에 대해 걱정했으며 그는 자신의 형을 이해했던 몇 안 되는 사람이었다. 테오는 빈센트를 경제적으로 지원함으로써 그가 예술적인 삶을 살 수 있도록 빈센트를 도왔던 것으로 알려져 있다. 그는 또한 변함없는 정신적인 지지와 사랑을 통해 빈센트가 예술가의 삶을 추구하는 것을 도왔다. 테오가 빈센트와 나눈 편지와 대화의 대부분은 칭찬과 격려의 말로 가득하다. 빈센

opt to ~하기로 선택하다
vocation n. 천직, 소명
diverge v. 나뉘다, 갈리다
unwavering a. 변함없는, 확고한

트는 테오의 즐거움과 열성적인 관심을 위해 자신이 겪은 일상 경험에 대한 이야기와 함께 스케치와 그림에 대한 생각들을 테오에게 보내곤 했다.

②

▶ 빈센트의 동생인 테오는 형이 예술가로서의 삶을 살 수 있도록 경제적으로 도왔으며, 항상 칭찬과 격려의 말로 빈센트를 응원했다는 것을 참고했을 때, 테오의 헌신적인 지원이 없었다면 빈센트는 독립적인 예술가의 길을 가지 못했다고 볼 수 있다. 따라서 ②가 정답이다.

18

우리들 대부분은 가족이나 친구나 동료에게 짜증을 부리지 않는다. 우리는 이들에게 인정을 베풀어 봐주고 이에 대한 보상심리로 세상을 불신하게 된다. 우리는 모든 것이 부정적으로 해석되는 가상의 세계를 구축하여, 실제로는 범죄와 불법이민 입국이 거의 없는 경우에도 그런 것에 대한 공포를 부풀린다. 지난 20년 동안 실제로는 실업이 줄어들고 있는데도 여론조사에서는 실업이 언제나 늘고 있으며, 소비자의 구매력이 실제로는 증가하고 있는데도 여론조사로는 언제나 감소하고 있다. 위험과 고통의 과장이 하나의 집단적 현상이며 우리들 한 사람 한 사람에게 영향을 미칠 수 있다. 빚을 안 지고 살아가려고 애쓰고 있는가? 우선 먼저, 고통을 과장하지 마라. 잘 되어 가고 있는 것, 이미 성취해놓은 것도 생각해보라. 불평을 하는 대신에 주위를 둘러보고 유사한 어려움을 겪은 적이 있어 당신에게 도움을 줄 수 있을지 모르는 사람들을 찾아라. 가정이나 직장에서 무언가 잘못되었으면, 그것은 당신의 책임이다. 당신이 주된 해결책이다.

①

▶ 가족이나 친구 같은 사랑하는 사람에게 짜증을 내지 않고 그 대신 세상을 불신하게 된다고 해서 세상을 경계하는 사람이 사랑하는 사람에게 의존할 가능성이 더 많다는 말은 아니므로 ①이 추론할 수 없는 진술이다.

take out 터뜨리다, 발산시키다(= give vent to)
annoyance n. 성가심, 불쾌감
spare v. 인정을 베풀다
compensate v. 보상하다
mistrustful a. 불신하는
virtual a. 가상의
inflate v. 부풀리다
opinion poll 여론조사
make (both) ends meet 수지를 맞추다, 빚 안지고 살아가다
principal a. 주요한

19

선택과 자유를 약속하는 주의(신자유주의)는 "신자유주의 이외에 다른 대안이 없다"라는 슬로건으로 선전했다는 것은 아무래도 이상해 보인다. 그러나 하이에크(Hayek: 신자유주의 창시자격인 경제학자)가 피노체트(Pinochet: 군부독재자)가 지배하는 칠레를 방문했을 때 — 칠레는 (미국의 주도하에) 신자유주의 프로그램을 포괄적으로 적용했던 최초의 국가들 가운데 하나다 — 하이에크는 "내 개인적인 선호는 자유주의가 부재한 민주적인 정부(피노체트가 미국의 지원 하에 쿠데타로 뒤엎은 아옌데 정권을 말함)보다는 자유주의적인 독재 정부쪽으로 기운다."라고 말했다. 포괄적인 맥락에서 표현될 때에는 속기 쉬운 신자유주의가 제안하는 자유는 약자들이 아니라 강자들을 위한 자유를 의미하는 것으로 판명 난다. 노동조합과 단체교섭으로부터의 자유는 임금을 억제할 수 있는 자유를 의미한다. 규제로부터의 자유는 강을 오염시키고, 노동자들을 위험에 빠뜨리고, 부당한 이율을 부과하고, (남들이 이해할 수 없는) 낯선 금융 도구를 고안해내는 자유를 의미한다. 세금으로부터의 자유는 사람들을 가난으로부터 구제해주는 부의 분배로부터의 자유를 의미한다.

⑤

▶ 주어진 인용문은 신자유주의 자유개념을 비판하고 있다. 고로 이 인용문 다음에는 신자유주의에 대한 추가적인 비판이나 신자유주의에 대한 대안 정도의 내용이 와야 한다. 따라서 ⑤가 정답이다.

beguiling a. 속이는, 기만하는; 기분 전환의
pike n. 창; 창꼬치(육식 물고기)
minnow n. 연준모치, 황어미류, 피라미류; 시시한 인물, 시시한 물건
collective bargaining 단체교섭
iniquitous a. 부당한
rates of interest 이율

20

세포들은 그들의 평생 동안 다른 세포와의 관련성이나 세포 간 물질에 의해서 발생하는 힘들에서부터, 중력에 의해 세포에 가해지는 지속적인 힘들에 이르기까지 다양한 물리력에 노출된다. 세포가 분화하거나 성장하거나, 또는 활동이나 작용이 변화하여 생기는 힘들의 변화는 세포의 생화학적 변화와 구조 및 기능상의 적응을 초래한다. 또한, 다양하게 분화된 세포들은 제각각 고유한 형태가 있는데, 그 형태는 모두 대단히 전문화된 기능과 관련을 맺으면서 구조와 기능이 동시에 출현하게 된다. 이러한 관찰은 세포가 지각하는 힘들이 그들의 형태를 좌우하며 세포 형태의 유지의 원인이 되는 외부의 물리적 자극과 내부의 힘들이 결합하여 세포의 생화학적 변화를 자극하는 것이라는 생각을 갖게 한다. 이러한 검토는 물리적 힘이 생화학적 신호로 전환되는 기제와 관련된 우리 지식의 상황을 재검토하게 하며, 기계적 에너지 변환에 관련된 분자 구조에 대해 추측하게 한다.

② ▶ 본문에 의하면 "다양하게 분화된 세포들은 제각각 고유한 형태가 있는데, 그 형태는 모두 대단히 전문화된 기능과 관련을 맺으면서 구조와 기능이 동시에 출현하게 된다."라고 하였으므로 ②의 진술은 타당하다.

extracellular a. 세포 밖의
matrix n. (생물) 세포간질(間質)(pl. matrices)
alteration n. 변화, 개조
differentiation n. 분화, 파생
modification n. 수정, 변경
biochemistry n. 생화학, 생리
dictate v. ~을 좌우하다, 지시하다
be responsible for ~의 원인이 되다
mechanotransduction n. 기계적 에너지 변환(생물학에서, 기계적 자극이 화학적 활동으로 변환되는 것을 가리킴)
mechanism n. (생물체 내에서 특정한 기능을 수행하는) 구조[기제]

21

우리는 기억을 우리가 보거나 행하는 모든 것을 기록하는 개인용 CCTV 시스템으로 간주하고 싶어진다. 그러나 사실, 기억은 오히려 (인터넷 백과사전) 위키피디아의 한 페이지에 더 가깝다. 우리는 그 안으로 들어가서 그것을 변화시키지만, 다른 사람들도 그렇게 할 수 있다. 우리가 어떤 기억을 떠올릴 때 우리 마음의 롤로덱스를 훌훌 넘겨 옳은 파일을 찾아 내놓고 있는 것이 아니라 그 파일을 새로 쓰고 있는 것이다. 우리는 기억을 생각할 때마다 기억을 능동적으로 재창조하다 보니 매번 잠재적인 날조나 기억오류의 여지를 더한다. 어렸을 때의 기억에 대해 생각해보라. 아마 당신은 동생이 태어난 일, 처음으로 맛본 생일 케이크의 맛, 치과병원에 간 충격적인 일이 기억날 것이다. 당신은 자신의 출생조차 기억해낼 수 있는 그 몇 안 되는 사람들 중 하나일지 모르겠다. 글쎄, 그 기억들 중 어느 것이라도 만일 세 살이 되기 전에 일어났다면 그것은 명백히 거짓된 기억이다. 그렇게 어릴 때 우리의 뇌가 장기적인 기억을 형성한다는 것은 신체적으로 불가능하다. 그런데 거의 모든 사람들이 실제로는 불가능한 어릴 적 기억을 갖고 있다고 생각한다.

② ▶ 기억을 생각할 때마다 능동적으로 기억을 재창조한다고 해서 창의적 사고를 하는 사람이 거짓 기억을 하기 쉬운 것은 아니므로 ②가 추론할 수 없는 진술이다.

tempting a. 유혹하는; 하고 싶은 마음이 들게 하는
flip through (책장을) 훌훌 넘기다
Rolodex n. 회전식 카드파일 철
fabrication n. 위조, 날조
traumatic a. 정신적 충격의, 잊지 못할
long-lasting a. 오래 가는

22

인디애나 주의 한 농장 근처의 일부 초원에서 불이 났다. 인근 도시의 소방서가 진화를 맡았다. 그 화재는 소도시의 소방서가 처리하기에는 너무 벅찬 것으로 판명되어 몇몇 사람들이 시골의 의용 소방대를 부르자고 제안했다. 그들이 도움이 될지 의심스러웠지만, 그 요청이 이루어졌다. 의용 소방대가 낡은 오래된 소방차를 타고 도착했다. 그들은 불길 쪽으로 돌진하여 불길의 한가운데서 멈췄다. 의용 소방대원들은 소방차에서 뛰어내려서 미친 듯이 사방으로 물을 뿌리기 시작했다. 곧 그들은 화재의 중심부를 진압했으며 불길을 쉽게 잡을 수 있도록 두 갈래로 나누어 놓았다. 그 농부는 의용 소방대의 솜씨에 큰 인상을 받고 그의 농장이 화재를 면하게 된 것에 대해 너무 감사해서 그는 의용 소방대에게 1,000달러의 수표를 선물로 줬다. 한 지방신문 기자가 의용 소방대장에게 그 기금으로 무엇을 할 계획인지 물었다. "그야 뻔하지요."라고 그가 대꾸했다. "제일 먼저 할 일은 저 멍텅구리 소방차의 브레이크를 수리하는 거예요."

grassland n. 초지, 초원
be called to ~을 맡다
dilapidated a. (자동차 따위가) 낡은, 노후화된
jump off ~에서 뛰어내리다
frantically ad. 미친 듯이, 극도로 흥분하여
snuff out 끄다, 없애다
blaze n. 화염
spare v. (~한 변을) 당하지 않게 하다, 면하게 하다

① ▶ 화재 진압을 지원하기 위해 투입된 의용 소방대가 불길 쪽으로 돌진한 이유는 브레이크가 고장 났기 때문이므로 의용 소방대를 실은 트럭이 의도하지 않게 불길 한가운데 들어갔음을 추론할 수 했다. 따라서 ①이 정답이다.

23

심리학자 태드모어(Tadmor)와 그녀의 동료들은 벽돌의 가능한 용도를 열거해보라고 사람들에게 요구하는 간단한 시험을 행했다. 전통적인 범주 밖에서, 예를 들면, 벽돌은 집을 짓는 데 사용되는 것 이외에도 좋은 서진(書鎭)이 된다고, 생각할 수 있는 사람들의 점수가 더 좋았다. 이 연구가 보여준 바로는 인종적 범주를 본질적인 것으로 보는 사람들이 벽돌에 대한 혁신적인 아이디어를 더 적게 갖고 있는 경향이 있었다. 그러나 그것은 시작에 불과했다. 그다음에, 일단의 새로운 연구 피실험자들은 인종을 사람들 사이의 근본적인 차이라고 설명하거나(본질주의적인 입장), 인종을 피상적인 차이들만을 반영하는 개념이라고 설명하는(비본질주의적인 입장) 글들을 읽었다. 글을 읽고 난 후에 피실험자들은 이어서 어려운 창의성 시험을 쳤는데, 이 시험에서는 일견 보기에 아무 관련 없어 보이는 세 단어를 통합시켜주는 하나의 핵심어(키워드)를 밝혀내야 했다. 그래서 예를 들어, 피실험자에게 call, pay, line이라는 세 단어가 주어지면 정답은 phone이었다. 현저하게도, 인종에 대한 비본질주의적인 글을 읽은 피실험자들이 창의성 시험에서 상당히 더 잘 해내었다.

④ ▶ 어떤 것을 본질적인 것으로 본다는 것은 그것을 생래적이고 불변적인 것으로 본다는 말이고 인종적 차이를 그렇게 본다는 것은 인종에 대한 뿌리 깊은 편견을 의미한다. 이것은 창의적 사고를 저해할 것이므로 ④가 추론할 수 있는 진술이다.

list v. 목록으로 만들다
category n. 범주
aside from ~를 제외하고, ~에 덧붙여
paperweight n. 서진(書鎭: 종이나 책장이 날리지 않게 눌러두는 무거운 물건)
score v. 점수를 내다
innovative a. 혁신적인
subject n. 피실험자
construct n. 구조물, 개념
reflect v. 반영하다
skin-deep a. 피상적인
identify v. 확인하다, 밝혀내다
unite v. 통합하다, 결합하다
remarkably ad. 현저하게, 놀랄만하게도
fare v. 지내다, 해나가다, 살아가다

24

200년도 더 전에, 거의 알려지지 않은 끔찍한 재난이 지구를 엄습했는데, 인도네시아의 탐보라 산이 기록된 인류 역사상 가장 강력한 화산분출을 일으켰던 것이다. 탐보라 산이 대기에 뿜어낸 160 내지 213 세제곱 킬로미터의 화산재가 전 세계에 퍼져서 지구의 기온을 너무나 많이 내려가게 해서 1816년은 '여름이 없는 해'로 알려졌다. 이런 기상이변 상황은 전 세계적으로 농작물에 격심한 영향을 미쳤고, 독일에서는 말들이 식용으로 도살되었다. 주요 수송원이 공급부족인 가운데, 독일의 발명가 바론 칼 폰 드라이스(Baron Karl von Drais)는 골똘히 생각해보았다.
1817년에는 이미 그는 라우프 머신(달리는 기계)을 고안했는데, '드라이시네', '하비-홀스', '댄디 홀스'라고도 알려진 것으로 오늘날 '밸런스 자전거'라고 부르는 것이고 네 살 이상이면 죽어도 타기 싫어할 사람은 거의 없는 자전거다. 지금껏 만들어진 최초의 두 바퀴 자전거는 아니지만, 드라이스의 목재 자전거는 핸들을 조종해가는 유용한 이점이 있었으며, 이로 인해 유럽 전역에서 인기 있게 되었고 다른 발명가들도 디자인을 향상시키기 위해 경쟁하게 되었다.

④ ▶ 첫 단락은 재난이 찾아온 것을 설명했고 둘째 단락은 이 재난으로 인해 '밸런스 자전거'라는 유익한 수송수단이 발명된 것을 설명했는데, 재난이 유익한 것을 낳았다는 것은 아이러니한 일이라 할 수 있으므로 ④를 추론할 수 있다. ① 탐보라 화산분출이 전 세계적으로 영향을 미친 것은 사실이지만 모든 재난이 그랬다고 할 수는 없다. ② 여름이 없는 해였다는 것은 그 해 여름에는 여름이라고 할 수 없을 정도로 서늘했다는 의미이지 다른 모든 계절만큼 추웠다는 말은 아니다. ③ 드라이스가 숙고한 것은 화산분출의 원인에 대해서가 아니라 수송원 공급 부족을 해결할 수송수단에 대해서였고 그 결과가 밸런스 자전거라는 수송수단이었다. ⑤ '네 살 이상이면 죽어도 타기 싫어할 사람은 거의 없는 자전거'이므로 disliked가 아니라 liked이다.

issue v. 내다, 발하다
volcanic ash 화산재
spew v. 토해내다, 뿜어내다
extreme weather 기상이변, 이상기후
drastically ad. 격심하게, 철저하게
slaughter v. 도살하다
put on one's thinking cap 골똘히 생각하다, 숙고하다, 궁리하다
hobby-horse n. (페달 없는) 초기의 자전거
would not be seen dead 죽어도 싫다, 절대로 안하다
contraption n. 새로운 고안, (기묘한) 기계[장치]
steer v. (핸들을) 조종하다
race v. 경쟁하다

25

'쾌락주의자'라는 단어는 실제로 부적절한 표현이다. 에피쿠로스(Epicurus)가 "기쁨이 행복한 삶의 시작이며 목적이다."라고 분명히 말한 것은 사실이지만, 그는 방종을 옹호하지 않았으며, 오히려 그 반대였다. 에피쿠로스에게는 더 적은 것이 더 많은 것이었다(간결한 삶이 더 많은 것을 가져다준다). 철학자인 에피쿠로스가 창시한 학파는 우리 현대인들에게 일종의 히피 공동체처럼 인식될 것이다. 주민들은 서로 함께 하는 것을 즐기기 위해 공동생활을 했으며, 개인 재산도 거의 없었고, 간단한 채식 식단을 공급하기 위해 정원을 가꾸었다. 에피쿠로스가 검소와 금욕을 지지했던 것은 아니었지만, 그는 진정한 즐거움이 사치스러운 것을 탐하는 것 이외의 것에서 나온다고 생각했다. 에피쿠로스는 우리 인간에게는 단순한 몇 가지만 필요하다고 생각했다. 음식과 주거지, 그가 사색이라고 불렀던 것 혹은 대화, 예술, 그리고 문화를 즐기기 위한 자유, 그리고 친구와 같은 것이다. 그는 행복이 다른 사람들과 공유하는 진정으로 의미 있는 경험에서 나온다고 생각했다. "어떤 음식을 먹거나 마시기 전에, 무엇을 먹거나 마실 것인지 보다는 누구와 함께 먹거나 마실 것인지 신중히 고려하라. 친구 없이 음식을 먹는 것은 사자 또는 늑대의 삶과 같기 때문이다."라고 그는 조언했다. 시간이 많지 않은 상황에서 의미를 찾고자 하는 여행자들에게 에피쿠로스가 전하는 메시지는 모든 사치를 잊고 작은 규모의 공유된 경험에 집중하는 것이다. 그리고 당신이 손쉬운 방법을 찾고자 한다면 좋은 음식은 종종 좋은 음악을 듣게 이끌어 주며, 좋은 음악은 좋은 사람들을 만날 수 있도록 (당신을) 이끌어 줄 것이다.

epicurean n. 쾌락주의자
misnomer n. 부적절한[부정확한] 명칭[단어]
indulgence n. 마음대로 하게 함, 방종
commune n. 공동체(함께 살면서 책무·재산 등을 공유하는 집단)
austerity n. 검소; 내핍, 긴축
self-denial n. 극기, 금욕
shelter n. 주거지
extravagance n. (돈의) 낭비, 사치; 무절제
shortcut n. 손쉬운 방법, 간단한 방법

② ▶ 에피쿠로스는 행복이 다른 사람들과 공유하는 진정으로 의미 있는 경험에서 나온다고 했으며, 친구 없이 음식을 먹는 것은 사자 또는 늑대의 삶과 같은 것이라고 했다. 따라서 에피쿠로스는 혼자만의 행복을 추구하지 않았다고 볼 수 있으므로 ②가 정답이다.

26

소년들과 소녀들은 언젠가 유명해지는 꿈을 꾸는 것을 좋아한다. (그런데) 스리랑카에 사는 한 소년은 기다릴 필요가 없었다. 왜냐하면 그는 어렸을 때 유명해졌기 때문이다.
그의 선생님이 학생들에게 그림을 그려보라고 했을 때, 세나카 세나나야케(Senaka Senanayake)의 나이는 7살이었다. 세나카는 정글의 모습을 그렸다. 선생님은 세나카가 얼마나 그림을 잘 그리는지를 보고 깜짝 놀랐다. 다음 해, 그는 그가 보는 모든 것을 그림으로 더 많이 그렸다. 세나카가 8살 되던 해, 그는 50개의 그림으로 그의 첫 번째 미술 전시회를 열었다. 사람들은 그를 '신동'이라고 불렀다.
세나카가 15살 되던 해, 그의 그림은 10개국 40개의 도시에 전시되었다. 그의 그림들 중에서 가장 유명한 그림은 뉴욕시에 위치한 UN 건물에 전시되어 있다.

pupil n. 학생
amazed a. 깜짝 놀란
exhibition n. 전시회
hang v. 걸다, 매달다

1 ② ▶ ① 소년과 소녀들이 어릴 적에 유명해지는 경향이 있는지는 세나카의 사례만으로는 알 수 없다. ③ 세나카는 어릴 적부터 그림으로 인정받았다고 했다. ④ 세나카의 그림들 중 대부분이 매우 고가로 팔렸는지는 본문에서 알 수 없다. 반면, 선생님은 세나카가 얼마나 그림을 잘 그리는지를 보고 깜짝 놀랐다고 했으므로, 세나카의 그림에 대한 타고난 재능을 금방 알아보았을 것이다. 따라서 ②가 정답이다.

2 ④ ▶ "사람들은 그를 신동(wonder boy)이라 불렀다."는 문장 앞에서 "세나카는 불과 8살이라는 어린 나이에 자신의 그림 전시회까지 열었다."는 내용이 나온다. 따라서 그가 어린 나이에 그림에 대한 뛰어난 능력을 보였기 때문에 사람들이 그를 신동이라 불렀음을 알 수 있으므로 ④가 정답이다.

27

회사의 대표 역할을 맡을 후보를 고르는 것에 관한 한, 회사의 성격에 맞지 않은 누군가를 고르는 것을 두려워하지 말아야 한다. 가장 이상적인 회사의 대표는 회사의 스타일에 맞는 사람이라기보다 회사의 스타일을 보완해주는 사람인데, 왜냐하면 그들이 틈을 메울 수 있기 때문이라고, 응용심리학 저널의 연구결과가 보여준다. 직원들의 대인관계를 결국 손상시키면서까지 일을 해내는 데 역점을 두는 회사는 협력과 소통을 중시하는 대표로부터 도움을 얻을 것이다.
"대표가 하는 일은 조직문화가 현재 다루지 않은 것들을 평가하고 그 틈을 메우는 것입니다."라고 수석연구원인 채드 하트넬(Chad Hartnell) 조지아 주립대 교수가 주장한다. 그러나 하트넬 교수는 지도자들이 대립을 일삼는 것에 대해서는 경고한다. "목표는 대표가 조직문화에 반대 의견을 가지는 사람이 되는 것이 아니라, 조직문화에 기여하는 사람이 되는 것입니다."라고 하트넬 교수는 주장한다. 과거에 효과 있었던 것에 관한 모든 가설에 대해 고의로 이의를 제기하거나 가설들을 폐기하는 지도자는 불확실성, 모호함, 그리고 회의론을 불러온다. 지도자들은 조직문화의 긍정적인 면에 기반을 두어야 한다.

go against the grain 성미에 거슬리다, 기질에 맞지 않다
plug v. 메우다
get things done 일을 해내다
to the detriment of 결국 ~을 손상시켜서
prize v. 소중히 하다
contrarian n. 반대 의견을 가진 사람
discard v. 버리다
ambiguity n. 애매모호함
scepticism n. 회의론

1 ② ▶ 빈칸 Ⓐ에는 회사의 대표의 스타일이 어떠해야 하는지가 들어가야 하는데, Ⓐ 다음에 plug the gaps(틈을 메워주다)가 나왔으므로 같은 맥락의 complement(보완해주다)가 적절하다. 빈칸 Ⓑ에는 회사의 대표가 하지 말아야 할 것이 들어가야 하는데, "대표의 목표는 조직문화에 반대 의견을 가지는 사람이 되는 것이 아니라, 조직문화에 기여하는 사람이 되는 것입니다."라고 언급되었으므로, Ⓑ에는 조직문화에 반대 의견을 가지는 것과 관련된 confrontational(대립을 일삼는)이 들어가야 한다. 따라서 두 빈칸에 모두 적절한 ②가 정답이다. ① 혁신하다 — 명랑한 ③ 무기력하게 하다 — 관념적인 ④ 칭찬하다 — 붙임성이 있는

2 ③ ▶ 이 글은 회사의 대표를 뽑는 데 있어서 회사의 조직을 보완해 줄 수 있는 사람이기만 하면 회사의 성향과 다른 사람을 뽑아도 괜찮다는 내용이므로 ③이 정답이다.

28

인상파 화가들로 알려진 예술가들은 스케치 형식의 빛으로 가득한 유화 그림을 그렸을 뿐만 아니라 어떤 획기적인 일을 했다. 그들은 자신들만의 전시회를 열었던 것이다. 이것은 미술관이 대도시 어디에나 있는 우리의 시대에는 대단치 않게 여겨질지 모르지만, 그 당시 파리에서는 살롱(미술 전람회)이라고 불리는 한 개의 공식적이고 나라에서 후원되는 전시회만 있었다. 그리고 생존 화가들의 작품을 전시하는 미술관은 극소수였다. 19세기 대부분의 기간 동안, 살롱은 작품을 전시할 수 있는 유일한 방법이었다. (따라서 명성을 쌓고 화가로서 생계를 꾸릴 수 있는 유일한 방법이었다.) 살롱에 전시된 작품들은 심사위원들에 의해 선택되었는데 이것은 종종 꽤 임의적이었다. 우리가 오늘날 알고 있는 인상파 화가인 클로드 모네(Claude Monet), 오귀스트 르누아르(August Renoir), 에드가 드가(Edgar Degas), 베르트 모리조(Berthe Morisot), 알프레드 시슬레(Alfred Sisley) 등을 포함한 여러 예술가들은 프랑스 정부가 그들의 작품을 인정해 주는 것을 기다릴 여유가 없었다. 그들 모두는 최근에 살롱의 심사위원에게 거절당한 경험이 있었으며 전시회 사이에 1년 동안 기다리는 것이 너무 길다고 느꼈다. 그들은 그들의 작품을 전시할 필요가 있었고 그 작품을 팔기 원했다.

impressionist n. 인상파 화가
ground-breaking a. 신기원을 이룬, 획기적인
sketchy a. 스케치 형식[풍]의, 약도의, 소묘의
canvas n. 화폭; 유화
jury n. 심사위원
arbitrary a. 임의의, 멋대로의

1 ③ ▶ 살롱에 의해 승인된 작품들만 전시회에 출품할 수 있다고 했으며, 1년에 한 번만 전시회가 열렸다고 했으므로 인상파 화가들이 화단에 등단하기 매우 어려웠다고 추론할 수 있다. 따라서 ③이 추론 가능한 보기이다.

2 ① ▶ 지문의 마지막 부분에서 인상파 화가들 대부분이 살롱의 심사위원에게 그들의 작품이 거절되었으며 전시회를 기다릴 여유가 없었다고 했다. 따라서 그들의 작품을 전시해서 판매하길 원했다고 했으므로 인상파 화가들은 자신들이 독립적으로 전시회를 열려고 노력했을 것이라고 볼 수 있다. 따라서 이 글 다음에 이어질 내용으로는 ①이 적절하다.

29

2005년 6월, 18세의 고등학교 학생이었던 누라 잭슨(Noura Jackson)은 집에 돌아와서 보니 그녀의 엄마인 제니퍼(Jennifer)가 침실 바닥 위에 칼에 찔려 죽어있었다. 누라를 살인자로 연결 지을 물리적인 증거가 없었음에도 불구하고, 누라는 살인죄로 체포되어 5십만 달러의 보석금을 선고받았다. 보석금을 낼 형편이 되지 않았던 그녀는 3년 6개월 동안 재판을 기다리며 구금되었다. 재판 기간 동안, 검찰관들은 누라가 엄마의 재산과 생명보험금을 타기 위해 엄마를 죽였다고 주장했으며, 누라의 가족들은 그녀를 술과 마약을 하는 반항적인 파티광으로 설명했다. 검찰측의 핵심 증인은 누라의 남자친구였던 앤드류 햄맥(Andrew Hammack)이었는데, 그는 살인 사건이 있던 그날 저녁 누라가 자신에게 그녀의 집에서 전화를 걸었으므로 사건 현장에 그녀가 있었다고 주장했다. 배심은 누라를 2급 살인 혐의로 유죄 판결을 내렸으며 그녀에게 20년의 징역형을 선고했다. 5일 후에 검찰이 재판 동안 무죄를 증명하는 증거를 숨겼음이 발견되었는데, 즉 그 증거는 햄맥이 친구에게 전화를 빌려주고 살인이 있던 그날 저녁에 엑스터시에 취해있었음을 시인하는 진술이었다. 2014년 8월, 그 사건의 핵심 증인의 의심스러운 신빙성을 고려하여 테네시주 대법원은 만장일치로 누라의 유죄판결을 뒤집었다.

1 ① ▶ 물리적인 증거가 없었음에도 불구하고, 검찰은 엄마 제니퍼를 살해한 혐의로 누라를 살인 용의자로 지목했다. 검찰이 무죄를 증명하는 증거를 숨기고, 사건의 핵심 증인인 누라의 남자친구의 진술이 의심받는 상황이므로 검찰이 살인 사건의 진범을 찾았다고 볼 수 없을 것이다. 따라서 ①이 정답이다.

2 ② ▶ 누라의 핵심 증인이었던 남자친구 햄맥이 거짓 증언을 했고, 이를 검찰이 숨겼다고 했다. 이에 핵심 증인의 신빙성이 의심스러운 상황이었으므로 테네시주 대법원은 누라의 유죄 판결을 '뒤집었을' 것이다. 따라서 ②가 정답이다. ① 강화하다 ③ 동의하다 ④ 간청하다

be stabbed to death 칼에 찔려 죽다
bond n. 보석금
detain v. (경찰서·교도소·병원 등에) 구금[억류]하다
prosecutor n. 검찰관, 검사
estate n. 소유지, 재산, 유산
rebellious a. 반항적인, 다루기 힘든
jury n. 배심
find guilty of ~에게 유죄 판결을 내리다
exculpatory a. 무죄를 증명하는
in light of ~을 고려하여, 감안하여
questionable a. 의심스러운, 수상한, 미심쩍은
credibility n. 진실성; 신용, 신빙성
unanimously ad. 만장일치로

30

베네수엘라의 경제가 붕괴되었다. 이것은 그 무엇보다 사회주의, 무능력, 부패 등이 수년간 이어져 온 결과이다. 그 나라의 경제 붕괴를 잘 보여주는 중요한 요소는 베네수엘라의 화폐인 볼리바르이다. 볼리바르화(貨)는 현재 신뢰할 수 없다. 베네수엘라의 환율 체계는 어떠한 질서도 없다. 그것은 2018년에 불안정, 가난과 세계 최고 수준의 물가상승률만 낳았다. 실제로 2018년 말 베네수엘라의 연간 물가 상승률은 8만%였다.
나는 라파엘 칼데라(Rafael Caldera) 대통령의 고문으로 일했던 1995년에서 1996년까지의 기간 동안 베네수엘라 경제의 많은 문제점을 직접 목격했다. 그러나 우고 차베스(Hugo Chavez)가 대통령으로 취임한 1999년이 되어서야 현재 베네수엘라의 경제 붕괴를 야기한 사회주의의 씨앗이 심어지기 시작했다. 차베스 대통령이 취임하기 이전에 베네수엘라가 불안정한 화폐와 높은 물가상승률의 고통을 겪지 않았다는 말을 하는 것은 아니지만, 그가 권력을 잡고 나서 재정 및 화폐 규율이 더욱더 악화되어 물가가 조금씩 상승했다. 2013년 초에 니콜라스 마두로(Nicolas Maduro) 대통령이 정권을 잡았을 때, 연간 물가 상승률은 세 자릿수였고 계속 상승했다. 베네수엘라는 죽음의 소용돌이에 들어선 것이었다.

1 ③ ▶ 두 번째 단락에서 이 글의 필자는 라파엘 칼데라 대통령의 고문으로 일했던 1995년에서 1996년까지의 기간 동안 베네수엘라의 경제의 많은 문제점을 직접 목격했다고 했으므로 베네수엘라 경제의 암울한 미래에 대해 라파엘 대통령에게 경고했을 것이라고 추론할 수 있다. 따라서 ③이 정답이다. ① 수출을 강화하기 위해 볼리바르화의 가치를 낮췄다는 내용은 없다. ② 우고 차베스가 사회주의의 씨앗을 심었다고 했으므로 경제에 가능한 많은 간섭을 했을 것이다. ④ 라파엘 대통령이 집권했던 당시에도 베네수엘라의 경제는 좋지 않았지만, 정권이 차베스, 마두로 대통령으로 이어지면서 베네수엘라의 경제는 회복 불능에 빠지게 된 것이다.

2 ③ ▶ 우고 차베스가 집권하면서 재정이 악화되고 물가가 조금씩 상승했으며, 후임 대통령인 니콜라스 마두로가 정권을 잡은 후에는 연간 물가 상승률이 세 자릿수가 되었다고 했으므로 베네수엘라의 경제 상황이 최악이라고 볼 수 있다. 따라서 빈칸에는 ③ a death spiral(죽음의 소용돌이)이 적절하다. ① 행복한 성공 ② 경쟁우위 ④ 초기 단계

incompetence n. (업무·과제 등에 대한) 무능, 기술 부족
mirror v. 잘 보여주다, 반영하다
trustworthy a. 신뢰할 수 있는
dysfunction n. 역기능
install v. 취임시키다
meltdown n. (제도·기업의) 완전 붕괴
ascendancy n. 우세한 상태; 권세, 지배
ratchet up 조금씩 증가하다

05 지시대상

01

입센(Ibsen)은 근본적으로 무정부주의적 개인주의자로서 개인의 자유를 인생 최고의 가치로 삼았고, 일체의 외부 구속으로부터 자유롭고 독립적인 개인은 그 자신을 위해 매우 많은 것을 할 수 있는 데 반해, 사회는 그를 위해 별로 해줄 게 없다고 생각했다. 자기실현이라는 그의 이념은 본질적으로 매우 광범위한 사회적 의미를 지니는 것이었으나 그는 '사회문제' 자체에 대해서 전혀 무관심했다. "(타인과의) 유대라는 것에 대해서 나는 원래 큰 관심을 가진 적이 없었소."라고 그는 1871년 브란데스(Brandes)에게 보낸 편지에서 말한다. 그의 사고는 개인적 윤리문제를 중심과제로 삼았고 사회 자체는 그에게 악의 원리의 한 표현에 지나지 않았다. 그는 사회에서 오직 어리석음과 편견과 힘의 지배만을 보았을 뿐이다.

③ ▶ 'it'은 바로 앞에 나오는 문장의 society를 받고 있다. ① 무정부주의 ② 자유 ④ 윤리 ⑤ 독립, 자립

anarchistic a. 무정부주의(자)의
supreme a. 최고위의, 절대권위의; 가장 높은, 가장 중요한; 최종의
solidarity n. 결속, 연대, 연합
stupidity n. 어리석음, 우둔함

02

결정적으로, 어로 규칙들을 집행하는 많은 정부들의 태도가 양가적이라는 사실을 감안할 때 — 특히 자기 국민들이 해외에서 어로 활동을 할 경우에 — 이 새로운 기술은 또한 회사들이 자신들의 생산 및 공급 과정을 보호할 수 있도록 도움을 줄 것이다. 미국의 연구 단체인 The Pew Charitable Trusts가 확인한 바에 의하면 불법으로 남획되고 있는 물고기들의 1/5이 종종 다른 상황에서는 준법적인 기업들에 의해 팔려나가고 있는데, 이들 기업은 그 물고기들을 잡아온 어선들을 신뢰성 있게 추적할 만한 방법이 없는 형편이다. 곧, 소매업자들 역시 그렇게 추적할 수 있을 것인데, 적어도 그들 고객의 일부는 이 문제에 대해 충분한 관심을 가져서 고기가 농장에서 냉동고에 들어오기까지 이력을 확인할 수 있듯이 일상적으로 이러한 생산 및 공급 과정의 이력을 추적하게 할 것이다.

② ▶ 밑줄 다음 문장에서 '그 물고기들을 잡아온 어선들을 신뢰성 있게 추적할 만한 방법'이라고 말하고 있다.

ambivalence n. 양가감정
fishery n. 어장; 수산업, 어업
supply chain (상품의) 연쇄적인 생산 및 공급 과정
law-abiding a. 법을 준수하는
chiller n. 냉동 장치

03

심리학자 손다이크(Thorndike)는 어떤 동물이 어떤 자발적인 행동을 수행할 때마다 그가 그 동물에게 먹이로 보상하면 그 동물은 그 후 그 행동을 더 자주 해보일 것이라는 것을 알게 되었다. 손다이크가 그의 연구에 처음 착수했을 때, 심리학자들은 자극과 반응이 함께 일어날 때마다 학습이 일어난다고 믿었다. 그 둘(자극과 반응)이 더 자주 연관 지어질수록 그 (인과)관계는 더 잘 학습될 것이었다. 손다이크는 연관 자체로는 충분치 않다는 것을 보여주었다. 연관은 행동에 보상이 뒤따를 때 강화될 가능성이 더 많다. 그것(연관)이 더 강해지느냐를 결정하는 것이 행동의 효과이기 때문에 그는 이것을 그의 효과의 법칙이라 불렀으며, 이 연관은 지금 강화 이론이라 불린다.

④ ▶ because절 안의 강조구문에서 연관이 강화되는지를 밑줄 친 부분이 결정한다고 했는데 그 앞 문장에서 행동에 보상이 뒤따를 때 연관이 강화된다고 했으므로 밑줄 친 부분, 즉 행동이 낳는 효과는 ④(보상)를 가리킨다. ① 학습 ② 반응 ③ 연관 ⑤ 관계

reward v. 보상하다 n. 보상
perform v. 수행하다
voluntary a. 자발적인, 임의의
subsequently ad. 그 후
undertake v. 착수하다
stimulus n. 자극
response n. 반응
associate v. 연관 짓다, 연상하다
association n. 연관, 연상
reinforcement n. 강화

04

마(魔)의 삼각지대라고도 불리는 버뮤다 삼각지대(Bermuda Triangle)는 버뮤다 제도, 플로리다 주, 푸에르토리코의 세 점을 잇는 해역인데, 이 버뮤다 삼각지대에서는 선박 및 비행기들이 불가사의하게도 흔적도 없이 사라지거나 깊은 바다 속으로 사라진다고 한다.
'버뮤다 삼각지대'라는 용어는 『아고시(Argosy)』라는 선정적인 싸구려 남성잡지에서 1964년 빈센트 가디스(Vincent Gaddis)라는 작가에 의해 만들어졌다. 비록 가디스가 처음 이 말을 생각해냈지만, 훨씬 더 유명한 사람이 이 말을 10년 뒤에 국제적으로 유행시켰다. 유명한 언어교육 강좌 시리즈를 만들었던 베를리츠 가문의 찰스 베를리츠(Charles Berlitz)는 그 초자연적인 것에 또한 강한 관심을 보였다. 찰스 베를리츠는 아틀란티스 섬이 진짜로 있었을 뿐 아니라, 이 섬이 어떤 방식으로든 이 버뮤다 삼각지대와 관련이 있다고 믿었는데, 그는 이 가설을 그의 1974년 베스트셀러인 『버뮤다 삼각지대(The Bermuda Triangle)』에서 제안했다. 버뮤다 삼각지대라는 미스터리는 그 후 수천 개의 책, 잡지, TV쇼, 그리고 웹사이트에 (널리) 퍼졌다.

④ ▶ 밑줄 친 Ⓐ는 '훨씬 더 유명한 사람'이라는 뜻으로, Ⓐ 다음에 나오는 인물인 Charles Berlitz를 가리키므로 ④가 정답이다.

triangle n. 삼각형, 삼각지대
devil n. 악마, 마귀
bound a. 묶인, ~에 갇힌
vanish into thin air 흔적도 없이 사라지다
term n. 용어
coin v. 새로 만들다
pulp magazine 선정적인 싸구려 잡지
argosy n. 큰 상선; 보고(寶庫); 풍부한 비축
come up with 생각해내다, 제안하다
propel v. ~을 나아가게 하다, 추진시키다, 몰고 가다
paranormal a. 과학으로 설명할 수 없는, 초자연적인
in some way 어떻게 해서든

05

우리가 태양계를 그리면, 우리는 종종 행성들이 그 주위를 궤도를 그리며 돌 때 고정되어 움직이지 않는, 모든 행성의 중심에 있는 중심 항성인 태양을 그려낸다. 우리가 상상하는 그 그림은 천체를 이해하기 쉽게 하지만, 엄밀히 말해서 이것은 옳지 않다. (태양계에서) 가장 큰 행성인 목성을 예로 들어 보자. 목성은 태양을 중심으로 돌지 않는다. 즉, 목성은 목성과 태양 사이의 빈 공간에 있는 무게중심이라고 불리는 한 지점을 공전한다. 이것은 태양이 목성에 중력을 미치지 못하기 때문인데, 목성은 너무 커서 목성 자체의 인력이 태양이 움직이는 데 또한 영향을 주기 때문이다. 태양은 목성보다 약 1,000배 질량이 크며, 이 두 천체는 거리와 질량에 따라 비례해서 서로에게 영향을 미친다. 그래서 목성의 중력이 태양을 끌어당기는 양은 태양의 중력이 목성을 끌어당기는 양의 1,000분의 1이다. 그리고 목성은 공전을 하는 데 11.8 지구년이 걸리며, 태양은 중력의 중심점을 도는 데 동일한 시간이 걸린다.

① ▶ Ⓐ는 태양을 가리키고, Ⓑ, Ⓒ, Ⓓ, Ⓔ는 목성을 가리키므로 ①이 정답이다.

solar system 태양계
static a. 정적(靜的)인, 고정된, 움직임이 없는
immobile a. 움직일 수 없는, 고정된
Jupiter n. 목성
barycenter n. 무게중심
exert v. (권력·영향력을) 가하다[행사하다]
pull n. 끌어당기는 힘, 견인력
massive a. 부피가 큰
proportionally ad. 비례해서; 비교적으로
earth-year n. 지구년(1년을 365일 기준으로 한 시간)

06

많은 잘못된 통념들처럼 이 잘못된 통념도 현실에 뿌리를 두고 있다. 초기 컴퓨터는 정말 새로운 것의 특성상 불가피하게 가장 신뢰할만한 장치는 아니었다. 컴퓨터는 여러 수준에서 고장이 났고, 특히 하드 드라이브는 때때로 작동이 되지 않고 타버려 당신의 데이터를 모두 날려버렸다. 그래서 많은 사용자들은 컴퓨터의 수명을 연장하고자 매일 밤 컴퓨터를 껐다. 오늘날의 컴퓨터는 훨씬 더 신뢰할 수 있는 기기이다. 하루에도 여러 번, 그리고 아침과 밤에 컴퓨터를 사용하는 경우, 컴퓨터를 항상 켜 두고 당신이 컴퓨터를 사용하지 않을 때는 절전 모드(전자 제품을 일정 시간 동안 사용하지 않으면 전원이 꺼지는 방식)로 전환되도록 하는 것이 더 좋다. 당신은 밤에 컴퓨터를 꺼둠으로써 많은 에너지를 절약하지 못하며 매일 컴퓨터를 끄고 재시작하는 것은 시간 낭비다. 가끔 예를 들어, 일주에 한번, 재부팅하는 것은 컴퓨터의 메모리를 제거하여 컴퓨터를 느리게 할 수 있는 불필요한 프로세스를 중지할 수 있다.

② ▶ this one 즉, this myth가 가리키는 것은 첫 문장 이후에 이어지는데, 초기 컴퓨터가 신뢰할만한 장치가 아니어서 여러 수준에서 고장이 났고 하드 드라이브는 종종 작동이 되지 않아 데이터를 모두 날려버려 수명을 연장하기 위해서 매일 밤 컴퓨터를 껐다고 했다. 따라서 this one은 매일 밤 컴퓨터를 끄는 것이 성능을 유지하기 위해서 필요하다는 것을 가리키므로 ②가 정답이다.

newness n. 새로움, 최근에 생김
reliable a. 신뢰할[믿을] 수 있는
contraption n. (기묘한) 기계[장치]
shut down (기계가) 멈추다[정지하다]
purge v. 제거하다, 없애다

07

가장 흔한 형태의 온천은 지구 내부의 자연적인 온기로 생겨나는 지열로 인해 형성된다. 땅속 매우 깊은 곳의 지하 암석들은 매우 뜨겁게 달구어져, 이러한 암석들이 있는 곳까지 조금씩 침투해 내려온 지하수를 데우게 된다. 이렇게 데워진 물은 거대한 지하 호수로 모였다가 이따금 지상에 있는 더 작은 소규모의 온천을 채운다. 그렇지 않으면, 열로 인해 액체의 이동과 흐름이 발생되는 현상인 '대류'라는 과정에 의해, 지하수가 다공성 암석들을 통과하여 지상으로 자연스럽게 솟아날 수도 있다. 간헐천이나 지열 온천의 경우 모두 마찬가지로, 주변 암석들로부터 나온 광물질이 물속에 스며들어 온천을 가득 채운다. 이로 인해 온천이 있는 부근에는 형형색색의 신기한 색깔 띠들이 형성되고, 특이한 냄새를 방출하며, 또한 온천수에 치료 효과가 있다는 평판이 생겨난다.

① ▶ their 앞의 관계대명사 that의 선행사는 groundwater인데, 지하수가 지하에 있는 암석에 의해 데워지게 되는 것이므로 their가 가리키는 것은 ① underground rocks이다.

hot spring 온천
geothermal a. 지열의
subterranean a. 지하의
trickle down 조금씩 흘러내리다
porous a. 다공성[투과성]의
convection n. (기체나 액체에 의한 열의) 대류
geyser n. 간헐 온천
saturate v. 담그다, 적시다, 함빡 스며들게 하다
proximity n. 가까움, 근접
odor n. 냄새

08

19세기에 『고디스 레이디스 북(Godey's Lady's Book)』이라는 잡지가 인기를 누릴 수 있었던 이유가, 호화로운 의상과 퇴폐적인 보석을 보여준 것 때문만은 아니었다. 그 잡지의 매력은 역사학자 베네딕트 앤더슨(Benedict Anderson)이 "상상의 공동체"라고 기술한 백인 중산층 개신교 여성들의 사회를 창조해내려는 노력과 밀접한 관련이 있었다. 19세기 중반에 거대한 사회적 격변이 발생하고 누가 정말 "아메리칸"인지를 한창 재정의하려는 상황에서, 『고디스 레이디스 북』은 백인 중산층 개신교 여성들에게 길잡이가 되었다. 『고디스 레이디스 북』은 취지 면에서 대서양 건너편(註: 영국) 『스펙테이터(The Spectator)』를 떠오르게 하며, 중산층들이 편안하게 즐길 수 있고 그 당시 급증하던 오락을 기독교 여성들에게 제공했다. 『고디스 레이디스 북』의 유쾌한 오락에는 교훈들이 가득했는데, 이 교훈들은 올바른 행동을 위해 필요한 도덕적 원칙에 속하는 것들이었다. 『스펙테이터』와 『고디스 레이디스 북』의 차이점이 있다면, 그것은 물론 전자의 훈계가 남성의 교화에 초점이 모아져있는 반면, 후자는 여자아이들과 젊은 여성들에게 예의바른 백인 기독교 사회의 규칙을 가르치는 것에 초점을 맞추었다는 것이다.

④ ▶ Ⓐ, Ⓑ, Ⓒ는 모두 『고디스 레이디스 북』을 가리키는 반면, Ⓓ는 『스펙테이터』를 가리키고 있다.

sumptuous a. 호화로운, 사치스러운
decadent a. 퇴폐적인
Protestant a. 개신교의
upheaval n. 격변, 대변동
guidepost n. 길표지, 지침
conjure v. 상기시키다
publication n. 간행물, 출판물
treat v. 대접하다, 제공하다
burgeoning a. 급증하는
lighthearted a. 마음 편한
suffuse v. 가득 차게 하다
merriment n. 유쾌함, 명랑함
cultivation n. 교화, 양성

09

우리 가운데 많은 사람들은 비행기를 타고 우리가 자라고 살던 곳 밖에 있는 이국적인 장소로 간다. 그것이 인도로 가는 배낭여행이든, 발리에서 보내는 짧은 주말 휴가이든, 일과 관련돼서 요하네스버그로 떠나는 것이든, 친숙하고 안락한 우리의 일상을 떠나 그 어디로든 가는 행위는 종종 내적 변화의 어떤 형태를 제공하는 기회라고 여겨진다. 실제로 우리 자신을 외국에 있는 미지의 장소에 노출시키는 일은 우리에게 많은 새로운 느낌을 불러일으킨다. 때때로 이 경험은 우리를 새로운 관점으로 이끌어주기도 하고 심지어 우리 자신과 우리 삶에 대한 새로운 결심에 이르게 하기도 한다. 그러나 우리가 선택한 모든 여행이, 길의 끝에서 우리에게 새로운 자아를 열어줄 것이라고 오해는 하지 말자. 대개의 경우, 우리는 세속적인 일을 하는 동안 말할 수 있는 이야기들 몇 가지와 추억할 만한 기억들 몇 가지가 더 늘어났을 뿐인 채로 이전과 똑같은 사람으로 집에 돌아온다.

1 ③ ▶ 해외여행의 경우 시작점(출발하는 곳)과 종결점(돌아오는 곳)이 똑같이 자기 나라다. 따라서 Ⓐ, Ⓑ, Ⓓ는 같으나, Ⓒ는 외국을 가리킨다.

2 ② ▶ 이 글은 자기를 찾아 떠나는 여행이 쉽지 않다는 점을 기술하고 있다.

exotic a. 외래의; 이국적인, 특별한
backpacking trip 배낭여행
plethora n. 많음, 과다
transformation n. 변형, 변신
reminisce v. 추억하다, 회고하다
mundane a. 현세의, 지상의; 평범한, 보통의

10

만일 어떤 사람에게 "a skeleton in the cupboard(숨기고 싶은 집안의 비밀)"가 있다면, 그것은 그 사람에게 공개하고 싶지 않은 추하거나 부끄러운 과거의 비밀이 있다는 것을 의미한다. 이 표현은 의료업계에 기원을 두고 있다. 영국의 의사들은 의사들이 시체를 가지고 작업을 할 수 있도록 허용하는 의회 법령이 1832년에 통과될 때까지 시체를 가지고 작업을 하는 것이 허용되지 않았다. 1832년 전까지 의사들이 의료목적으로 해부할 수 있었던 유일한 시체는 처형된 범죄자들의 시체뿐이었다. 비록 범죄자의 처형이 18세기 영국에서 드문 것은 아니었지만, 의사가 의료 활동을 하는 기간 동안 처형된 범죄자들의 많은 시체들을 접하게 될 가능성은 매우 낮았다. 그래서 운 좋게도 처형된 범죄자의 시체를 해부할 수 있었던 의사들은 연구 목적으로 해골을 보관하는 것이 (그 당시) 일반적인 관행이었다. 의사들이 해골을 진찰실에서 공개적으로 보이는 곳에 보관하는 것을 여론이 허용하지 않았기 때문에, 의사들은 해골을 숨겨야 했다. 비록 대부분의 사람들이 실제로 해골을 볼 수는 없었지만, 의사들이 해골을 어딘가에 보관하고 있을 거라 대부분 생각했으며, 가장 적절한 곳이 벽장이라고 생각했다. 이후 a skeleton in the cupboard라는 표현은 문자 그대로의 의미에서 현재 의미로 쓰이게 되었다.

Act of Parliament 의회[국회] 제정법, 법령
dissect v. 해부하다
execute v. 처형하다
come across (우연히) 만나다
corpse n. 시체
have the good fortune to 운 좋게도 ~하다
surgery n. 수술실; 의원, 진료소
suspect v. ~일 것 같다고 생각하다
move on (새로운 일·주제로) 넘어가다
literal sense 문자 그대로의 의미

1 ③ ▶ 영국의 의사들이 시체를 해부할 수 있도록 허용하는 법안이 1832년에 통과되었을 때야 비로소, 의사들이 시체를 연구 목적으로 해부할 수 있게 되었다고 했을 뿐, 이 법안이 통과되자마자, 시체를 연구 목적으로 의사들이 '불법 거래하기 시작했다'는 말은 본문에서 알 수 없으므로 ③이 정답이다.

2 ④ ▶ Ⓐ, Ⓑ, Ⓒ는 모두 '의사'를 가리키는 반면, Ⓓ는 most people(대부분의 사람들)을 가리키므로, ④가 정답이다.

06 부분이해

01

Superior Wallcoverings Wildcats 팀이 리틀리그 선수권 경기를 뛰고 있었고 나는 그들이 지기를 바라고 있었다. 나는 Town Pizza Ravens 팀과 그들의 스타 투수 로리 창(Lori Chang)이 그들에게 굴욕을 안기고, 점수를 올려 1루 더그아웃에 있는 그들을 무자비하게 조롱하기를 바랐다. 이것은 다 자란 어른이, 특히 주심을 하기로 동의한 어른이 인정하기에는 칭찬할 만한 일이 아니라는 것을 나는 알고 있지만, 설사 다른 사람에게 그 감정을 시인하기 보다는 차라리 손을 자르는 것이 더 낫다 하더라도 스스로 숨길 수 없는 감정들이 있기 마련인 것이다.

④

▶ '감정을 시인하기 보다는 손가락을 자르는 것이 더 낫다'는 것은 '절대로 감정을 표현해서는 안 된다'는 의미를 과장되게 표현한 것이다. 그러므로 밑줄 친 부분은 '절대로 감정을 표현해서는 안 된다는 것을 당신이 잘 알고 있다 할지라도'의 의미다.

humiliate v. 창피를 주다
run up 올리다, 늘리다
taunt v. 놀리다, 조롱하다
mercilessly ad. 무자비하게
umpire n. 심판

02

지난 세기에 걸쳐 과학자들은 유전적 특징을 어린이의 지적 능력의 가장 중요한 요인들 중 하나로 여겨왔다. 이것이 사실이라면, 사람의 지능은 평생 고정될 것이며 사람들은 어린이가 인생에 얼마나 성공할지 그들의 지능지수(I.Q.)를 시험해보면 예측할 수 있다는 말이 된다. I.Q.는 누군가가 얼마나 높은 지능을 갖추었는지 측정하는 것이다. 이 이론은 교육과 훈련이 지능지수가 낮은 사람의 성공 가능성을 높여줄 수 없다는 것을 뜻하기도 한다. 다른 과학자들은 이 견해에 대해 반대했고 어린이들의 지능은 정원과 같아서 지능의 씨앗은 심어질 수 있다고 믿었다.

①

▶ 마지막 문장은 앞 내용에 반하는 과학자들의 의견이다. "교육과 훈련이 지능지수가 낮은 사람의 성공 가능성을 높여줄 수 없다."는 내용에 대한 반대 의견이며 지능의 씨앗이란 것은 결국 교육과 훈련을 의미하므로 노력의 여부에 따라 인생에서 성공할 수 있다는 의미를 밑줄 친 문장은 함축하고 있다.

genetics n. (단수취급) 유전학; (복수취급) 유전적 특징
fix v. 고정[고착]시키다
quotient n. 지수, 비율
seed n. 씨(앗), 종자
plant v. 심다, (씨를) 뿌리다

03

나는 일전에 캐세이퍼시픽 항공에서 비즈니스 클래스가 아니라 퍼스트 클래스로 두 단계나 승급되어 홍콩에서 요하네스버그까지 가는 야간 비행 편에서 대박을 터뜨린 적이 있었다. 실제로 비행기의 운임을 지불한 돈이 많은 모든 승객들은 바로 안대를 하고 잠을 잤다. 평화로운 일등석 공간의 침입자로서 나는 캐비아와 보드카로 시작하여 다양한 극동의 우회로(아시아의 음식)를 거쳐 영국산 스틸톤과 이 외의 치즈로 막을 내리는 6단계의 풀코스 메뉴를 먹어보기로 결정했다. 나와 같이 비행기를 탔던 승객들은 그들의 미팅을 위해 피곤한 기색 없이 남아프리카공화국에 도착했다. 나는 술에 취해 머리가 헝클어진 채로 도착하여, 쉬고 싶어 견딜 수가 없었다.

④

▶ the cuckoo in the nest는 '다른 새의 둥지에 들어가 자기 알을 낳고 가버리는 뻐꾸기의 특성에 빗댄 평화로운 가정의 침입자'를 뜻하는데, 이 글의 필자는 퍼스트 클래스 운임을 지불하고 탑승한 승객이 아닌 두 단계나 업그레이드가 되어 탑승한 승객이므로 '퍼스트 클래스에 있기에 어정쩡한 불청객'을 의미한다고 볼 수 있다.

hit the jackpot (도박·복권에서) 대박을 터뜨리다
high-flyer n. 야심가, 포부가 큰 사람
culminate v. (~으로) 끝이 나다[막을 내리다]
detour n. 돌아가는 길, 우회로
stilton n. 스틸톤(푸른색 줄이 나 있고 향이 강한 영국 치즈)
(as) fresh as a daisy 원기 왕성하게, 조금도 지치지 않고
dishevelled a. (머리가) 헝클어진, 흩어진

04

최근 몇 년간, 중앙집권 국가들은 그들의 영토 내에서 정치적 폭력의 수준을 점차 감소시켰고, 지난 몇 십 년 동안 많은 나라들이 거의 완전히 그것을 근절하는 데 성공했다. 수조 달러, 수억 명의 사람들, 그리고 수백만 명의 군인들이 단 한 발의 총성도 없이 한 그룹의 정치인들로부터 다른 그룹으로 전달된다. 사람들은 이것에 빠르게 익숙해졌고, 이제 그것을 그들의 당연한 권리라고 여긴다. 따라서 수십 명의 목숨을 앗아가는 산발적인 정치적 폭력행위조차 국가의 정통성과 생존에 치명적인 위협으로 간주된다. 비어있는 커다란 항아리 속의 작은 동전이 큰 소리를 내는 것이다.

territory n. 영토
eradicate v. 뿌리 뽑다, 근절하다
sporadic a. 간헐적인, 산발적인
legitimacy n. 정통성, 정당성

②

▶ '최근에는 국가 내의 정치적 폭력이 거의 근절되었기 때문에, 산발적인 소규모 테러조차 치명적인 위협으로 간주된다'는 의미를 비유적으로 표현했다.

05

결국 술은 많은 사람들이 즐기고 마음껏 누릴 수 있는 합법적이고 사회적으로 용인되는 악덕이었다. 모든 광고는 "어서 오세요, 물이 좋아요(꼭 마셔 보세요)."라는 강한 매력을 담은 문구에 더하여 멋진 사람들과 아름다운 장소로 정의되는 즐거운 시간을 보여주었다. 이와 반대로 누군가 사랑하는 사람이 마약 중독자라고 한다면, 우리는 종종 그들의 얼굴에 불온하고 기만적인 표정을 한 단정치 못한 불미스러운 사람을 종종 상상한다. 나는 중독은 중독일 뿐이라고 생각하게 됐으며 한 고객이 사랑하는 가족이 알코올 중독자이지만 약물 중독자는 아니라서 잘못된 위안을 찾은 것처럼 보일 때, "다른 그릇에 담긴 같은 수프"라고 종종 말했다.

vice n. 악덕
heartily ad. 충분히, 마음껏, 실컷
participate in ~에 참여하다
pull n. (마음을) 끌어당김, (강한) 매력
unsavory a. (도덕적으로) 불미스러운
unkempt a. 헝클어진, 단정하지 못한
devious a. 정직하지 못한, 기만적인

④

▶ "다른 그릇에 담긴 같은 수프"라는 의미는 알코올 중독이나 마약 중독은 다른 것이지만 본질적으로 중독이라는 것에는 차이가 없다는 것이므로 '두 중독이 별반 차이가 없다'는 의미를 함축한다. 따라서 ④가 정답이다. ② 알코올 중독자에 대해 나쁜 습관의 희생자라고 동정적으로 한 말이 아니다.

06

이만 토마스(Iman Thomas)는 자신은 카디건을 입는 그런 사람은 아니라고 말한 최초의 사람이다. 그럼에도 불구하고 그녀의 옷장 서랍은 가지각색의 색에서 검은색에 이르는 다양한 색깔의 점잖은 긴팔의 스웨터로 가득 차 있다. 몹시 더운 날씨에도 그 스웨터는 보험 중개업 회사인 뉴저지 주의 플로햄파크의 복리 후생 부서에서 일하는 그녀의 근무복 중 일부다. 이것이 토마스씨가 자신의 문신을 숨기는 방법이다. 그녀의 오른팔에 공간을 차지하고 있는 잉크로 새겨진 성모마리아와 피눈물을 흘리는 죽은 소녀의 그림들과 그녀의 오른쪽 팔꿈치를 둘러싸는 거미 줄, 그리고 그녀의 오른쪽 손목 안의 나비, 왼쪽 손목 안쪽에는 활짝 핀 장미가 있다. "내가 문신을 할 수 있으면 하고 바라는 내 몸의 부분들이 있어요. 하지만 회사에서 일하기 때문에 나는 그 문신들을 희망사항 목록에 두어야 해요. 우리 회사는 꽤 보수적인 회사에요."라고 그녀는 말했다.

bulge v. (~으로) 가득 차다[불룩하다]
decent a. 품위 있는; 예의에 맞는
torrid a. 타는 듯이 뜨거운
wardrobe n. (한 개인이 가지고 있는) 옷
Virgin Mary 동정녀[성모] 마리아
buttoned-up a. 보수적인

④

▶ 밑줄 친 문장에서 그녀는 카디건을 입는 그런 사람은 아니라고 했다. 그러나 회사 때문에 그녀의 옷장 서랍이 점잖은 긴팔의 스웨터로 가득 차 있다고 한 것을 참고하면 그녀는 "카디건처럼 점잖은 옷을 입는 그런 사람은 아니다."라는 의미로 볼 수 있으므로 ④가 정답이다.

07

그림을 그리는 것은 하나의 오락으로서 완벽하다. 그림을 그리는 것보다 더 우리의 신체에 피로를 주지 않고 정신을 몰두하게 하는 일을 나는 전혀 알지 못한다. 현재의 근심이 무엇이든, 앞으로 올 위협이 무엇이든, 일단 그림이 흐르기 시작하면 우리의 마음에 그러한 근심, 위협을 생각할 여유가 없어진다. 그런 것들은 그림자 속으로, 어둠속으로 사라진다. 비록 변변치는 못하지만, 우리의 정신적인 빛 전부가 그 일에 집중된다. 시간은 공손히 저만큼 물러선다. 여러 번 망설이고 나서야 점심이 무뚝뚝하게 문을 노크한다. 한 번에 반시간 동안 퍼레이드 혹은 심지어 — 죄송한 이야기지만 — 예배를 보려고 서 있어야 할 때에도, 나는 꼿꼿이 서 있는 기립자세는 사람에게 자연스러운 것이 아니고, 힘을 들여야만 얻을 수 있으며, 그것을 유지하는 것은 피곤하고 어렵다는 것을 항상 느껴왔다. 그러나 그림 그리기를 좋아하는 사람은 휴식 없이 한 번에 세 시간, 혹은 네 시간을 그림을 그리며 서 있을 때에도 흥미가 지속되는 동안은 조금도 불편을 느끼지 않는다.

① ▶ 바로 앞에서 '시간은 공손히 저만큼 물러서 있다'라고 한 것을 통해 '식사시간을 잊고 그림에 집중함'을 알 수 있다.

exhaust v. 지치게 하다
distraction n. 오락거리; 주의산만, 방심
absorb v. 흡수하다; 열중하게 하다
such as it is 비록 변변하지는 못하지만
gruffly ad. 무뚝뚝하게, 퉁명스럽게
at a stretch 한번에

08

사막은 너무 건조하기 때문에 사막에서 아무것도 살아갈 수 없는 것처럼 보일지도 모른다. 그러나 대부분의 사막은 많은 물 없이 생존하는 데 적응한 식물과 동물로 이루어진 생명으로 가득하다. 선인장과 같이 일부 식물들은 다음 비가 내릴 때까지 견딜 수 있도록 줄기에 충분한 물을 저장한다. 메스키트풀(미국 남서부산 볏과의 목초)과 같은 다른 식물들은 매우 작은 잎을 가지고 있는데, 이 잎은 수분을 보존하기 위해서 낮에는 동그랗게 말린다. 어떤 사막 식물들은 비가 내릴 때만 싹이 나고 꽃을 피운다. 또한 사막의 동물도 많은 물 없이 살아남을 수 있게 적응을 하게 되었다. 소노란 사막의 캥거루쥐는 그들이 먹는 열매에서 수분을 얻는다. 사막 여우같은 일부 육식 동물은 먹이에서 충분한 수분을 얻는다. 또 다른 방법은 무엇이 있는가? 대부분의 사막 동물들은 낮 동안에 땅속에 있거나 그늘진 암석 아래 머무른다. 많은 동물이 시원해지는 저녁에 먹이 사냥을 위해 나온다. 당신이 사막을 탐험할 계획이 있다면, 반드시 물, 자외선 차단제, 보호복 등을 챙겨야 한다. 어쨌든, 당신은 캥거루쥐가 아니다!

④ ▶ "Another trick?" 앞에는 캥거루쥐와 사막 여우가 사막에서 어떻게 수분을 얻는지 설명하고, another trick 다음에는 사막에 서식하는 다른 동물들의 '생존 방법'을 설명하고 있으므로 ④가 정답이다.

adapt v. (상황에) 적응하다
survive v. 살아남다, 생존[존속]하다
cactus n. 선인장(pl. cacti)
store v. 저장하다, 비축하다
curl up 동그랗게 말리다[말다]
conserve v. 아끼다, 보존하다
sprout v. 싹이 나다, 발아하다
bloom v. 꽃을 피우다
seed n. 씨(앗), 종자
carnivore n. 육식 동물
liquid n. 액체, 유(동)체
shady a. 그늘의, 그늘이 많은

09

코넬 대학교 교수 제임스 커팅(James Cutting)은 오늘날 가장 많이 복제되는 인상파 작품들이 19세기 말 대여섯 명의 부유하고 영향력 있는 수집가들에 의해 구매되었다는 점에 주목한다. 이들 수집가들이 선호했다는 점이 특정 작품에 명성을 가져다주었고, 이로 인해 이들 작품들은 미술관에 걸리게 되고 명화집에 실릴 가능성이 더욱 높아지게 되었다. 명성은 해가 갈수록 더욱 크게 쌓여갔고 단순한 노출로도 더 큰 힘을 얻게 되었다. 즉, 더 많은 사람들이 "Bal du Moulin de la Galette(물랭 드 라 갈라트의 무도회)"에 노출될수록, 사람들은 그 작품을 더 좋아하게 되었다. 그리고 더 많은 사람들이 그 작품을 좋아할수록, 그 작품은 책, 포스터, 큰 전시회 등에 더 선보이게 되었다. 한편, 학자들과 비평가들은 작품의 명성에 걸맞은 타당한 이유를 만들었다. 결국 더 자주 보는 것에 대해 더 높이 평가하는 경향이 있는 것은 대중들뿐만이 아니다. 워홀(Warhol)과 데미언 허스트(Damien Hirst)와 같은 현대의 예술가들이 알고 있던 것처럼, 비평가들의 호평은 대중성과 깊이 연관되어 있다. "학자들도 단순 노출 효과에서 대중들과 별반 다르지 않다."라고 커팅은 주장한다.

point out 지적하다, 주목하다
preference n. 선호[애호]되는 것, 선택, 편애
bestow v. 수여[부여]하다
prestige n. 위신, 명망
anthology n. 명곡집, 명화집
justification n. 타당한[정당한] 이유
pre-eminence n. 걸출, 탁월
grasp v. 파악하다, 이해하다
acclaim n. 찬사, 칭찬
entwine v. 휘감기게[얽히게] 하다, 엮다

② ▶ kudos는 '명성, 명예'란 뜻이고, cascade는 '폭포처럼 떨어지다'의 뜻인데, 이 문장에서는 폭포수처럼 명성이 점점 커졌다는 뜻으로 쓰였으므로 밑줄 친 부분이 함축하는 의미로 ②가 적절하다.

10

리튬은 오랫동안 양극성 장애(조울증)를 치료하는 데 있어 '정신 의학계의 페니실린' 그리고 '최적의 기준'으로 설명되어 왔다. 그러나 미국에서 리튬의 사용은 지난 25년간 꾸준히 감소했다. 리튬 치료에 대해 종종 제기된 우려에는 리튬이 너무 많이 투여되거나 과다 복용될 때 일어나는 리튬의 독성을 포함한 부작용의 위험이 있다. 그러나 리튬의 부작용은 종종 처방자에 의해 과대평가되고 있고 그 약의 적절한 복용량에 대한 장기적인 안전성은 잘 확립되어 있다. 수년간 제약회사들에 의해 리튬을 반대하는 광고는 리튬 치료를 둘러싼 이런 부정적인 인식에 기여했다. 다행히도, 가장 중요한 효과적인 기분 안정제로서 오랫동안 인정받아온 리튬이 충분히 이용되지 않고 있으며, 리튬을 충분히 이용하지 않는다는 것이 양극성 장애의 치료에 중요한 문제를 나타낸다는 데에 정신 의학계의 광범위한 합의가 현재 있는 것처럼 보인다. 어떠한 대형 제약회사에서도 오랫동안 지지받지 못했던 정신의학의 '희귀 의약품(이익이 적어 개발·조사 따위가 거의 되지 않고 있는 약)'이 다시 인기를 얻을지도 모른다.

① ▶ 페니실린은 세균에 의한 감염을 최초로 치료한 항생제였으므로, 리튬이 '정신 의학계의 페니실린'이라는 의미는 정신병(조울증)을 치료하는 데 있어 새로운 길을 열었다는 의미를 함축한다. 따라서 ①이 정답이다.

lithium n. 리튬
psychiatry n. 정신 의학
bipolar disorder 양극성 장애, 조울증
toxicity n. 유독성
dose v. (약을) ~에게 먹이다[투여하다]
overdose n. (약의) 과다 복용
prescriber n. 처방자(處方者)
consensus n. 의견 일치, 합의
make a comeback 복귀하다, 다시 인기를 얻다

11

당신은 파티에서 누군가를 만났는데, 만난 지 몇 분도 안 되어서 그들이 당신에게 너무나 많은 개인 정보를 들려준 적이 있는가? 당신은 아마도 다음과 같이 생각할 것이다. '이봐, 나는 당신을 잘 알지도 못한다고, 내가 그런 세세한 것까지 다 알 필요는 없잖아!'
당신이 개인 에세이를 쓰라는 숙제를 받는다면, 당신이 할 일은 그 파티에서 만난 우리의 친구가 하지 못했던 것을 하는 것이다. 그리고 그렇게 하는 것이 당신의 에세이를 균형 있게 만든다. 당신은 (에세이에서) 자신에 대해 조금만 보여줄 필요가 있다. 당신의 개인적인 경험, 의견, 견해 이런 것들을 말이다. 그러나 당신은 특정한 목적을 염두에 두고 이렇게 해야 한다. 당신이 할 일은 엄청난 세세한 것들을 말하는 것이 아니라, 정선된 몇 가지 경험, 의견, 그리고 견해들을 이용해 어떠한 목적을 달성하는 것이다.
당신은 대학 선발과정의 일환으로 개인 에세이를 쓰라고 요구받을지도 모르며, 작문 코스나 어떤 시험으로 개인 에세이를 쓰라는 과제를 받을지도 모른다. 그 사정이 어떻든 간에, 당신이 개인 에세이를 순조롭게 쓰기 위해서 당신이 명심해야 할 몇 가지가 있다.

③ ▶ 밑줄 Ⓐ를 그대로 해석하면, "그 파티에서 만난 우리의 친구가 하지 못했던 것을 하는 것"이다. 따라서 그 파티에서 만난 우리의 친구가 가리키는 대상이 "만난 지 몇 분도 안 되어서 당신에게 너무 많은 개인정보를 들려준 누군가"이므로, 이 사람이 하지 않은 것은 과하지 않게 '당신에 대해 조금만 보여주는 것'이 되므로 ③이 정답이다.

assign v. 할당하다, 부여하다
strike a balance 균형을 유지하다
give glimpses of ~를 조금씩만 보여주다
observation n. 의견, 전망
throw out 말하다
keep in mind 명심하다
keep ~ on track 순조롭게 진행되다

12

추론은 관찰과 배경지식을 이용해 논리적인 결론에 이르는 것이다. 당신은 아마도 매일 추론을 할지도 모른다. 예를 들어, 만일 누군가가 새로운 음식을 먹는 모습을 당신이 보고 있는데, 그 사람이 얼굴을 찌푸린다면, 당신은 그 사람이 그것을 좋아하지 않는다고 추론하게 된다. 또는 누군가가 문을 쾅 닫으면, 당신은 그 사람이 무언가에 기분이 상해 있음을 추론할 수 있다.
추론을 당신이 문학에서 할 수 있기 전에, 먼저 당신은 찾고자 하는 것이 무엇인지를 알아야 한다. 당신의 목표는 본문에서 의도된 의미를 찾는 것이다. 의도된 의미는 저자가 우리에게 알려주려고 하는 것이다.
추론하는 것은 왜 중요한가? 소설을 쓸 때, 저자는 우리를 위해 (본문에) 모든 정보를 다 글에 포함시키지는 않을 것이다. 저자는 우리가 글 속의 숨은 뜻을 알아내서 본문에 대해 결론을 내기를 기대한다. 추론을 한다는 것은 당신이 본문에 기술되는 것 그 너머를 본다는 것이며, 저자가 오직 힌트만을 주는 것을 찾아낸다는 것이다. 이런 추론과정은 당신이 보다 능동적인 독자가 되도록 해주며, 비판적인 사고를 할 수 있는 사람이 되도록 해준다. 이런 추론과정은 또한 저자가 당신과 공유하는 것을 보다 이해하기 쉽도록 해준다.

inference n. 추론
observation n. 관찰
reach a conclusion 결론에 이르다
make a face 얼굴을 찌푸리다
slam v. ~을 쾅 닫다
upset a. 화가 난, 기분이 상한

①

▶ read between the lines는 '행간을 읽다', '글 속의 숨은 뜻을 알아내다'라는 뜻이므로 ①이 정답이다. ② 본문 전체를 많은 주의를 기울여 정독하다 ③ 본문을 건너뛰어 읽는 방식으로 책을 속독하다 ④ 본문을 읽기 전에 저자의 전기를 읽다

13

사람들이 잘못을 저지른 후에 도덕적으로 느끼려는 또 다른 방법은 같은 위법 행위에 대해 다른 사람들을 심지어 더 가혹하게 평가하는 것이다. 연구원들은 이런 경향을 윤리적 거리두기, 즉 "냄비가 주전자 보고 검다고 한다"라고 한다.
연구원들은 특히 성적 증명서를 부풀린 지원자들을 용서하지 않는 것으로 알려졌지만, 자신이 취득하지 않았던 학위를 갖고 있다고 주장하는 터무니없는 방법으로 나중에 자신도 이와 같은 일을 한 것으로 밝혀진 대학 입학사정관의 예를 든다. 다른 예들로는 자신이 연루된 특정 유형의 범죄에 대해 강경한 입장을 표명하는 정치인들이 포함될 수도 있다.
윤리적 거리두기에 대한 연구는 특정한 조건 하에서 발생할 가능성이 더 높다는 것이 밝혀졌다. 우선, 그 사람이 문제가 되는 행동을 부도덕한 것으로 보아야 한다. 때때로 위반 행위를 한 후에 사람들은 그 행위를 덜 문제가 되는 것으로 간주함으로써 그 위법 행위를 합리화할 것이고, 이 경우에 사람들은 같은 범죄에 대해 다른 사람들을 덜 가혹하게 평가할지도 모른다. 둘째, 그 사람은 위선적으로 보일 위험을 감수하지 않도록 그들의 위법 행위가 밝혀질 가능성이 낮다고 믿어야 한다.

virtuous a. 도덕적인, 고결한
misdeed n. 비행, 악행
credential n. 신임장; 성적 증명서
egregious a. 지독한, 소문난, 언어도단의
transgression n. 위반, 범죄

②

▶ 윤리적 거리두기라는 현상을 부연 설명한 말인 the pot calling the kettle black은 "냄비가 주전자 보고 검다고 한다"라는 뜻인데, 이는 "자신의 잘못을 모르고 남을 탓한다"는 의미이므로 ②가 정답이다.

14

우주에서 지구를 보면, 지구는 크고 푸른 구슬 같아 보인다. 지구는 물 때문에 푸른색으로 보인다. 지구의 대부분은 물로 덮여 있다. 일부 갈색과 녹색은 육지가 있다는 것을 보여준다. 약간의 하얀색은 구름이 있다는 것을 보여준다. 물이 있기 때문에, 우리는 지구에서 살 수 있다. 지구에는 호수, 강, 그리고 바다가 있다. 다른 행성에는 이것들이 없다. 지구는 우리가 살고 있는 태양계에서 우리가 생명체를 발견한 유일한 행성이다. 식물, 동물 그리고 사람들이 모두 지구에 살고 있다. 우리가 지구에 살 수 있는 이유는 너무 덥지도 너무 춥지도 않기 때문이다. 일부 행성들은 너무 뜨거워서 우리 몸이 녹

marble n. 대리석; 구슬
solar system 태양계
melt v. 녹다, 사라지다
freeze v. 얼다

을 것이다. 다른 행성들은 너무 추워서 우리가 얼어버릴 것이다. 그러나 지구는 너무 덥거나 너무 춥지 않다. 지구는 딱 알맞은 상태이다. 우리가 이렇게 크고 푸른 구슬인 지구에 살기 때문에 다행이다.

1 ④ ▶ 밑줄 친 Ⓐ는 "다른 행성에는 이것들이 없다"는 뜻으로, 이것들은 Ⓐ 바로 앞에 언급한 '호수, 강, 그리고 바다'를 가리키므로 ④가 정답이다.

2 ③ ▶ ① 지구는 물 때문에 푸른색으로 보인다고 했다. ② 생명체가 살기 위해서는 물이 있어야 하고 온도가 너무 뜨겁거나 차가워서는 안 된다고 했다. ④ 저자는 이렇게 푸른 구슬인 지구에 살기 때문에 다행이라고 했다. 반면 ③ 지구와 태양이 서로 간에 미치는 영향은 본문에 언급되지 않았으므로 ③이 정답이다.

15

탄산음료 캔을 딸 때 보글보글 이는 거품은 탄산가스이다. 청량음료 제조업체들은 제곱인치당 최대 1,200파운드라는 고압 상태에서 강제로 이산화탄소와 물을 당신이 먹는 탄산음료에 주입함으로써 이 톡톡 쏘는 거품을 탄산음료에 첨가한다. 당신이 듣는 '쉬익'하는 소리의 정체는 달콤한 물로 이루어진 강제수용소에서 뛰쳐나오는 수백만 개의 이산화탄소 분자들이다.
개봉하지 않은 탄산음료 캔은 사실상 거품이 없는데, 왜냐하면 캔 내부 압력이 이산화탄소를 물속에 용해된 상태로 있게 하기 때문이다. 당신이 (탄산음료) 캔을 딸 때, 그 압력을 당신이 빼줘서 기포는 캔에 들어있는 액체에서 꿈틀꿈틀 움직여 캔 밖으로 떠오르게 된다. 이것은 힘이 필요한데, 왜냐하면 이산화탄소가 캔에 들어있는 액체에서 벗어나기 위해서는 액체를 붙잡고 있는 힘을 이산화탄소가 이겨내야 하기 때문이다. (캔에) 에너지를 가하는 한 가지 방법은 캔 음료를 흔드는 것이다.

1 ② ▶ '강제수용소'라는 뜻의 concentration camp를 저자가 언급한 이유는 탄산음료에 강제로 이산화탄소를 넣었다는 것을 나타내기 위해서일 것이다. 따라서 '이산화탄소 분자들이 본인의 의사에 반해 억류되어왔다'는 ②가 정답이다.

2 ④ ▶ 빈칸 Ⓑ는 because 앞의 절에 대한 이유에 해당한다. 따라서 because 앞에서 "개봉하지 않은 탄산음료 캔은 사실상 거품이 없다"고 했으므로, 빈칸에는 탄산음료 캔 내부에 거품이 없는 상황이 되어야 하므로 "이산화탄소를 물속에 용해된 상태로 있게 한다"는 ④가 정답이다.

fizz n. 거품, 쏴 하는 소리
bubble v. 거품이 일다
crack open 소리 내어 열다, 따다
carbon dioxide gas 탄산가스
soft drink (탄산이 주입된) 청량음료
tingling a. 톡톡 쏘는, 따끔거리는
froth n. 거품
molecule n. 분자
burst out of ~에서 뛰어나오다
virtually ad. 사실상, 거의
dissolve v. 녹다, 용해되다
liquid n. 액체
gas bubble 기포
wiggle v. 씰룩씰룩[꿈틀꿈틀] 움직이다

16

느긋하게 있어서 가장 혜택을 받는 사람들이 창의적 직원들, 현대 경제의 핵심에 있는 바로 그 사람들이다. 1990년대 초, 미하이 칙센미하이(Mihaly Csikszentmihalyi)라는 심리학자가 자기가 집필하던 책을 위해 인터뷰가 가능한지 275명의 창의적 인물들에게 문의했다. 1/3은 아예 답장도 하지 않았고, 1/3은 거절의사를 밝혀왔다. 경영 석학인 피터 드러커(Peter Drucker)는 명령 불복종자들의 기분을 다음과 같이 요약했다. "생산성의 비결 중 하나는 당신의 초대장 같은 모든 초대장들을 처리할 수 있는 매우 큰 휴지통을 하나 가지는 것입니다." 창의적인 인물들의 가장 중요한 자원은 그들의 시간이다. 특히 방해받지 않는 긴 시간이다. 그리고 그들의 최대 적은 이메일이나 회의로 그 시간을 갉아먹으려는 이들이다. 사실상 창의적인 사람들은 그것에 관해 모르는 관리자들이 보기에는 아무것도 하지 않는 것처럼 보일 때, 가장 생산적이다.

1 ③ ▶ 글 전체의 요지에 따르면 '자신만의 창의적인 시간을 가지기 위해 쓸데없는 초청에 응하지 않는 것'을 의미한다.

beneficiary n. 수혜자
lean back 상체를 의자에 기대다; 느긋하게 있다
creative a. 창조적인, 창의적인
bother v. 신경 쓰다, 애를 쓰다
guru n. 권위자
sum up 요약하다
refusenik n. (항의의 표시로) 명령 복종[법 준수]을 거부하는 사람
take care of ~을 처리하다
nibble away at ~을 야금야금 뜯어 먹다
untutored a. 배우지 않은
put in one's shovel 관여하다, 참견하다

2 ① ▶ 본문의 첫째 줄에 나와 있는 'lean back(등을 의자에 기댄 채 느긋하게 있다)'라든지 'big chunks of uninterrupted time(방해받지 않는 긴 시간)' 등의 표현을 고려할 때, 만약 그런 창의적인 사람들의 특성을 이해하지 못하는 시선(untutored eye)에서 본다면 그 사람이 '멍하니 있다' 혹은 '아무 것도 하고 있지 않고 있다'고 보일 것이다.

17

플라톤에게는 소크라테스와의 만남이 인생의 전환점이었다. 그는 편안하고 어쩌면 부유하게 자라나 잘 생기고 원기 왕성한 젊은이가 되었는데, 어깨가 넓어서 플라톤이라 불렸다는 말이 있다. 그는 뛰어난 군인으로 이스트미아 제전에서 두 번 수상한 경력이 있었다. 그런 청년기를 보내고 철학자로 발전하기는 쉽지 않다. 그러나 플라톤의 명석한 정신은 소크라테스의 "변증법적" 놀이에서 새로운 즐거움을 찾았다. 그 대가(소크라테스)가 날카로운 질문으로 독단적인 주장들을 꺾어놓고 여러 가정을 허물어뜨리는 모습을 보는 것은 즐거운 일이었다. 플라톤은 옛날에 더 거친 레슬링에 발을 들여놓았듯이 이 스포츠(변증법적 놀이)에 발을 들여놓았으며, 늙은 "쇠파리"(소크라테스가 자기 자신을 부른 별칭)의 지도하에 단순한 논쟁부터 시작해서 신중한 분석과 효과적인 토론으로 나아갔다. 그는 지혜를, 그리고 그의 스승을, 매우 열렬히 사랑하게 되었다. "나는 내가 야만인이 아니라 그리스인으로, 노예가 아니라 자유인으로, 여자가 아니라 남자로 태어난 것에 신께 감사드리지만, 그 무엇보다도 소크라테스의 시대에 태어난 것에 감사드린다."라고 그는 말하곤 했다.

1 ④ ▶ Ⓐ에서 '그런 청년기'는 편안하고 부유한 환경에서 자라면서 보낸 청년기를 말하고, 이것은 플라톤의 성장에 있어 환경적 요소다. 따라서 ④(플라톤을 철학자로 만드는 데는 천성적[유전적] 요소가 환경적 요소보다 더 많은 역할을 했다)가 암시된 의미다.

2 ② ▶ 여기서 gadfly(쇠파리)는 '성가신 것'의 뜻이 아니라 쇠파리가 말 등을 물어 말을 뛰게 하듯이 '분발하게 하는[격려해주는] 것'의 뜻으로 쓰였으므로 ②는 사실이 아니다. ① 넓은 어깨는 운동선수(레슬링선수)에 적합한 체형이다.

vigorous a. 원기 왕성한
the Isthmian games 이스트미아 제전(고대 그리스 4대 체육 대회 중 하나)
adolescence n. 청년기, 사춘기
subtle a. 예민한, 명석한
dialectic a. 변증법적인
behold v. 보다
deflate v. (공기를) 빼다; (희망을) 꺾다
dogma n. 교리, 독단적인 견해[주장]
puncture v. 구멍을 뚫다; 망쳐놓다
gadfly n. 쇠파리; 귀찮은 사람
fruitful a. 효과적인
passionate a. 열렬한
barbarian n. 야만인

18

나는 브라운(Brown) 씨와 스미스(Smith) 씨의 말을 듣고 있는데, 어쩌면 그들이 부분적으로는 옳을지도 모른다고 생각하지만, 때때로 우리나라 의회 의원들처럼 그들의 말이 엉뚱한 데로 빠지는 것 같다. 애덤스(Adams) 의원이 편지에 겁먹지 않을 것이라는 데에 나는 동의한다. 그는 그렇게 하는 것이 가장 좋다고 생각하기 때문에 대학생 징집을 반대하고 있다. 몇몇 시민들이 보낸 편지에 그는 결코 달라지지 않을 것이다. 또한 이렇게 압력단체들을 끼어들게 하는 것은 큰 실수일 것이다. 이것은 단지 압력단체에 들어있는 소수 사람들을 위한 일이 아니라 모든 유권자들을 위한 일이다. 모든 유권자들을 위한 것이기 때문에, 내 말은 모든 유권자들을 참여하게 하자는 말이다.
애덤스 씨에게 우리와 같은 시각으로 보아달라고 부탁하는 청원서를 유권자들 사이에 돌려야 한다는 생각이 든다. 우리는 이 지역 모든 유권자들에게 청원서에 서명할 기회를 주어야 한다. 그런 다음 우리는 서명한 그 모든 이름을 워싱턴에 보낼 수 있다. 애덤스 의원이 얼마나 많은 유권자들이 그의 견해에 반대하는지 알게 될 때, 그는 자기 직업을 계속 유지하려면 마음을 바꾸어야 할 것이라는 것을 알 것이다. 청원서를 돌리자.

1 ① ▶ 마지막 부분에서 '애덤스 의원이 얼마나 많은 유권자들이 그의 견해에 반대하는지 알게 될 때 마음을 바꾸어야 할 것이라는 것을 알 것이다'라고 했으므로 ①이 사실인 진술이다. ③ 편지 몇 통으로는 안 되므로 어려운 일이라고 봐야 한다.

2 ③ ▶ 밑줄 친 부분의 his가 가리키는 애덤스는 의원이므로 그의 직업을 유지한다는 것은 ③ 재선된다는 말이다.

get off the track 본론[주제]에서 벗어나다
scare v. 겁주다
draft v. 징집[징병]하다
get ~ into the picture 끼어들게 하다
voter n. 유권자
get ~ in on it 참여하게 하다
petition n. 청원서
see it our way 우리와 같은 시각으로 보다

19

러시아와 중국이 공유하고 있는 것은 2,600 마일에 불과한 국경 이상이다. 가장 명백한 공통점은 양국의 점증하는 영향력이 양국 각각의 이웃국가들과 그 너머로 미치지 않게 억제하려는 미국 정부의 억제 책동을 미연에 방지하고 싶어 하는 욕구다. 8개 회원국으로 구성된 중앙아시아 안보포럼인 상하이 협력 기구를 양국이 지배하는 것이 양국이 아시아에서의 미국의 존재에 저항하도록 도움을 준다. 그러나 보스토크 군사 훈련으로 양국은 인상 깊은 군사력 과시를 위해 어깨를 나란히 하게 된다. 합동 군사 훈련을 행하는 것은 양국의 국경 안팎에서의 행동에 대한 미국 정부의 비판을 환영하지 않는다는 메시지를 강화시켜줄지 모른다.
러시아와 중국은 또한 에너지 분야에서도 자연스러운 상업적 동반자 관계에 있다. 러시아는 세계 주요 석유 및 천연가스 수출국들 중 하나다. 중국은 이 상품들을 엄청나게 많이 소비한다. 미국이 제재로 러시아에 일격을 가하고 관세로 중국에 일격을 가한 순간에 보스토크 군사 훈련은 이 두 나라는 세게 몰아 부칠수록 그만큼 더 자극을 받아 협력하게 된다는 신호를 미국 정부에게 보내고 있다.

1 ④ ▶ 첫 단락 끝의 두 문장과 둘째 단락 마지막 문장에서 알 수 있듯이 이 글은 러시아와 중국의 보스토크 합동 군사 훈련이 갖는 의미에 대한 글이므로 ④가 주제로 적절하다.

2 ③ ▶ 밑줄 친 문장은 미국 정부는 러시아와 중국이 그들의 인접국과 그 너머로(세계적으로) 세력(영향력, 지도력)을 확장하지 못하게 억제하려 하고, 두 나라는 이런 미국의 억제 책동을 무효화시키려고 한다는 의미이므로 ③이 암시하는 바이다.

commonality n. 공통점(= commonness)
curb v. 억제하다
respective a. 각각의
push back against 반발하다, 저항하다 (= refuse to accept)
pool v. 공동 출자하다; 합동하다
slap v. 찰싹 때리다
sanction n. 제재
tariff n. 관세
signal v. 신호로 알리다
incentivize v. 장려하다

20

엘리자베스 아덴(Elizabeth Arden)과 헬레나 루빈스타인(Helena Rubinstein)은 가장 멋진 두 명의 여성이었고 그들의 사업적인 수완은 대단히 흥미롭다. 엘리자베스 아덴은 현대의 일반 대중을 대상으로 한 마케팅 기법을 사용해서 그녀의 화장품을 대중에게 알렸다. 그녀는 또한 미용실과 스파 체인을 열어 운영했다. 엘리자베스 아덴과 헬레나 루빈스타인이 20세기 초 뉴욕에 현대 화장품 시대를 열기 이전에는 '직업' 여성(매춘부)들과 배우들만이 얼굴과 눈 화장을 했다. 50년 동안 이 두 명의 숙원의 적수는 서로 몇 블록 떨어지지 않은 곳에서 살면서 일을 했지만 한 번도 만나지 않았다. 엘리자베스 아덴과 헬레나 루빈스타인은 서로 감정적으로 대립하는 동시에 아마도 가상의 적이었다. 둘 모두 나쁜 홍보는 없다는 명언을 이해한다. 그들의 성격은 매우 상반됐다. 아덴은 세련되고 조용한 컨트리클럽 라이프를 즐긴 반면, 루빈스타인은 도시풍의 엣지 있는 삶을 즐겼다. 그러나 그들은 다음과 같이 똑같은 콘셉트에 집착했다. 여성의 외모를 향상시키는 것은 허영이 아니라, 필수라는 것이었다! 두 경쟁자 사이의 전쟁은 미국 사업의 기업 구조를 완전히 변화시켰고 미국에서의 돈을 소비하는 의사 결정에서 여성의 지위를 향상시켰다.

1 ① ▶ no such thing은 '그런 것은 아니다', '그런 일은 없다'는 뜻으로 "나쁜 홍보라는 것은 없다."라는 말은 "좋고 나쁜 홍보를 떠나서 사람들에 거론이 되는 것이 좋다."는 뜻이다. 따라서 ①이 정답이다.

2 ② ▶ 엘리자베스 아덴과 헬레나 루빈스타인은 같은 업계에서 사업을 하면서 감정적으로 대립했으며 서로를 가상의 적으로 여겼다고 했는데 이 둘의 경쟁이 기업 구조를 완전히 변화시키고 돈을 소비하는 의사 결정에서 여성의 지위를 향상시켰다고 했으므로 ②가 정답이다.

fabulous a. 멋진, 굉장한
diva n. 주연여가수, 여성 슈퍼스타
fascinating a. 대단히 흥미로운, 매력적인
citify v. ~을 도시화하다, 도시풍으로 하다
edgy a. 초조해하는; 신랄한
fixate v. 병적으로 애착하다[시키다], 고착하다
enhance v. 향상하다; (가치를) 높이다
vanity n. 허영(심), 허식

07 목적·어조·분위기

01

시공간의 개념, 즉 시간이 일정하지 않다는 연속체의 개념을 알버트 아인슈타인(Albert Einstein)이 처음 제안했을 때 이 개념은 과학계에 충격을 주었다. 그의 가장 유명한 이론인 상대성 이론에서 아인슈타인은 3차원 공간 — 깊이, 폭, 길이 — 과 4차원인 시간이 모두 중력에 의해 영향을 받는다고 제안했다. 이 이론이 제기되기 전까지 시간은 보편적이고 일정한 것으로 여겨졌다. 그러나 시간의 변동을 설명함으로써 우주에 대한 다른 이론을 더 잘 이해할 수 있게 되었다.

② ▶ 이 글은 4차원인 시간이 중력에 의해 영향을 받는다고 설명한 아인슈타인의 상대성 이론과 이 이론이 과학계에 준 영향을 설명하고 있으므로 ②가 글의 목적으로 적절하다.

space-time n. 시공(時空)(상대성 원리에서 3차원의 공간에 시간을 더한 4차원)
continuum n. 연속체
dimension n. 차원
gravity n. 중력
account for 설명하다, ~을 해명하다

02

어떤 사람이 시골길을 운전해 내려가다가 한 농부가 거대한 밭 한가운데 서 있는 것을 보게 된다. 그는 차를 길가에 세우고 그 농부가 아무 일도 하지 않고 멍하니 허공을 응시하며 거기에 그냥 서 있는 것을 지켜본다. 호기심이 생긴 그 사람은 차에서 내려 농부에게 다가가 "선생, 지금 뭘 하고 있는 거요?"라고 물어본다. 그러자 농부는 "노벨상을 타려고 애쓰고 있는 겁니다."라고 대답한다. 어리둥절해진 상대가 "어떻게요?"라고 묻자 그는 또 "글쎄요, 자기 밭에 나가 서 있는 사람(자기 분야에서 두각을 나타내는 사람)에게 노벨상을 준다고 들었거든요."라고 말한다.

③ ▶ 마지막 문장에서 동음이의(同音異義)의 말장난(punning)이 글을 유머러스한 논조의 글로 만들어준다. ① 분석적인 ② 탐구적인 ④ 냉소적인

pull over (차를) 길가에 대다
intrigue v. 흥미[호기심]를 돋우다
mister n. 선생, 여보
puzzled a. 어리둥절한, 당혹스러운

03

일하고, 먹고, 마시고, 자는 것 외에는 할 일이 없었기 때문에 나는 바로 그 일들을 했다. 내가 가진 까베르네 소비뇽 한 병이 하루 이틀 이상 간 적이 없었다. 수없이 많은 배달원이 문 앞에 빅맥을 올려놓고 갔다. 그동안 나는 방에 앉아, 노트북에서 나오는 푸르스름한 빛 앞에 몸을 구부리고 있었다. 만성 요통에 시달리지만, 갈만한 체육관이 없어서, 운동은 생각조차 접었다. 이게 내가 평소에 스트레스를 극복한 방법이다. 주말을 꼬박 자고 월요일에 여전히 지쳐버린 채 '사무실'로 돌아갈 수 있었다.

⑤ ▶ 운동해야 살을 빼고, 그래야 허리도 안 아플 텐데, 어차피 체육관에도 못 가니 운동은 생각하지 않기로 했다고 하는 데에서 '체념했다(resigned)'는 것을 알 수 있다. 살이 찌는 것도 그냥 방치했던 것으로 보인다. 여기서 '사무실'에 따옴표가 붙어 있는 것은 진짜 사무실이 아니라, 일하는 방이라는 의미다. 그래서 문제에도 'remote-worker'라고 명시하고 있다. ① 실망한 ② 수줍어하는 ③ 화난 ④ 열광적인

cabernet sauvignon 까베르네 소비뇽(와인을 만드는 포도 품종)
last v. 지속하다
countless a. 수도 셀 수 없는
delivery n. 배달
hunch v. 구부려 앉다
chronic a. 만성적인
gym n. 체육관
turn to 의지하다
cope with 감당하다, 처리하다

04

물질적 부를 성공의 기준으로 여기는 것의 허구성을 깨닫는 것은 공직과 높은 정치적 지위가 오직 지위에 대한 자부심과 개인적 이익이라는 기준으로 평가되어야 한다는 그릇된 신념을 포기하는 것과 긴밀히 연관되어 있습니다. 신성해야 할 신뢰에 종종 냉담하고 이기적인 범법행위나 다름없는 형태를 부여해온 금융계와 업계의 행태도 종식되어야 할 것입니다. 정직, 명예, 의무의 신성함, 충실한 보호, 그리고 이기적이지 않은 업무수행 위에서만 자랄 수 있는 신뢰가 시들어버린 것도 놀라운 일은 아닙니다. 그런 것들 없이 신뢰는 생존할 수 없습니다.

⑤ ▶ '공직자들이 물질적 부와 개인적 이익을 자부심으로 여긴다', '금융계와 업계는 신뢰를 무너뜨리고 범법행위나 다름없는 짓들을 하고 있다', '신뢰가 살아날 수 없을 정도로 정직과 명예가 땅에 떨어졌다' 등의 진술을 통해 사회 현실에 대해 '적나라한 비판'을 가하고 있음을 알 수 있다. ① 희망적인 ② 잘난 체하는 ③ 명상적인 ④ 사과하는

falsity n. 허위, 거짓
go hand in hand 밀접히 관련되다; 함께 가다
abandonment n. 포기
sacred a. 신성한
callous a. 냉담한
wrongdoing n. 부정행위, 범법행위
small wonder ~는 당연하다, 놀랄 일이 못 된다
languish v. 시들다, 쇠퇴하다

05

우리 모두가 구매한 식품을 보존하고 보호하길 원하는 것은 당연한 일이다. 이를 염두에 두고, 우리는 음식을 보호하는 가장 좋은 방법이 냉장고에 음식물을 넣는 것이라고 항상 생각한다. 그러나 냉장고에 절대로 넣으면 안 되는 특정한 음식들이 있다.
바나나를 냉장고에 넣는다?(넣어도 되는가?) 바나나는 냉장고 밖에 있을 때 영양분이 더 잘 유지되기 때문에, 바나나를 냉장고 안에 절대 두어서는 안 된다. 캐나다의 농산물 마케팅 협회에 따르면, 바나나는 익을 때까지 주방 조리대에 계속 두는 것이 더 좋다. 냉온이 실제로 바나나의 숙성과정을 늦추는 한편, 냉장고의 수분과 어둠은 부패를 촉진한다.

③ ▶ 첫 번째 단락에서 냉장고에 넣어서는 안 되는 음식이 있다고 설명한 다음, 두 번째 단락에서 그 예로 바나나를 들고 있으므로 이 글의 목적은 ③ '냉장고에 절대 넣어서는 안 되는 음식을 설명하기 위함'임을 알 수 있다.

fridge n. 냉장고(= refrigerator)
retain v. 보유[유지]하다
nutrient n. 영양소, 영양분
counter n. (주방의) 조리대
ripen v. 숙성하다; 익히다
facilitate v. 촉진[조장]하다
rotting n. 썩음, 부패

06

폭력행위로 결국 체포된 남자들은 처음에 그들의 여자 친구들과 아내를 공격하는 것으로 종종 폭력행위를 시작했다는 패턴이 주목을 끌고 있다. 많은 경우, 가정폭력 혐의는 심각하게 받아들여지지 않았거나 무시되곤 했었다. 타메르란 차르나예프(Tamerlan Tsarnaev)가 보스톤 마라톤 폭파를 저지른 용의자로 떠오르기 전에, 그는 그의 여자 친구를 구타해 체포되었었다. 맨 해론 모니스(Man Haron Monis)가 시드니에 있는 린트 초콜릿(Lindt Chocolate) 카페에서 17명을 인질로 잡아두기 전에, 그는 이미 그의 전처 살해 방조혐의로 기소되었었다. 안전하고 민주적인 가정은 안전하고 민주적인 사회를 보장해주는 열쇠이다. 여성들이 가정에서 안전하기 전까지는, 우리들 중 어느 누구도 집 밖에서 안전하지 못할 것이다.

① ▶ 이 글은 대규모 폭력행위를 저지르는 사람들이 그 이전에 이미 가정폭력을 저질러왔던 사람인 경우가 많으므로, 집 밖에서 우리가 안전하기 위해서는 먼저 가정에서의 안전이 보장되어야 한다는 것을 지적하면서 가정폭력의 위험성에 대해 '경각심을 일깨우는' 글이다. 따라서 이 글의 어조는 ①의 alerting이 정답이다. ② 속기 쉬운 ③ 냉소적인 ④ 일촉즉발의 ⑤ 무관심한

pattern n. 패턴, 경향
charge n. 혐의, 고발, 고소 v. 고발하다, 기소하다
domestic violence 가정폭력
take seriously 심각하게 받아들이다
dismiss v. 일축하다, 무시하다
carry out 시행하다
beat v. 때리다, 구타하다
hold somebody (as a) hostage ~를 인질로 잡아두다
accessory n. (범행의) 종범, 방조자

07

인도의 분노한 법원관리들이 기차와 거기에 탄 100명의 승객을 압류했다. 그들은 그 꽉 찬 운송수단(기차)과 '내용물'(승객)을 거의 두 시간 억류했다가 철도청이 법원에 낼 돈을 납부하기로 약속했을 때에야 그들을 풀어주었다. 승객들은 심하게 짜증이 난 것 같지 않았다. 인도에서는 기차가 완벽하게 제 시간에 운행될 것으로 기대하는 사람은 아무도 없으며, 일부 여행자들은 두 정부 부처 사이의 싸움을 잘 보이는 링 주변 자리에 앉아 즐겁게 구경했다. 어쨌든, 인도에서 기차 시간표는 과학의 경이로움이다. 북부에 있는 언덕 위의 기차역 하나가 기억나는데, 거기에는 단 한 대의 기차가 있었고 매일 오후 2시 30분에 출발하기로 되어 있었다. 사실, 그 기차는 출발 시각이 그때그때 달랐지만, 마을 사람들은 기차가 언제 출발하든 그때가 오후 2시 30분이며 다른 모든 각종 시계들을 매일 그에 따라 조정한다고 선언함으로써 그 문제를 해결했다. 단번에 그 기차는 매일 정확하게 정시에 출발하는 세계에서 유일한 기차가 되었다. 언제나 시공간 연속체의 유연성에 대한 이야기를 장황하게 늘어놓으면서 기차를 예로 들었던 아인슈타인도 완전히 시인했을 것이다.

③ ▶ 두 시간이나 억류되고도 화내지 않고 싸움 구경이나 한 승객들, 아무 때나 출발하는 기차를 세계에서 정확한 시각에 출발하는 유일한 기차이며 과학의 경이라고 하고 아인슈타인도 인정할 거라고 한 것, 등 이 글은 인도 사람들의 시간관념을 빈정댄 글이다. 따라서 글의 논조로는 ③ sarcastic(빈정대는)이 적절하다. ① 비판적인 ② 감탄하는 ④ 고무하는

confiscate v. 몰수하다, 압류하다
pack v. 꽉 채우다
pay one's bills 요금[돈]을 납부하다
unduly ad. 심하게, 과도하게, 부당하게
on schedule 예정[시간]대로
townsfolk n. 도시 사람들, 마을 사람들
in one fell stroke 단번에, 일거에
go on about 주저리주저리 이야기를 늘어놓다
malleability n. 순응성, 유연성

08

의식 있는 힙합 또는 사회적으로 의식 있는 힙합은 힙합의 하위 장르로서 문화적, 정치적, 철학적, 그리고 경제적으로 합의를 이루어 낸 지배적인 견해에 도전한다. 의식 있는 힙합은 정치지향적인 힙합과 관련이 있고 또 자주 겹쳐진다. 그리고 이 두 용어는 상호교환 돼서 종종 쓰이기도 한다. 그러나 의식 있는 힙합이 반드시 명백하게 정치적인 것은 아니다. 그보다, 차라리 의식 있는 힙합은 사회적 이슈와 갈등들에 대해서 논의한다. 의식 있는 힙합의 주제들은 아프리카 중심주의, 종교, 범죄와 폭력에 대한 혐오, 문화, 경제, 그리고 평범한 사람들의 투쟁에 대한 단순한 묘사 등을 포함한다. 의식 있는 힙합은 종종 사회적 이슈들을 대중들에게 민감하게 전달하고, 그들에게 (자신들의) 생각들을 강요하거나 행동을 요구하는 대신, 대중들 스스로가 그들의 의견을 형성해나가는 것을 목표로 한다. 초기 갱스터 랩은 종종 정치적 랩 및 의식 있는 랩과 상당 정도 겹쳐지는 부분이 있음을 보여주었다. Ice-T, N.W.A., Ice Cube, 그리고 the Geto Boys 등과 같은 갱스터 랩 장르의 선구자들은 이제는 하나의 표준이 된 범죄와 폭력이라는 갱스터 랩의 모티프를 사용해서, 사회의 상태에 대해서 언급하고 가난한 공동체 안에서 발견되는 이슈들을 전체 사회에 노출시키는 것을 통해, 갱스터 랩과 관련된 범죄 이야기, 폭력적인 이미지, 공격적인 성향 등을 중요한 시회·정치적 논평들과 결합시켰다.

② ▶ 이 글은 의식 있는 힙합이 무엇인지를 설명하고 있다.

consensus n. (의견 등의) 일치, 합의
overlap v. 겹치다
aversion n. 혐오, 반감
pioneer n. 개척자; 선구자
motif n. 모티프, 동기
at large 전반적으로

09

그것은 매우 뜻밖의 순간이었다. 우리는 우루과이에서 칠레로 가기 위해 공군기를 빌렸다. 우리가 안데스 산맥을 넘어가려고 할 때 기장은 "안전벨트를 착용해 주세요. 난기류에 진입합니다."라고 말했다. 럭비 선수들은 노닥거리고 남자다움을 과시하는 것을 좋아한다. 그래서 우리는 럭비공을 돌리며, "콩가, 콩가, 콩가, 비행기가 콩가 춤을 추고 있다."라고 노래를 불렀다. (그런데) 어느 틈엔가 누군가 창밖을 바라보며 "우리가 산에 너무 근접해서 날아가고 있는 거 아니에요?"라고 말했다. 기장이 큰 실수를 저질렀던 것이었다. 그는 북쪽으로 방향을 틀고 산티아고로 착륙을 위해 하강하고 있었는데 비행기가 여전히 높은 안데스 산맥에 있는 것이었다. 그는 비행기가 거의 수직이 될 때까지 기수를 올리기 시작했으며 비행기가 속도를 잃고 흔들리기 시작했다. 그러고 나서 우리는 산등성에

abrupt a. 갑작스러운, 뜻밖의
rent v. 임대하다, 빌리다
turbulence n. 난기류
fool around 노닥거리다
macho n. 사내다운 남자, 사나이다움
conga n. 콩가(아프리카 기원의 Cuba의 춤); 그 춤곡
vertical a. 수직의
stall v. (비행기가) 실속하다

부딪치게 되었다. 나는 엄청난 힘으로 인해 앞으로 튕겨나가 머리를 크게 부딪쳤다. 나는 "너는 이제 죽었어."라고 생각하며 의자를 움켜잡고는 성모송을 암송했다. 누군가 "하느님 제발, 저를 도와주세요, 저를 도와주세요."라고 크게 외쳤다. 그것은 당신이 상상할 수 있는 최악의 악몽이었다. 또 다른 아이가 "제가 눈이 멀었어요."라고 소리 질렀다. 그가 그의 머리를 돌렸을 때 나는 그의 뇌를 볼 수 있었고 금속 조각이 그의 복부에서 삐져나와 있었다.

1 ③ ▶ 기장의 잘못으로 비행기가 안데스 산맥에 추락해 기내가 아수라장이 되었으므로 그 상황을 표현한 것으로 적절한 것은 ③ appalling(끔찍한)이다. ① 견딜 수 있는 ② 냉담한 ④ 흥미로운

2 ④ ▶ 탑승하고 있던 럭비 선수들은 안전벨트를 착용해 달라는 기장의 말에도 불구하고 럭비공을 주고받으며 노래를 불렀다고 했으므로, 일부 선수들은 기장의 말을 무시했다고 추론할 수 있다. 따라서 ④가 정답이다.

10

클레르 누비앙(Claire Nouvian)은 국제 심해(深海) 심포지엄에서 세계에서 가장 저명한 해양과학자들에게 자신의 저서 『더 디프(The Deep)』의 증거들을 보여주었다. 그녀가 한데 모아놓은 심해저 생물을 기록한 놀라운 사진들에 흥분된 놀람의 탄성이 터져 나왔다. 그러나 곧 이어 미국의 해양과학자 레 와틀링(Les Watling) 교수가 사람들로 꽉 찬 회의실에 동영상 한 편을 보여주었을 때 클레르의 자부심은 경악으로 변했다. 그녀의 눈앞에는 뉴욕 앞바다 해저 2000미터에 있는 여러 화산들의 모습이 펼쳐지고 있었다. 1970년대에 소련의 트롤 어선들이 화산들을 황폐화시켰다보니, 30년이 지난 그때에는 이 바다의 산들이 민둥산으로 헐벗어 있었다. 수천 년 걸려 자라는 말미잘과 산호 대신에 육중한 트롤 어선 그물이 쓸고 지나간 흉한 흔적만이 잡석더미 속에 남아있었다. 전 세계 어업에 의해 저질러지는 파괴에 클레르 누비앙의 두 눈이 열린 것은 바로 2006년의 그 순간이었다. 그 피해를 폭로하는 것, 그리고 그것을 중지시키는 것이 클레르의 열정이 되었다. 이제 그녀는 이 분야의 활동가이다.

1 ④ ▶ 이 글은 클레르 누비앙이라는 여자가 국제 심해(深海) 심포지엄에서 트롤 어선에 의해 황폐화된 해저의 모습을 동영상을 통해 보고 그 후 어업으로 인한 해저 생태계의 파괴를 폭로하고 그 방지를 위해 노력하는 활동가가 되었다는 내용이다. 따라서 ④가 글의 목적으로 적절하다.

2 ① ▶ 마지막 두 문장에서 ①이 적절함을 알 수 있다. ② 두 사람 사이에 논쟁은 없었고 누비앙이 깨달음을 얻었다. ③ 소련의 트롤 어선들이 뉴욕 앞바다 해저를 황폐화시켰다. ④ 과학 연구가 어업으로 인한 해양 생태계 파괴를 폭로할 뿐, 어업에 악영향을 미치는지는 알 수 없다.

eminent a. 저명한
marine a. 해양의
collate v. 페이지를 추려 가지런히 하다, 합치다
document v. 기록하다, 문헌으로 입증하다
in no time 곧
packed a. 만원인, 사람들로 꽉 찬
fishing trawler 트롤 어선
ravage v. 황폐하게 하다
anemone n. 말미잘
coral n. 산호
scar n. 상처자국, 흉터
rubble n. 잡석, 깨진 기와[벽돌] 조각
weighted a. 육중한, 가중된
wreak v. (피해 따위를) 가하다, 가져오다

08 문장배열

01

A 창의성과 즐거움만이 유의미한 것이 아니다. D 적어도 삶에 어떤 의미가 있다면, 고통에도 의미가 있기 마련이다. B 어떤 사람이 자신의 운명과 그에 수반된 모든 고통을 받아들이는 방식이야말로 자신의 삶에 깊은 의미를 더할 수 있는 충분한 기회를 주기 때문이다. C 그의 삶은 용감하고, 존엄성을 유지하고, 이기적이지 않은 상태로 남아 있을 수도 있다. E 아니면 자기를 보전하려는 힘든 싸움에서 그 사람은 인간의 존엄성을 잊고 동물에 불과하게 될 수도 있다.

①

▶ A 문장에서 not only가 있으므로, but also와 유사한 문장 D를 찾아야 한다. 고통에도 의미가 있다는 문장 D 다음에는 이 문장을 부연 설명하는 문장 B가 필요하다. E 문장은 Or로 시작되면서 인간의 존엄성을 잃는다고 하였으므로 앞에는 인간의 존엄성을 잃지 않는다는 문장 C가 필요하다. 따라서 정답은 ①이다.

entail v. 수반하다
ample a. 충분한
dignity n. 존엄성
no more than ~에 불과한

02

C 우리는 그 어떤 사회도, 그 사회의 그 어떤 한 시대도, 문명의 모든 가치를 실현시키지는 못한다는 것을 인정해야 한다. A 이 가치들이 서로 양립할 수 있다 하더라도 모든 가치를 실현시키지는 못하며, 적어도 마찬가지로 확실한 것은 우리가 일부 가치들을 실현시킬 때 다른 가치들을 제대로 인정하지 못하고 만다는 것이다. B 그럼에도 불구하고, 우리는 진보와 퇴보를 구별할 수 있다. D 우리는 우리 자신의 시대가 퇴보의 시대라는 것과 이 퇴보의 증거는 인간 활동의 모든 부문에서 찾아볼 수 있다는 것을 어느 정도 자신 있게 단언할 수 있다.

①

▶ A는 Not all 때문에, B는 Nevertheless 때문에, D는 퇴보(retrogression)를 언급한 B가 먼저 와야 하기 때문에, 모두 첫 문장으로 삼을 수 없다. C에서 먼저 문명의 모든 가치를 실현하는 사회나 시대는 없다고 하고, C에서 언급한 가치들을 A에서 부연 설명하는데 Not all은 C의 that절 내용을 대신한 것이다. 그런 다음 B에서 진보와 퇴보의 구별은 있다고 한 다음, D에서 우리의 시대는 퇴보의 시대라고 단정 짓는 것이 자연스러운 순서이다.

compatible a. 양립 가능한
lose the appreciation of ~에 대한 감식력을 잃다, ~를 제대로 인정하지 못하다
retrogression n. 후퇴, 퇴보, 쇠퇴
assert v. 단언하다
confidence n. 자신감, 확신

03

D 인간의 뇌에는 약 860억 개의 뉴런(신경세포)이 들어있으며, 각각의 뉴런에는 수상돌기라 불리는 실처럼 늘어나는 팔들이 장착되어 있어서 다른 세포들(뉴런들)로 뻗을 수 있다. B 각각의 수상돌기는 손가락처럼 행동하는 "척추"를 갖고 있어서 시냅스 건너로 뻗어서 세포에서 세포로 정보를 전달할 수 있다. C 기억은 이런 뉴런들 사이의 특정한 연결이 강화될 때 형성된다. A 거짓 기억과 참 기억이 정확하게 동일한 이 작용과정들에 의지해 뇌 안에 자리 잡게 되는 것 같다.

④

▶ 뇌 안의 뉴런을 소개하는 D가 먼저 오고, D에서 언급된 수상돌기를 설명하는 B가 온 다음, B에서 언급된 세포 사이의 정보전달에 해당하는 뉴런 사이의 특정연결의 강화로 기억을 설명한 C가 온 다음, A에서 참 기억과 거짓 기억이 똑같이 이와 같은 과정으로 일어난다고 설명하는 것이 자연스런 순서이다. C는 these neurons라 했으므로 첫 문장이 될 수 없다.

mechanism n. 구조, 장치; 기법; 심리 과정
lodge v. 투숙시키다, 수용하다
dendrite n. (신경세포의) 수상돌기
spine n. 등뼈, 척추, 가시모양의 돌기
reach out 뻗치다
synapse n. 시냅스(신경세포의 자극전달 부위)
stringy a. 실의, 섬유질의, 실처럼 늘어나는
stretch out 수족을 뻗치다

04

C 발효는 생화학의 요술로, 부패의 무해한 형태다. B 발효는 효모가 설탕을 술로 변화시키는 과정으로 가장 잘 알려져 있으나 많은 다른 미생물들과 음식들 또한 발효를 할 수 있다. E 예를 들어, 일부 생선 요리에서, 속에 들어 있는 박테리아는 아미노산을 소화하고 암모니아를 내뱉는데, 이는 방부제의 역할을 한다. A 엄밀히 말하면, 모든 발효는 (산소를 소비하지 않는) 무산소성인 반면 대부분의 부패는 유산소성이다. D 그러나 이 두 가지는 과정보다 결과로 인해 구분된다. 하나는 음식을 건강하고 맛있게 만들지만 다른 하나는 별로 그러하지 않다.

③

▶ 도입문으로 주제인 발효를 정의하는 C가 자연스러우며, 이에 대한 부연설명으로 B가 따른다. B의 It은 C의 Fermentation을 가리킨다. 이어서 B는 효모 이외에 기타 음식의 발효를 설명하며 E는 예시로 그 뒤를 따른다. 이러한 모든 발효의 과정을 아우르는 내용의 A가 이어지며 D의 the two는 A의 fermentation과 rot를 가리키며 A를 부연설명하고 있으므로 그 뒤에 위치한다.

fermentation n. 발효; 동요, 흥분
biochemical a. 생화학의
trick n. 묘기, 재주, 장난
benign a. 인자한, 유리한, 온화한
rot n. 부식, 부패
yeast n. 이스트, 효모균
an array of 다수의
microorganism n. 미생물
ferment v. 발효되다, 발효시키다
digest v. 소화하다; 완전히 이해하다
preservative n. 방부제
anaerobic a. 무산소성의, 무산소 운동의
oxygen n. 산소
aerobic a. 호기성의, 유산소의

05

C 혁명전쟁(미국 독립전쟁) 직후 그는 공식적으로 자신의 나라인 미국이 영국과 다른 철자법을 가져야 한다고 강력히 주장했다. A 그는 많은 영국식 철자법은 지나치게 현학적이고 불필요한 철자들로 가득 차 있다고 생각했다. D 그래서 그는 미국인들이 철자법 개혁에 전적으로 동의하지 않으면 완전히 나라에 반역하는 것이라고 주장하는 논평의 글을 썼다. B 몇 년 후 그는 『간략 영어사전』을 출간했는데, 그것은 오늘날 사용되는 많은 미국식 철자법들을 크게 다루었다.

④

▶ 미국식 철자법의 탄생이라는 주제와 관련하여, 문제를 제기하는 C가 가장 먼저 오고, '자신의 나라 미국'이라고 한 것에서 그(he)는 영국식 철자법을 좋지 않게 보고 있음을 알 수 있으므로 영국식 철자법의 문제점을 지적한 A가 그다음에 오고, '그래서(So)'로 이어지면서 철자법 개혁을 위한 노력을 언급한 D가 오고, 마지막으로 그런 노력의 결실로서 사전의 출간을 언급한 B가 오는 것이 가장 자연스런 순서이다.

overly ad. 지나치게
pedantic a. 현학적인
stuff v. 채우다
superfluous a. 여분의, 불필요한
compendious a. 간결한
feature v. 크게 다루다
adamant a. 완강한, 강력히 주장하는
downright ad. 완전히, 솔직히
treasonous a. 반역하는, 불충한
be on board with ~에 동의하다, 지지하다

06

B 베토벤(Beethoven)은 확장된 형식, 음의 더 넓은 범위와 밀도, 그리고 새로운 악기를 포함시켜 교향곡의 구조를 근본적으로 바꾸어 놓았다. A 베토벤보다 앞선 시대의 작곡가들은 더 단순한 교향곡을 작곡하고 꽤 많은 작품을 만들었다. 예를 들면, 하이든(Haydn)은 106개의 교향곡을 썼고 모차르트(Mozart)는 41개의 교향곡을 만들었다. C 그러나 베토벤 이후의 작곡가들은 베토벤이 작곡한 9개의 교향곡보다 더 많은 교향곡을 작곡하는 것이 불가능한 것은 아니지만 어렵다는 것을 알게 됐다. D 예를 들면, 브람스(Brahms)는 베토벤의 선례에 너무 위압감을 느껴서 43살이 될 때까지 자신의 첫 교향곡을 작곡하지 못했고 그가 최종적으로 작곡한 교향곡은 4개였다.

②

▶ 교향곡을 근본적으로 변화시킨 베토벤과 관련된 설명인 B가 첫 문장으로 적절하며, 베토벤을 대명사 him으로 받으며 많은 교향곡을 쓴 베토벤 이전 작곡가들의 예를 언급한 A가 그다음 문장으로 와야 한다. 그리고 이와 달리 베토벤 이후의 작곡가들이 많은 교향곡을 작곡하는 것이 어렵다는 것을 알게 된 것을 설명한 C가 와야 하며, 이에 대한 예로 브람스를 설명한 D가 이어져야 문맥상 적절하다.

prolific a. 다작(多作)의
symphony n. 교향곡
revolutionize v. 혁명[대변혁]을 일으키다
inclusion n. 포함, 포괄
overawe v. 위압하다

07

B 자본주의와 기술발전이 강력하기는 하지만, 우리의 모든 환경 문제를 해결하지는 못한다. A 자본주의와 기술발전은 자동적으로 오염을 해결하거나 멸종 위기에 처한 동물과 취약한 사회를 보호해 주지 않는다. D 따라서 우리는 현명한 정책을 옹호하는 사람들과 그 정책을 실행에 옮기는 책임 있는 정부가 필요하다. C 우리는 또한 제품 제작회사들에게 좀 더 내구성이 있도록 제품을 디자인하라고 요구할 수도 있다. 그래야 우리가 그 물건들을 덜 버릴 테니까.

②

▶ A의 They가 가리킬 수 있는 것은 B의 '자본주의와 기술발전'밖에 없으므로 B-A의 순서가 정해진다. C에는 '또한' 요구한다는 말이 있으므로 앞에 요구와 가까운 의미가 필요하다. D의 내용이 정부에게 현명한 정책을 요구한다는 말이므로 D-C의 순서가 된다.

deal with 다루다
endangered a. 멸종 위기에 처한
vulnerable a. 취약한
put in place 제자리를 잡다
throw away 버리다

08

D 사회공포증은 다른 사람들에 의해 부정적으로 평가되지 않을까, 혹은 다른 사람들에게 당혹감이나 모욕감을 주는 방식으로 행동하지 않을까 하는 불안을 중심으로 일어난다. B 이 불안은 너무나 강렬하고 지속적이어서 그 사람의 정상적인 사회적 기능을 손상시킨다. A 보통의 사회공포증은 대중 연설이나 공연(사람들이 있는 데서 말하기나 행동하기)에 대한 공포와 다른 사람들 앞에서 먹는 것에 대한 공포와 공중 화장실을 이용하는 것에 대한 공포이다. E 일반화(보편화)된 사회공포증은 공포증환자가 거의 모든 사회적 상황에서 공포를 경험한다는 점에서 보다 더 심한 형태의 공포증이다. C 문화적 훈련이 집단 지향적 가치를 강조하는 일본에서는 보통의 사회공포증이 주위 사람들을 당혹케 하는 것에 대한 공포인 것처럼, 사회문화적 요인들이 사회공포증의 형태를 달라지게 할 수 있다.

⑤

▶ 사회공포증에 대한 가장 기본적인 설명인 D가 제일 먼저 오고, D에서 언급된 anxiety에 대해 설명한 B가 그다음에 오며, 사회공포증의 형태 중 common social phobia에 대한 설명인 A가 이보다 더 심한 형태인 generalized social phobia에 대해 설명한 E보다 먼저 오는 A-E의 순서로 이어지고, 마지막으로 사회공포증의 형태가 사회문화적 요인에 따라 달라질 수 있음을 설명한 C가 오는 것이 자연스러운 순서이다.

persistent a. 지속적인
impair v. 손상시키다
phobia n. 공포증
revolve around ~를 중심으로 일어나다[행해지다]
anxiety n. 불안
generalize v. 일반화[보편화]하다
victim n. 희생자, 환자
virtually ad. 사실상, 거의

09

오늘날 대부분의 언어학자들은, 사람들이 본인들이 사용하는 언어나 언어들에 대해서 가지고 있는 지식이 아주 추상적이라는 데 동의한다. 그 지식은 단순히 특정한 음, 단어, 문장에 대한 것이라기보다는, 규칙과 원칙에 관한 것이며, 음, 단어, 문장을 가지고 뭔가를 말하거나 행하는 방식에 관한 것이다. 그 지식은 언어 안에 무엇이 있고 무엇이 없는지를 아는 것이며, 언어가 제공하는 가능성과 무엇이 불가능한지를 아는 것이다. <사람들이 본인들이 사용하는 언어에 대해서 가지고 있는 지식을 말로 기술한다는 것은 아주 어려운 일이다.> 이러한 지식이 있으므로, 전에 한 번도 들어본 적 없는 문장을 어떻게 이해할 수 있는지에 대한 설명이 가능하고, 언어에서 특정 문장이 불가능하다는 것을 어떻게 알고 그런 문장을 비문법적이라고 거부할 수 있는지에 대한 설명이 가능하다.

④

▶ 이 글은 사람들이 본인들이 사용하는 언어나 언어들에 대해서 가지고 있는 지식의 성격과 역할을 말로 기술하고 있는 것을 설명하는데 D의 "사람들이 본인들이 사용하는 언어에 대해서 가지고 있는 지식을 말로 기술한다는 것은 아주 어려운 일이다."라고 말하는 것은 글의 주제와 어긋나는 진술이다.

linguist n. 언어학자
abstract a. 추상적인
specific a. 특정한
describe v. 묘사하다, 기술하다
ungrammatical a. 문법에 어긋나는

10

5월은 피부암 인식의 달이다. 그리고 이에는 충분한 이유가 있는데 피부암은 미국에서 가장 흔한 암이며 가장 치명적인 형태의 피부암은 중파장 자외선에 노출되어 생긴다. Ⓐ 피부암에 걸릴 위험을 줄이기 위해서 전문가들은 보호복으로 몸을 가리고 자외선 차단제를 바르고 선탠을 하기 위해 자연 햇빛이나 일광욕용 침대에 의존하지 않음으로써 중파장 자외선에 노출되는 것을 제한하기를 권고한다. Ⓓ 영양학적인 면에서 말하자면, 이것은 곤란한 상황을 만드는데 우리의 신체는 중파장 자외선으로 인해 신비하게도 비타민 D를 생성할 수 있기 때문이다. Ⓒ 이것이 왜 중요한가? 비타민 D는 여러 방면에서 우리의 건강에 매우 중요한 것으로 밝혀졌다. Ⓑ 비타민 D는 뼈 건강에 분명히 필요한데 더 많은 최신 연구에서 비타민 D는 우리 신체가 포도당을 조절하고, 염증을 완화하고, 건강한 면역 체계를 유지하고, 심지어 아마도 암을 방지하는 데 도움을 주는 역할을 할지도 모른다는 것을 보여주었다.

②

▶ 피부암은 중파장 자외선에 노출되어 생긴다고 했으므로 이를 막기 위한 방법인 Ⓐ가 처음에 와야 하며, Ⓓ의 this는 자외선 노출을 막는 방법을 지칭하는데 이것이 곤란한 상황을 만든다고 했다. 그리고 비타민 D의 중요성을 설명한 Ⓒ가 와야 하며, 비타민 D의 효과를 부연 설명한 Ⓑ로 글이 이어져야 문맥상 적절하다.

exposure n. 노출
quandary n. 당혹; 궁지, 곤경
manufacture v. (물질을) 만들어 내다[생성하다]
incredibly ad. 믿을 수 없을 만큼; 매우
glucose n. 포도당
inflammation n. 염증

11

Ⓑ 타고난 재능들과 양육 환경만으로는, 앞으로 나아가게 해주는 동기와 끈기가 없으면, 한 사람의 천재를 탄생시키기에 여전히 부족할 수 있다. Ⓓ 이런 성격특성들(동기와 끈기)이 다윈(Darwin)으로 하여금 20년 걸려 『종의 기원(Origin of Species)』을 완성하도록 만들었으며, 심리학자 안젤라 더크워스(Angela Duckworth)의 연구에 영감을 불어넣는다. Ⓐ 그녀 자신이 맥아더 재단의 "천재"인 더크워스는 천재라는 개념이 너무나 쉽게 여러 겹의 마법에 가려져 있어서 마치 위대한 성취가 아무 노력 없이 저절로 분출되어 나오는 것처럼 여겨진다고 말한다. Ⓒ 그녀는 사람이 아무리 명석하다고 하더라도 불굴의 의지와 훈련이 성공에 매우 중요하다고 생각하며, "실제로 무언가 위대한 것을 성취하는 사람을 보면 노력 없이 성취하는 것이 아닙니다."라고 말한다.

④

▶ 이 글은 천재가 성취(성공)를 이루려면 재능과 환경만으로는 안 되고 성격특성이 긍정적으로 작용해야 한다는 내용인데, 성격특성에 해당하는 '동기와 끈기'가 Ⓑ에서 먼저 언급되고, 이것을 Ⓓ에서 These personality traits로 표현하여 설명하고, Ⓓ에서 처음 언급된 Angela Duckworth를 Ⓐ에서 다루며, Ⓒ에서 그녀(She)의 생각과 말을 더 제시한다.

cloak v. 가리다, 숨기다
erupt v. 분출하다
spontaneously ad. 자발적으로, 저절로
nurture v. 양육하다
tenacity n. 끈기, 불굴
fortitude n. 불굴의 의지, 인내
discipline n. 훈련, 규율
personality trait 성격특성
perfect v. 완성하다

12

Ⓐ 개인 맞춤형 의료는 개인과 그들의 질환에 대해 가장 적합한 치료법으로 개인에 요구에 맞추는 것을 목표로 한다. Ⓓ 개인 맞춤형 의료를 지지하는 사람들은 관절염에서 (소화불량에 의한) 속 쓰림과 같은 질병을 치료하는 대부분의 약물이 대부분의 사람들에게 어떻게 효과가 없는지에 대한 통계를 지적함으로써 치료 결과를 개선하기 위한 이 접근법의 잠재력을 주장한다. Ⓒ 그것은 사실일 수도 있고, 사실이 아닐 수도 있다. 그러나 이 통계 자료는 잘못 해석되고 있다. Ⓑ 일반 대중에게 그다지 효과적이지 못한 것으로 드러나는 약물이 그것이 훌륭한 성과를 내게 될 적절한 하위 집단을 단순히 필요로 한다고 생각해야 할 이유는 없다.

①

▶ 개인 맞춤형 의료가 무엇인지 설명하는 Ⓐ가 첫 번째 문장으로 적절하고, 개인 맞춤형 의료를 this approach로 받은 Ⓓ가 그다음 문장으로 적절하며, Ⓓ에서 개인 맞춤형 의료를 지지하는 사람들의 주장에 대해 설명하고 있으므로, 이 주장을 That으로 받은 Ⓒ가 Ⓓ의 뒤에 위치해야 한다. Ⓒ에서 이 주장에 대한 통계 자료의 문제점을 언급했으므로 이에 대한 부연 설명인 Ⓑ가 이어져야 문맥상 적절하다.

marginally ad. 아주 조금, 미미하게
in want of ~이 필요한
subpopulation n. 소집단, 일부의 사람들
misinterpret v. 잘못 해석[이해]하다
proclaim v. ~임을 보여주다, 명시하다
statistics n. 통계표, 통계 자료
arthritis n. 관절염
heartburn n. (소화불량에 의한) 속 쓰림

13

B 아세틸살리실산(아스피린)은 20세기 중엽에는 이미 세계에서 가장 인기 있는 진통제였다. E 아세트아미노펜(파라세타몰)은 1950년에 구입 가능해졌고 오늘날에는 가장 널리 사용되는 약으로 자리 잡고 있다. D 두 약은 모두 척수를 타고 올라가 뇌에게 우리가 아프다고 말해주는 화학 전달물질의 메시지를 변화시킴으로써 약리작용을 한다. A 두 약이 모든 진통제 중에서 해로운 부작용을 가장 적게 낳으므로 의사가 이 두 약을 피하라고 조언하지 않으면 더 강력한 약에 의지하기 전에 먼저 이 두 약을 써보는 것이 좋다. C 그리고 융복합약은 주의해야 하는데, 약에 더 많은 재료가 들어 있을수록 이미 복용하고 있는 다른 약과 상호작용할 위험이 더 크기 때문이다.

③ ▶ D의 Both drugs가 가리키는 두 약 중에 아스피린이 파라세타몰보다 시기적으로 앞서므로 B-E-D의 순서로 시작되고, 이 두 약이 부작용이 적으니 먼저 써보라고 한 A가 이어지고, And로 연결되며 다른 진통제 중에 융복합약은 주의하라고 한 C로 마무리되는 것이 자연스러운 순서이다.

side effect 부작용
give a try 시험해보다, 써보다
turn to 의지하다
painkiller n. 진통제
wary a. 주의하는, 신중한
combination product 융복합 의료제품
ingredient n. 재료
chemical transmitter 화학 전달물질
spinal cord 척수
hurt v. 아프다
rank v. 자리 잡다, 지위를 차지하다

14

현대 의학이 출현하기 이전에 때 이른 죽음에는 많은 원인이 있었다. 화장품은 아마도 가장 불필요한 원인이었을 것이다. 피부의 안색을 밝게 하기 위한 바람으로 얼굴에 처음으로 백연을 발랐던 사람들은 다른 면에서 너무나 지적이었던 고대 로마의 부유한 여성들이었다. 분필처럼 흰 물질은 한동안 얼굴의 색을 부드럽게 해 주었지만 이 물질의 매우 강한 독성은 곧 죽을 사람처럼 창백하게 만들었다. <로마가 멸망한 후에 독성이 없는 해결책이 마침내 나왔다.> 유럽의 르네상스는 고대 철학과 예술을 부활시킨 것으로 가장 잘 알려져 있지만 로마의 화장품 또한 다시 인기를 얻게 됐다. 16세기에 다시 한 번 창백한 피부가 매력적인 것으로 여겨졌는데, 이는 야외에서 일하는 노동자의 볕에 탄 피부와는 대조되는 신분의 상징이었고 화장품도 거의 변하지 않았다. 엘리자베스 시대의 여성들은 얼굴을 "세레우스"로 두껍게 발랐는데, 이것은 자극성이 강한 식초로 희석한 백연으로 탈모와 치아 손실을 포함한 끔찍한 부작용이 있던 혼합물이었다.

② ▶ 이 글은 고대 로마시대부터 이어져 온 유독성이 강한 화장품의 역사를 시간 순으로 소개하고 있다. 그런데 B에서 고대 로마가 멸망한 이후 독성이 없는 해결책이 나왔다고 한 다음, 르네상스 시대, 16세기, 엘리자베스 시대로 이어지는 동안 로마시대 때 사용됐던 독성이 강한 화장품을 여전히 사용했음을 언급하고 있으므로, 실제로는 해결책이 나오지 않았음을 알 수 있다. 따라서 B가 문맥상 적절하지 않다.

premature a. 시기상조의, 너무 이른
advent n. 도래, 출현
make-up n. 화장품
white lead 백연
complexion n. 안색, 양상
chalky a. 백악질의, 분필처럼 흰
pallor n. 창백함
desirable a. 바람직한; 매력적인
tan n. 볕에 탐; 볕에 탄 빛깔; 황갈색
cake v. 두껍게 바르다
ceruse n. 연백(鉛白), 분(粉)
dilute v. 희석하다, 묽게 하다
pungent a. 톡 쏘는, 찌르는, 자극성의
ghastly a. 섬뜩한

15

과학의 특징적인 면은 항상 검증이 될 수 있는 질문을 하려고 애쓴다는 것이다. C 과학자는 "왜 우주가 존재하는가?"라고 질문을 하길 원치 않을 것이다. 왜냐하면 그는 해답을 찾기 위해 실험을 할 수 없기 때문이다. B 이것은 이 질문이 좋은 질문이 아니라는 것을 의미하는 것이 아니라, 과학을 이용해 해답을 알아낼 수 없다는 것을 의미할 뿐이다. A 더 과학적인 질문은 "언제 우주가 생겨났는가?"일 것이다. 왜냐하면 당신은 그 해답을 검증하기 위해서 실험을 계획할 수 있기 때문이다.

④ ▶ 검증 가능한 질문이 과학의 특징이라고 제시문에서 소개하고 있다. 글의 흐름상 과학에서 적합하지 않은 질문인 C가 이어지고, C의 질문이 왜 과학적으로 좋지 않은지를 설명한 B 다음에, 좀 더 과학적인 질문을 예로 든 A로 글이 이어져야 한다.

distinctive a. 독특한, 특이한
come into existence 생기다, 나타나다
discover v. 발견하다; 알다

16

풍화작용은 긍정적인 결과와 부정적인 결과를 모두 가져다주며 우리의 일상생활에서 중요한 역할을 한다. D 풍화작용은 단단한 암석에서 생명을 유지시켜주는 광물과 원소를 나오게 하여 그 광물과 원소들이 토양과 섞여 결국 우리의 음식에 함유된다. A 실제로 풍화작용은 많은 음식들이 자라는 기름진 토양을 만들어내기 때문에 풍화작용이 없다면 먹을 것이 충분하지 않을 것이다. C 그러나 풍화작용은 우리가 지어놓은 구조물에 엄청난 피해를 입힐 수도 있다. B 이집트의 피라미드에서 일반적인 비석에 이르기까지 셀 수 없이 많은 기념물들은 아주 차가운 물과 뜨거운 햇빛, 다른 환경적인 요소들에 의해 급격하게 악화되어 왔다.

③

▶ 제시문에서 풍화작용으로 인한 긍정적인 결과와 부정적인 결과가 모두 있다고 했으므로 이어질 문장으로 긍정적인 결과를 먼저 언급한 D가 와야 하며, 이에 대한 설명인 A, 그리고 부정적인 결과인 C가 이어지고, 이에 대한 설명인 B로 글이 이어져야 한다. 참고로 부정적인 결과를 언급한 C가 먼저 나오게 되면 제시문과 자연스럽게 연결되지 않으므로 weathering을 It 대명사로 받은 D가 제시문 다음에 와야 한다.

weathering n. 풍화(작용)
vital a. 절대로 필요한, 지극히 중요한
soil n. 흙, 토양
countless a. 셀 수 없을 정도로 많은
monument n. 기념물, 유적
tombstone n. 묘석, 묘비
drastic a. 급격한
deterioration n. 악화, 하락
wreak havoc on ~을 파괴하다
life-sustaining a. 생명이 유지되는

17

고대 그리스인들은 낮과 밤을 각각 열 부분으로 나누고 새벽과 황혼 모두에 두 부분을 추가하여 시간을 측정했다. C 그러나 원래 이집트인들이 고안한 이 24 "시간 단위" 체계는 일관성이 없었다. B 일조시간은 계절에 따라 달라서 겨울보다는 여름의 일조시간이 더 길기 때문에 간격이 달랐다. A BC 2세기에 그리스 천문학자 히파르코스(Hipparchos)는 1년 내내 고정되도록 시간을 60분 간격으로 표준화한 더욱 일관된 체계를 제시했다. D 이러한 "주야 평분 시간" 제안은 그 당시의 사람들에 의해 무시됐다.

③

▶ 제시문에서 고대 그리스에서 시간이 어떻게 측정되었는지 설명하고 있는데, 그 체계를 this system으로 받은 C가 첫 문장으로 적절하다. C에서는 이 체계는 원래 이집트인들이 고안한 것으로 일관성이 없었다고 했는데, 이 이유를 설명한 B가 C 다음에 이어져야 한다. 그리고 더욱 일관된 체계를 제시한 A에 대한 내용이 이어져야 하며, A에서 언급된 체계를 this proposal for "equinoctial hours"로 받은 D가 와야 한다.

measure v. 측정하다
dawn n. 새벽
dusk n. 황혼, 땅거미
temporal a. 현세적인; 시간의
daylight n. 햇빛, 일광
interval n. 간격, 사이
equinoctial a. 주야 평분시의, 춘분[추분]의
contemporary n. 같은 시대의 사람

18

사람들이 미국의 해안에 도착하기 시작한 이후로, 그들은 다른 곳에서 나무, 꽃 그리고 채소를 가지고 들어왔다. 현재 이런 식물이 너무 많이 있어서, 이 식물들은 정착민들이 도착하기 전부터 이곳에 서식했던 토종식물을 몰아내고 있다.

A 그런데 이것이 문제다. 미국에 서식하는 거의 모든 90%에 이르는 초식 곤충들은 특수하게 적응되어 있다. 그것은 이 곤충들이 특정 식물만 먹는다는 것을 의미한다. C 예를 들면, 제왕나비의 애벌레는 유액을 분비하는 풀을 먹는다. 사람들이 이 풀들을 베어 또 다른 식물로 대체하면, 이 나비들은 생존하는 데 필요한 식량원이 없어질 것이다. B 그러나 문제는 거기서 그치지 않고 먹이 그물 전체에 바로 영향을 미치게 된다. 곤충들이 먹을 수 있는 올바른 식물들을 구하지 못하고 죽게 되면, 새들은 끼니를 때울 충분한 벌레(곤충)를 얻지 못하게 된다.

②

▶ 제시문에서 초기 정착민이 미국에 들여온 식물들이 토종식물을 몰아내고 있다고 했으므로, 이 내용을 that으로 받은 A가 첫 문장으로 적절하다. 그리고 A에서 초식 곤충들이 특정한 식물만 먹는다고 했는데, 이 식물의 예를 설명한 C가 그다음에 이어져야 한다. C에서 제왕나비의 애벌레가 먹는 식물이 다른 식물로 대체되면 나비의 식량원이 없어질 것이라고 했는데, 이로 인해 먹이 그물에 영향을 미치게 된다고 설명한 B로 글이 마무리되어야 문맥상 적절해진다.

crowd out (더 이상 공간이 없어) ~을 몰아내다[~이 설 자리를 없게 만들다]
monarch butterfly 제주 왕나빗과(科)의 나비의 일종
caterpillar n. 애벌레
dine on ~을 먹다
milkweed n. 유액을 분비하는 풀, (특히) 고들빼기
food web 먹이 그물(서로 의존 관계에 있는 먹이 사슬 시스템)

19

사자의 무게는 어떻게 잴까? 그것이 오하이오(Ohio) 주 톨레도(Toledo)에 사는 에드워드 라드(Edward Larde)가 직면한 문제였다. 그는 사자의 무게를 재기를 원했지만, 충분히 큰 저울이 없었다. Ⓓ 그때 에드워드에게 좋은 생각이 났다! 그는 사자를 차에 싣고는 Ace Steel-Baling Company로 차를 몰고 갔는데, 그곳에는 심지어 트럭의 무게도 잴 수 있을 정도로 큰 저울이 있었다. Ⓑ 그러나 그 회사의 근로자들은 사자가 어슬렁거리는 것을 두려워했다. 마침내 그들은 구체적인 계획을 마련했다. Ⓒ 우선 그들은 차에 사자를 실은 채 자동차의 무게를 쟀다. Ⓐ 그다음에 에드워드는 차를 조금 이동시켜서 에드워드가 사자를 붙잡고 있는 동안, 직원이 비어 있는 자동차의 무게를 쟀다. 두 무게의 차이를 빼는 과정을 통해, 그들은 125파운드라는 사자의 무게를 알게 되었다.

②

▶ 첫 번째 제시문에서 사자의 무게를 재고 싶은데, 큰 저울이 없다고 문제를 제기했으므로, 제시문 다음에는 문제에 대한 해결방안을 제시한 Ⓓ가 제일 처음 와야 하며, Ⓓ에서 큰 저울이 있는 회사로 갔다고 했으므로, Ⓓ 다음에는 그 저울이 있는 회사의 반응을 소개한 Ⓑ가 그다음에 오고, Ⓑ에서 사자의 무게를 잴 구체적인 방안을 마련했다고 했으므로, 그 방안을 단계별로 소개한 Ⓒ와 Ⓐ가 차례로 와야, 마지막 제시문에서 두 무게의 차이를 빼는 과정을 통해 사자의 무게를 알게 되었다는 내용으로 글이 마무리될 수 있다.

weigh v. 무게를 재다
scale n. 저울
wander v. 돌아다니다
devise v. 마련하다, 고안하다
concrete a. 구체적인
hold v. 잡아두다

20

우리는 모두 우리의 견해와 모순되는 증거를 간과하는 경향이 있다. 새로운 정보에 직면하게 되면, 우리에게 이전부터 존재하던 생각은 그것에 없는 구조를 우리가 볼 수 있게 해줄 수 있다. Ⓐ 이것은 확증편향의 한 형태이며, 이에 따라 우리는 이미 생각하고 있는 것과 일치하는 정보를 기대하고 생각해 낸다. Ⓒ 이것은 적응을 돕는 것일 수 있는데, 즉 인간은 위험에서 벗어나기 위해 중요한 정보를 분류해서 빠르게 행동할 필요가 있기 때문이다. Ⓓ 그러나 이렇게 정보를 분류하는 것은 과학적인 오류를 초래할 수 있다. 물리학자 로버트 밀리컨(Robert Millikan)의 1913년 전자(電子)의 전하량(電荷量) 측정이 한 예이다. Ⓑ 그는 그의 논문에 자신의 유명한 기름방울 실험의 모든 측정점이 포함되어 있다고 주장했지만, 그의 노트에서 다른 보고되지 않은 측정점이 드러났는데, 그것은 최종 결과 값을 약간 바꾸었을지도 모르지만 실험에 큰 통계적 오류를 가져다줄 측정점이었을 것이다. 밀리컨이 그의 독자들을 호도하려는 의도가 있었는지에 대한 논쟁이 있어왔다. 그러나 정직한 사람들이 불편한 사실들에 대한 기억을 억누르는 것은 흔한 일이다.

②

▶ 제시된 첫 문장에서 우리는 우리의 견해와 모순되는 증거를 간과하는 경향이 있다고 했는데, 이를 확증편향으로 받은 Ⓐ가 첫 문장으로 적절하고, 이것이 적응을 돕는 것일 수 있다고 한 Ⓒ가 그다음 문장으로 적절하다. Ⓒ에서 언급한 중요한 정보의 분류를 Ⓓ에서 this filtering으로 받고 있으며, 로버트 밀리컨의 실험과 관련된 내용의 예인 Ⓑ가 와야 마지막 문장과 자연스럽게 연결될 수 있다.

overlook v. 간과하다, 못 본 체하다
contradict v. (사실·진술이) 모순되다
pre-existing a. 이전부터 존재하는
confirmation bias 확증편향
adaptive a. 적응할 수 있는

09 문장삽입

01

당신은 당신의 감각을 통해 세계에 직접 접근하는 것처럼 여겨진다. 손을 뻗어 물리적 세계의 물질을 만질 수 있다. 그 촉각 작용이 손가락에서 일어나고 있는 것처럼 여겨지지만, 사실은 전적으로 뇌의 임무 통제 센터에서 일어나고 있다. <그것은 모든 감각적 경험 전반에 걸쳐 동일하다.> 보는 것은 눈에서 일어나지 않고, 듣는 것은 귀에서 일어나지 않으며, 냄새 맡는 것은 코에서 일어나지 않는다. 모든 감각적 경험은 뇌의 전산 물질 내부에서의 활발한 활동으로 일어나고 있는 것이다.

③

▶ Ⓒ 앞에서 촉각과 관련해서만 언급했고 Ⓒ 다음에 시각, 청각, 후각 등 모든 감각과 관련한 설명이 이어지므로 제시된 문장은 Ⓒ에 들어가는 것이 적절하다.

have access to ~에 접근하다
reach out 손을 뻗치다
mission control center 임무 통제 센터
storm n. [보통 a ~] 빗발, (감정 등의) 격발, 폭발(of)

02

1870년에 생각이 비슷한 많은 수의 예술가들은 '이동 전시 협회'를 만들었고, 이들은 페레드비즈니키(때때로 영어에서는 방랑자 또는 순회자로 불린다)로 알려지게 되었다. 많은 페레드비즈니키 작가들은 러시아의 땅을 묘사해서 명성을 얻었다. 태어난 땅, 즉 러시아어로 로니다의 개념은 러시아의 민족 정체성의 개념에 항상 중요한 요소였다. 알렉세이 사프라소프(Aleksei Savrasov)의 1871년 작 『까마귀가 돌아왔다(The Rooks Have Returned)』는 러시아의 농촌을 섬세하게 묘사해서 사람들의 이목을 끌었다. <풍경화의 대중적인 인기에도 불구하고, 비판론자들은 풍경화가 진보적인 정치 현안들을 증진시키지 못하며, 그것이 유한계급을 위한 엘리트 예술이라고 비난했다.>

④

▶ 제시문에서 페레드비즈니키(순회파)의 풍경화가 인기를 얻었음에도 불구하고 이를 비난하는 비판론자들의 내용을 언급하고 있다. 본문은 페레드비즈니키에 대해 설명하고 사람들의 이목을 집중시킨 알렉세이 사프라소프의 작품을 설명하고 있으므로 이에 대해 다른 의견을 가진 사람들에 대한 내용인 제시문이 Ⓓ에 위치해야 문맥상 적절하다.

like-minded a. 생각[뜻]이 비슷한, 한마음의
wanderer n. 방랑자
itinerant n. 순회자, 편력자
depiction n. 묘사, 서술

03

아테네 사람들은 배심원의 한 사람으로 일하거나 가장 큰 심의기관인 의회에서 일을 하면 약간의 보수를 받았다. 보수는 가난한 시민들이 가난으로 인해 시민 참여를 하지 못하는 일이 없도록 하는 민주적 혁신이었다. '투표 참여(Get Out the Vote)' 캠페인과 비슷한 것이 고대에도 있었다. 기원전 5세기에 극작가 아리스토파네스(Aristophanes)는 붉은 칠을 한 동아줄을 묘사하는데, 이 동아줄은 투표를 하고 의회에 참여할 수 있는 곳으로 시민들을 모으기 위해 사용되었다. 손해를 본 시간을 시민들에게 보상함으로써 더 많은 사람들이 참여하는 것이 가능해졌지만, 아테네의 민주주의는 또한 어떤 면에 있어서는 상당히 제한되어 있었다. <성인 남성 시민들만이 배심원으로 일하거나 의회에 참여하고 어떤 종류의 공식 직위를 가질 수 있었다.> 여성, 외국인, 노예들은 확실하게 배제되었다.

④

▶ 시민의 참여를 독려하기 위한 일환으로 아테네는 시민들에게 보수를 지급함으로써 많은 사람들이 참여할 수 있도록 했는데, 제시된 문장은 성인 남자들만 정치에 참여할 수 있다고 했으므로 이는 아테네 민주주의의 제한 사항이다. 따라서 아테네의 민주주의가 어떤 면에 있어서는 상당히 제한되어 있었다고 언급한 다음인 Ⓓ에 제시문이 들어가야 옳으며, 그다음으로 정치에서 배제된 집단을 소개한 마지막 문장과도 잘 어울린다.

athenian n. 아테네 사람
payment n. 지불액; 보수, 보상
jury n. 배심
deliberative body 심의 기관
assembly n. (the A-) 의회, 입법부
democratic a. 민주주의의; 평등한
indigence n. 가난, 빈곤
herd v. (사람을) 모으다
compensate v. ~에게 보상하다
categorically ad. 절대로, 단호히
exclude v. 배제하다

04

사람들은 일관성이 있어서 과거의 행동은 미래의 행동을 예측할 수 있는 가장 좋은 예측인자이다. 누군가가 정직하고, 이타적이며, 친절한 점에서의 과거의 성과가 있다면, 그들을 신뢰하도록 하라. 그리고 그들이 그렇지 않다면, 위험 요소들에 대해 주의하도록 하라. 오늘날 우리는 누군가의 정직성에 대한 이해를 돕기 위한 추천서, 이력서, 과거 360도 다면평가 등 수많은 자료들이 있다. <우리는 위험을 각오하고 이러한 자료들을 무시해야 한다.> 우리가 하는 모든 일은 선택의 산물이며, 도덕적 기준은 항상 주관적, 문화적, 객관적인 것이 섞여있지만, 우리는 도덕적 선택의 맥락에서 사람들의 삶을 이해하기 위해 노력해야 한다. 스티브 잡스(Steve Jobs)는 일전에 과거쪽으로 사건들을 연결하여 상황을 이해하는 것은 쉽다고 말한 적이 있었다. 그것은 부분적으로 우리가 미래쪽으로 연결하는 것에 너무 게으르거나 두려워하기 때문이다.

④

▶ 제시문의 these data가 가리키는 것은 Ⓒ에서 설명한 추천서, 이력서, 360도 다면평가와 같은 자료이며, 제시문에서는 이러한 자료를 무시해야 한다고 했는데, Ⓓ 다음 문장부터 이에 대한 이유를 설명하고 있으므로 Ⓓ가 제시문이 들어가기에 적절하다. Ⓓ 앞에서는 과거가 미래를 예측하게 한다는 취지로 '개인'의 '과거' 성취에 대한 자료를 중시하는데, Ⓓ 뒤에서는 '미래'를 향한 선택과 '문화와 도덕의 맥락' 속에서 개인을 이해해야 함을 강조하고 있다.

predictor n. 예언자
track record 실적, 업적, 성적
altruistic a. 이타적인
beware v. 조심[주의]하다
reference n. 추천서
resume n. 이력서
integrity n. 고결, 성실, 정직성
at one's peril 위험을 각오하고, 자기의 책임으로
join the dots 사람이나 사건들 사이를 연결하여 상황을 이해하다

05

시는 지금보다 낭만주의 시대에 훨씬 더 인기 있었으며 전 유럽의 점점 더 많은 독서계에 의해 훨씬 더 진지하게 받아들여졌다. 그것은 클럽 휴게실에서 큰소리로 읽혔고 선술집에서 암송되었으며 국가 행사장에서 낭독되었다. <주요 역사적 사건 때마다 시들이 신문에 쏟아지듯 실리게 되었다.> 예를 들어, 워즈워스(Wordsworth)는 베네치아 공화국 멸망 사건이든, 티롤 주민들의 저항 사건이든, 워털루 전투이든, 프랑스와의 오랜 전쟁에서 전투가 있을 때마다 거의 언제나 소네트 시를 발표했다. 검열이 극심할 경우, 시는 때때로 사회적 비판의 유일한 배출구였다. 1851년 루이 보나파르트(나폴레옹 3세)의 쿠데타 후에 채널제도로 안전하게 추방된 빅토르 위고(Victor Hugo)는 『나폴레옹 르 프티트(소인배 나폴레옹)』를 저술하여 적지 않은 영향을 미쳤으며, 1870년에 영웅이 되어 프랑스로 돌아왔다.

②

▶ 제시문에 언급된 역사적 사건의 예가 Ⓑ 다음에 열거되므로 제시문은 Ⓑ에 들어가는 것이 적절하다.

parlor n. 응접실, 클럽 휴게실
recite v. 암송하다
tavern n. 선술집
declaim v. 변론하다, 낭독하다
trigger v. 촉발하다
volley n. 일제사격, 연발
let pass 지나가게 하다
send off 발송하다, 발표하다
censorship n. 검열
outlet n. 배출구
launch v. 발사하다; 출판하다
no small 적지 않은

06

거식증의 특징은 절식(絶食)과 체중감량이며, 이는 신장과 나이에 비해 저체중을 가져오게 된다. 거식증은 모든 정신과 진단 중에서 오피오이드 사용 장애를 제외하고 사망률이 가장 높으며, 매우 심각한 질병이라고 할 수 있다. 거식증이 있는 성인의 경우, 신장과 체중의 비율을 측정한 체질량지수(BMI)가 일반적으로 18.5 이하다. 거식증의 다이어트 행동 촉진 요인은, 체중이 증가하거나 살이 찌는 것에 대한 강한 두려움이다. 거식증이 있는 사람들 중 일부는 체중을 늘리고 싶고 그러려고 노력도 한다고 말하지만, 그들의 행동을 보면 이런 의도와 일치하지 않는다. <예를 들면, 그들은 소량의 저칼로리 음식만 먹고 지나치게 운동을 한다.> 거식증이 있는 사람들 몇몇은 간헐적으로 폭식을 하기도 하고, 토하거나 완하제(緩下劑)를 남용하여 속을 비워내기도 한다.

④

▶ Ⓓ 앞 문장에서 "거식증이 있는 사람들 중 일부는 체중을 늘리고 싶고 그러려고 노력도 한다고 말하지만, 그들의 행동을 보면 이런 의도와 일치하지 않는다."고 말한 다음, "예를 들면, 그들은 소량의 저칼로리 음식만 먹고 지나치게 운동을 한다."는 제시문에서 그 예를 들고 있으므로, Ⓓ가 정답으로 가장 적절하다.

anorexia nervosa 신경성 식욕 부진증, 거식증
self-starvation n. 절식(絶食)
psychiatric a. 정신과의, 정신의학의
mortality n. 사망률
opioid n. 오피오이드(아편 비슷한 작용을 가진 합성 마취약)
body mass index 체질량지수
binge eat 폭식하다
laxative n. 완하제(緩下劑), 하제

07

문화들에 걸쳐 비례 처벌 제도의 가치에 관한 고도의 합의는 공평과 정의에 대한 인간의 직관이 깊숙이 자리 잡고 있음을 시사한다. 부모들에게 사회적 규칙을 배우기에 너무 어린 아기들이 이러한 기초들에 의해 안내되듯이 행동한다는 점은 상호 이익, 비례의 원칙, 위반자들을 처벌하고자 하는 충동이 진화 및 심리 그리고 문화에 깊이 뿌리내리고 있다는 관점을 강화한다. 이는 인간이 변화를 하지 않아서가 아니다. <이와 반대로, 사고방식은 시간에 따라 변할 수 있으며 최근 역사가 이를 증명한다.> 최근 200년 동안만 하더라도 우리는 노예 제도 폐지에서 인종 및 성 불평등에 대한 법적 보호에 이르기까지 엄청난 도덕적 변화를 목격해 왔다. 그러나 도덕적 발전이라는 이러한 중대한 사건들은 공평과 정의에 대한 인간의 보편적인 갈망이 아니었다면 일어나지 않았을 것이다.

③ ▶ 제시문의 On the contrary를 통해 이 문장에 앞서 인간이 변화하지 않음을 언급한 문장이 위치함을 알 수 있다. 또한 제시문에서 역사적 증명을 언급하였으므로 이후로 인간의 사고방식이 변화한 역사적 예시가 이어질 것이다. 따라서 이 모든 것을 충족할 수 있는 C가 정답이다.

consensus n. 의견 일치, 합의
proportionate a. 비례하는
intuition n. 직관, 직감
entrench v. 단단히 자리 잡게 하다
absorb v. 흡수하다, 받아들이다
bolster v. 북돋우다, 강화하다
reciprocity n. 상호 의존, 상호 이익
root v. 뿌리를 내리다, 파헤치다
impulse n. 충동, 충격, 자극
immune a. ~에 면역성이 있는, 영향을 받지 않는
shift v. 옮기다, 달라지다
bear out ~이 옳음을 증명하다
witness v. 목격하다, 증명하다
profound a. 엄청난, 심오한
transformation n. 변화, 변신
abolition n. 폐지
slavery n. 노예, 노예 제도
milestone n. 중요한 단계
universal a. 일반적인, 전 세계적인

08

사람들은 TV 속의 특정한 인물들과 자신을 동일시하면서 자기들을 반영하는 것으로 본다. 보통사람들이 고통 받고, 행복해하고, 논쟁하고, 복수하는 것을 보면서, 요컨대 일상적 상황을 다루면서 고대 그리스 용어를 사용하자면 "카타르시스" 같은 효과를 보는 것이다. TV 시청자의 심리는 TV 속 주인공이나 여주인공이 연루된 상황에 영향을 받는 것이다. 어떻게든 그들은 TV 속 사실들이 그들과 관련 있다고 믿게 되고 그 일들에 전념해야 한다고 믿는다. <이러한 허위경험이 때로는 일상적인 압박감을 완화시켜줄 수도 있지만 결국에는 완전히 산만해지게 되고 시청하고 있는 장면에 대한 평가에 있어서 혼란스런 마음을 갖게 된다.> TV 속 인물들과 개인적으로 동일시하는 데에는 (현실세계에서의) 시간부족과 불안감이 협력한다. 그 동일시는 현실에 대한 "안전한" 직면을 가능하게 한다. TV 화면은 언제나 자아의 보호막이다. 무슨 일이 일어나더라도, 그것이 진짜건 가짜이건 간에, 우리와 그리 가까운 곳이 아닌 화면 뒤의 "거기 안에서" 벌어지는 일이다. 이러한 "열쇠구멍으로 들여다보기(TV 시청)의 일탈"의 느낌이 완전히 잘못된 사회적 행동을 낳을 수 있다.

② ▶ '이러한 허위경험(This pseudo-experience)'이라는 표현을 고려하여 앞부분은 허위경험에 대한 설명이 나와야 한다고 볼 수 있다. 그로 인해 제시문에서 언급된 '산만하고 혼란스런 마음(distraction and a befuddled mind)'이 생기는 것이라고 볼 수 있다. 그것은 다시 불안감(insecurity)을 낳고, TV라는 보호막에서 맛보는 일탈감(deviation)이 잘못된 사회적 행동을 낳을 수 있다는 흐름으로 이어지는 것이 자연스럽다. 따라서 B가 가장 적절하다.

mirror v. 잘 보여주다, 반영하다
revenge n. 보복, 복수
catharsis n. 카타르시스, 정화효과
be occupied with ~에 얽매이다, 여념이 없다
pseudo a. 허위의, 가짜의
relief n. 경감, 완화
distraction n. 정신 산만
befuddle v. 정신을 잃게 하다, 어리둥절하게 하다
ally n. 동맹국; 협력자
equate v. 동일시하다
confrontation n. 대면, 대립, 대결
deviation n. 일탈, 편향
keyhole n. 열쇠 구멍

09

연구에 따르면 사람들이 강박적으로 과식하는 데에는 진화적인 이유가 있는데, 이것은 단지 우리의 선천적 행동의 일부이기 때문이라고 한다. 인간이 진화할 때, 우리는 오늘날 즐길 수 있는 풍족한 양의 음식이 없었다. 그래서 먹는 것은 즐거움이라기보다 생존에 관한 것이었다. <우리는 영양 공급이 부족한 추운 겨울을 견딜 수 있게 하는 지방 함량이 높은 고칼로리 음식을 선호하게 되었다.> 600칼로리에 달하는 햄버거가 매력적인 이유가 바로 여기에 있다. 이것은 우리의 원시적인 면을 깨우고, 우리가 잘 먹었다고 느끼고, 만족감을 불러일으킨다. 가공식품은 우리 뇌의 보상 반응을 자극하며, 우리는 반드시 건강한 방법으로서는 아니지만 과식을 해야 한다고 느낀다. 정크푸드는 '좋은 느낌이 들게 하는' 도파민과 같은 화학물질이 뇌를 통해 흘러 행복감을 유발하는 자극제와 같은 역할을 한다. 한편 많은 양의 설탕과 나트륨은 혈당을 급증하게 하며, 비정상적인 수준으로 혈당 수치를 높인다.

② ▶ 제시문에서 "영양 공급이 부족한 추운 겨울을 견딜 수 있게 하기 위해 고칼로리의 음식을 선택할 가능성이 많았다."라고 했으므로 고칼로리 음식은 생존과 관련된 것이었다고 볼 수 있다. 따라서 먹는 것이 즐거움이라기보다 생존에 관한 것이라고 설명한 다음 문장인 B에 제시문이 위치해야 문맥상 적절하다.

compulsively ad. 강제적으로, 마지못해
innate a. 타고난, 선천적인
nourishment n. 음식물, 영양(물)
opt for ~을 선택하다
attractive a. 매력적인
primal a. 원시의, 태고의
trigger n. 유인, 자극
feel-good a. 기분 좋게 해주는

10

신(新) 비평가 중 많은 사람들은 문학 작품 '이외의' 어떤 것도 연구하는 것을 반대하는 강경노선을 취했다. 그러나 신비평을 하는 남자들과 여자들이 역사, 일대기 그리고 정치적 견해 등을 완전히 멀리한 것은 아니었다. <그들은 이런 사항들이 중요하지 않다고 생각한 것 같지 않다.> 그들은 오직 본문만이 문학 연구의 주된 관심사여야 한다고 생각했을 뿐이다. 셰익스피어의 삶(그는 엘리자베스 여왕이 최고의 군주라고 생각했었는가? 그는 몰래 천주교를 믿었는가?)에 대한 단서를 얻기 위해 『햄릿(Hamlet)』을 읽는 대신에 그들은 그저 『햄릿』만을 읽기 원했다. 그것이 전부였다. 그러나 신 비평가들의 독서와 관련해 '그저' 읽는다는 것은 존재하지 않는다. 그것은 그들을 과소평가하는 것이다. 그들은 작품의 형식, 문학적인 장치, 기교 등을 통찰하기 위해서 모든 단어를 자세히 읽는다. 그들에게 있어서 시는 한 편의 시로, 연극은 한 편의 연극으로, 소설은 한 편의 소설로써 연구하는 것이었다.

① ▶ 제시문에서 "그들은 이런 사항들이 중요하지 않다고 생각한 것 같지 않다."라고 했는데, they는 신비평가들을 가리킨다. 따라서 제시문 앞에는 신비평가들이 중요하지 않게 생각한 사항들이 와야 하는데 A 앞 문장의 history, biography, and politics를 제시문의 those things가 가리키고 banishing이 중요치 않게 생각함을 의미하고 있으므로 제시문은 A에 들어가야 한다.

New Criticism 신(新)비평(작품 자체의 연구에 중점을 두는 비평 방법)
take a hard line 강경노선을 취하다
banish v. 멀리하다
not give someone enough credit 과소평가하다(= underestimate)
gain (an) insight into ~을 간파하다, 통찰하다
be all about ~이 최고[전부]다

11

전쟁은 고전주의 문화의 핵심이었다. 많은 사람들이 생각하는 것과는 달리 사람들이 항상 전쟁을 벌이지는 않았지만 말이다. 그리스·로마인들은 오랫동안 전쟁을 벌여 거의 다 승리를 거두었고, 전쟁 생각이 이들의 머릿속에서 떠난 적은 없었다. <고대 지중해 세계는 전쟁에 대해 대단히 정교한 사유를 만들어냈고, 그 중 많은 부분은 오늘날에도 여전히 유효하다.> 전쟁에서 도출된 개념들은 또 많은 다른 분야를 사유하는 데 기본 골격으로 사용되었다. 전쟁은 한 문화와 다른 문화를 구분하는 중요한 방법 중 하나로 여겨졌다. 고전주의 문화에서 전쟁은 남성성을 구축하고, 남성과 여성의 차이에 대한 생각을 구축하는 데 중심적인 것이었다. 가장 친근한 수준에서 개인들은 전쟁에 대한 개념을 이용해 자신의 성격을 이해하고 구축했다. 그리스·로마 세계에서 여러분들이 읽고, 듣고, 보는 거의 모든 것들은 전쟁을 떠올리게 만들 수 있었다.

② ▶ 전쟁에 대해 정교한 사고가 만들어지려면 먼저 전쟁에 대한 많은 생각이 있어야 한다. 그 문장이 바로 B 앞에 있다. 즉, war in their minds가 sophisticated thinking about war를 낳는 것이다.

contrary to ~와는 반대로
sophisticated a. 정교한
relevance n. 관련, 관련성; 타당성
masculinity n. 남성성
intimate a. 친근한
evoke v. 연상시키다

12

인종의 역사는 과학이 이론과 자료에 대한 것만이 아니라는 것을 일깨워준다. 그것은 또한 어떤 사실이 수집되어 인간의 변이에 대한 이야기를 만드는가에 대한 것이다. 유럽 계몽주의 시대의 자연주의자들과 과학자들은 인간이 다른 동물 종과 같은 방식으로 별개의 집단으로 나뉠 수 있다고 결정한 후 임의로 이러한 범주의 경계를 설정했다. 그들은 기질, 지능, 행동에 대한 포괄적인 문화적 고정관념을 사용하여 피부색에 의미를 부여했다. <이러한 사이비 과학적인 생각은 더 나아가 수 세기 동안 서양 의학을 특징졌다.> 이 생각들은 인종 청소와 홀로코스트(1930~40년대 나치에 의한 유대인 대학살)라는 나치의 우생학 프로그램의 기초를 형성했다. 인종이 부인할 수 없는 사회적 구성이며 18세기의 사상가들이 그들의 가정을 잘못 이해했다는 것이 적어도 70년 동안 알려져 왔지만, 많은 과학자들은 여전히 인종이 생물학적으로 실재하는 것이라는 믿음 아래 연구하고 있다.

③

▶ 제시문의 These pseudoscientific ideas는 [C] 앞에서 피부색에 의미를 부여한 생각을 가리키며, 이러한 사이비 과학적 생각이 수 세기 동안 서양 의학을 특징졌다고 했는데, 이에 대한 예로 [C] 다음에서 나치의 우생학 프로그램을 설명하고 있으므로, 제시문은 [C]에 들어가야 의미상 적절하다.

reminder n. 상기시키는[생각나게 하는] 것
discrete a. (같은 종류의 다른 것들과) 별개의
attach v. 붙이다, 첨부하다
sweeping a. 전면적인, 광범위한, 포괄적인
pseudoscientific a. 사이비 과학의
go on to 더 나아가 ~하다
inform v. 특징짓다

13

오늘날 시장과 고객들은 운송 또는 상품을 포함하는 모든 영역에서 양질의 서비스를 더욱 요구하고 있다. 상품을 운송하는 것은 복잡한 노력이 들며 잘 상하는 상품과 같은 변하기 쉬운 상품과 관련하여 특히 더 그렇다. 잘 상하는 상품이란 육류, 육류 부산물, 생선 및 해산물, 유제품, 과일 및 채소, 꽃, 의약품 및 화학제품과 같이 시간이 지나면서 환경적인 조건으로 인해 품질이 저하되는 모든 상품을 말한다. 상품의 화학적인 그리고/또는 생리적인 특성들 때문에, 이런 상품들은 수명이 짧다. 이 상품들은 특히 온도가 일정하게 유지되지 않으면 운송 중에 심각하고 돌이킬 수 없는 손상을 입기 쉽다. 이 상품들은 잘 보존하여 최종 소비자에게 도달할 때 최상의 상태를 유지하기 위해 최대한 주의해서 효율적으로 취급해야 한다. <이렇게 하기 위해서 명심해야 할 주요 사항들에는 시간, 분리, 온도 유지 등이 있다.>

⑤

▶ [E] 앞에서 상하기 쉬운 상품들이 최상의 상태를 유지하기 위해 최대한 주의해서 취급되어야 한다고 했으므로 이를 위해 명심해야 할 주요 사항들을 소개한 제시문이 [E]에 와야 문맥상 적절하다.

transport v. 수송[운송]하다
endeavor n. 노력, 진력; 시도
perishable a. 잘 상하는[썩는]
deteriorate v. 악화되다, 더 나빠지다
lifespan n. 수명

14

데모크리투스(Democritus)는 아낙사고라스(Anaxagoras)의 이론을 기초로 하여 그것을 새로운 방향으로 발전시켰다. 그는 공간은 무한히 많은 수의 미세하고 파괴할 수 없는 입자들로 가득하다고 가르쳤다. 데모크리투스는 이것들을 원자들이라 불렀는데, 나눌 수 없다는 뜻이다. 원자들은 한데 결합하여 덩어리를 이루고 다시 분리된다고 그는 제안했다. 원자들은 끊임없이 움직인다. 운동은 원자들의 본질의 일부이다. 아낙사고라스의 생각처럼 원자들이 초월적인 원리의 목적에 의해 운동을 시작하게 되는 것은 아니다. <그 대신에, 원자들은 끊임없이 운동하면서 유사성을 찾고 크기와 형태의 유사성에 따라 결합한다.> 원자들은 필연성에 따라 운동하고 작용하게 된다. 본질적으로 원인과 이유와 필연성 없이 운동하는 것은 하나도 없다고 데모크리투스는 주장했다. 우연은 없으며 단지 인간이 모를 뿐이다. 영혼도 원자들로 구성되어 있으며 지식은 불가피하게 감각들에 의존해있다. 감정은 원자들에 내재해 있는 것이 아니라 원자들의 특정한 결합에 있다. 따라서 사망하여 그 결합들이 해체될 때 감각과 성격과 영혼은 존재하기를 그친다.

②

▶ [B] 앞 문장에서 원자들의 운동은 초월적 원리의 목적에 의해 시작되는 것이 아니라고 부정하고 있는데, 접속부사 Instead(그 대신에)로 연결되는 제시문에서 끊임없이 운동하면서 유사성을 찾고 그 유사성에 따라 결합한다고 했으므로 제시문은 [B]에 들어가는 것이 적절하다.

build on ~를 밑천[기초]으로 하다, ~에 의지하다
come together 한데 모이다, 결합하다
perpetual a. 영속적인, 끊임없는
seek out 찾다
similarity n. 유사성
affinity n. 유사성, 친근성
transcendental a. 초월적인
inescapably ad. 불가피하게
inherent a. 본유적인, 내재적인
disintegrate v. 분해되다, 허물어지다
sensibility n. 감각, 감수성

15

금세기의 거대한 반동의 물결은 예술 분야에서 인상주의의 부정으로 나타난다. 어떤 점에서 이 전환이야말로 르네상스 이래 다른 어느 양식 변화보다도 더 심각한 예술사의 단절을 가져왔다. 이제까지의 변화는 자연주의의 예술전통을 근본적으로 건드리지 않았던 것이다. 물론 형식주의와 반형식주의 사이를 항상 오락가락해왔지만, 예술의 기능이 자연에 충실하고 삶을 있는 그대로 표현하는 것이라는 점에서는 중세시대 이후로 아무런 원칙적인 반대가 없었다. <이런 의미에서 인상주의는 400년 이상 계속되어온 발전과정의 정점이자 종착점이었다.> 인상주의 후의 예술에 와서 처음으로 현실의 환영을 추구하는 것을 원칙적으로 포기하고 자연대상의 고의적인 왜곡을 통해 인생관을 표현하려고 한다. 입체파, 구성주의, 미래파, 표현주의, 다다이즘, 초현실주의 등은 하나같이 자연을 따르고 현실을 긍정하는 인상주의로부터 단연코 돌아선 것이다.

④ ▶ 인상주의가 르네상스 이후 400년 동안 이어온 예술 활동의 절정이자 마지막이라고 했으므로 제시문은 인상주의 이후의 예술에 대해 언급하는 내용 앞인 D에 위치해야 한다.

reactionary a. 반동의, 반동적인
realm n. 분야, 영역
incision n. 자르기, 절개; 베기
naturalism n. 자연주의
in principle 원칙적으로, 원론적으로
renounce v. 포기하다, 버리다, 단념하다
illusion n. 환영, 환상
deliberate a. 고의의, 의도[계획]적인; 신중한
deformation n. 변형, 기형
cubism n. 입체파
constructivism n. 구성주의
futurism n. 미래주의, 미래파
expressionism n. 표현주의

16

주전자 물이 끓기를 기다리며 부엌에 서 있다가 먹은 그 비스킷이든 제과점을 지나가다가 사게 된 머핀이든, 무언가를 계획 없이 먹는 것은 우리 모두에게 일어나는 일이다. 그러나 만일 건강한 체중 유지나 먹는 방식 개선을 위해 노력하고 있는 중이라면 무계획하게 먹는 것은 그 목표에 방해가 될 수 있다. 배가 고파서 무계획하게 먹는 경우는 좀체 없고, 대개는 다른 생각을 하다가 무계획하게 먹게 된다. 생각 없이 먹을 때는 최상의 음식선택을 거의 하지 못하고, 만일 자주 (그런 습관에) 저버리면, 가능한 최상의 식사를 하지 못하게 된다. <더욱 나쁘게도, 과식을 해서 체중이 늘어날 위험에 처해지기 쉽다.> 무계획하게 먹는 것을 막기 위해서는 이삼 주 동안 음식 일기를 써보라. 당신이 먹는 모든 것을 기록해보면 당신은 음식선택을 가장 먼저 떠올리게 되고 당신이 하고 있는 일을 더욱 의식하게 된다. 게다가 당신의 음식에 더 많은 주의를 기울임으로써 당신은 더 나은 음식선택을 더 즐겁게 하게 될 것이다.

③ ▶ 둘째 문장에서 '건강한 체중 유지'와 '먹는 방식 개선'에 대해 언급하고 B 다음 문장에서 음식선택, 즉 먹는 방식과 관련된 언급을 먼저 했으므로, 체중 유지와 관련하여 '과식하여 체중이 증가할 위험'을 언급한 제시문은 C에 들어가는 것이 적절하다.

whether it is[be] A or B 그것이 A이든 B이든
kettle n. 주전자
get in the way of ~에 방해가 되다
succumb v. 굴복하다, 지다
counteract v. 좌절시키다, 중화하다
forefront n. 최전방
bring ~ to the forefront of someone's mind ~를 마음에 가장 먼저 떠올리다

17

영어에는 500개 이상의 감정과 관련된 단어가 존재하지만, 다른 언어에 있는 일부 감정 단어에는 영어로는 그 의미를 나타내지 못하는 것도 있다. 체코어 'litost'는 분명히 영어에 이에 상당하는 단어가 없다. 'litost'는 슬픔, 연민, 후회, 설명하기 어려운 열망 등 다른 많은 감정을 통합한 감정을 나타낸다. 일본어 'ijirashii' 또한 영어에 이에 상당하는 단어가 없는데, 이 단어는 칭찬받을 만한 사람이 장애를 극복하는 것을 보는 느낌을 묘사한다. 마찬가지로 다른 문화에도 일부 영어의 감정과 관련한 단어에 상당하는 단어가 없다. <예를 들면, 많은 문화에서는 분노와 슬픔을 서로 다른 것으로 보지 않는다.> 필리핀에서 인간의 목을 자르는 부족인 일롱곳은 'liget'이라는 한 단어로 분노와 슬픔을 설명한다. 타히티 사람들은 46가지 종류의 분노에 대한 서로 다른 단어들을 가지고 있지만, 슬픔을 나타내는 단어는 없고, 분명히 슬픔에 대한 개념도 없다. 한 서양인은 어떤 타히티 남자가 아내와 아이와의 이별에 대해 슬퍼하고 있다고 묘사했다. 그 타히티 남자 자신은 'pe'a pe'a'를 느낀다고 말했는데, 이 단어는 아프거나, 문제가 있거나, 심신이 지친다는 것을 의미하는 일반적인 단어이다.

equivalent n. (~에) 상당[대응]하는 것
designate v. 나타내다, 의미하다
synthesis n. 종합, 통합; 말의 합성
indefinable a. 정의[설명]하기 힘든
longing n. 갈망, 열망
praiseworthy a. 칭찬할 만한

③ ▶ 제시문에서 "많은 문화에서는 분노와 슬픔을 서로 다른 것으로 보지 않는다."고 했는데, 이에 대한 예가 제시문 다음에 이어져야 한다. 필리핀의 일롱곳은 한 단어로 분노와 슬픔을 설명한다고 했고, 타히티 사람들은 분노에 대한 단어는 있지만 슬픔에 대한 어떠한 개념도 없다고 했으므로 분노와 슬픔을 서로 다른 것으로 여기지 않는다고 볼 수 있다. 제시문과 관련한 예로 필리핀 부족에 대한 예가 먼저 나오므로 Ⓒ에 삽입되어야 적절하다.

18

태양계는 태양 주위를 도는 행성, 혜성 및 잔해들의 안정적인 배열이며 아마도 우주에 있는 그러한 많은 궤도 시스템 중 하나일 것이다. 위성이 태양에 가까울수록 태양의 중력에 대항하고 안정적인 궤도를 유지하려면 더 빨리 움직여야 한다. 주어진 궤도에 대해 위성이 그 궤도에 머물고 움직일 수 있는 단 하나의 속도가 있다. 만약 그 위성이 다른 속도로 움직이고 있다면 그것은 우주의 심연으로 가버리거나, 태양과 충돌하거나 다른 궤도로 이동할 것이다. 그리고 우리가 우리 태양계의 행성들을 보면, 놀랍게도 이들 각각은 태양 주위의 안정적인 궤도를 유지하기 위해 정확히 올바른 속도로 움직이고 있다. 이는 선견지명에 의한 계획이라는 축복받은 기적인가? 그렇지 않다. 그것은 자연의 또 다른 '체의 거름작용'이다. <태양 주위를 도는 모든 행성들은, 궤도를 유지하기 위해 정확히 올바른 속도로 움직이고 있기에 우리가 그것들을 볼 수 있다는 점은 명백하다. 그렇지 않다면 그 행성들은 거기에 있을 수 없을 것이므로 그것들을 볼 수도 없을 것이다!> 그러나 이것이 의식적인 계획의 증거가 아니라는 점 역시 분명하다. 그것은 또 다른 종류의 체의 거름작용일 뿐이다.

④ ▶ 제시문의 내용은 "태양 주변의 행성들이 정확한 속도에 따라 궤도 운행을 하고 있기에 그것들을 볼 수 있는 것이지, 그렇지 않았다면 그 행성들의 정확한 운행 모습은 애초에 우리 눈에 관측(관찰)되지 않았을 것이다."는 것이다. 필자는 이 진술을 통해 (중력과 같은) 자연의 원리가 우주에 작용하여 이러한 정확한 궤도 운행 모습을 보게 되는 것, 즉 자연(우주)에 의한 '체의 거름작용' 또는 '자연에 의해 걸러진 결과'를 우리가 보고 있는 것일 뿐, 그것이 어떤 '지적인 존재의 계획'에 따른 운행의 증거는 아니라고 말하고 있다. 따라서 제시문은 다음에 '이것(this)이 의식적인 계획의 증거는 아니다'라고 말하고 있는 Ⓓ에 들어가는 것이 가장 자연스럽다. 제시문의 Obviously와 Ⓓ 다음 문장의 equally obviously가 서로 상응하는 것도 단서가 된다.

comet n. 혜성
debris n. 잔해, 쓰레기
orbit v. 궤도를 돌다 n. 궤도
satellite n. 위성
counter v. (~의 영향에) 대응하다
gravity n. 중력
velocity n. 속도
crash into ~와 충돌하다
lo and behold 자 보시라, 하 이것 봐라(놀랍거나 짜증스러운 것에 사람들의 관심을 끌 때 내는 소리)
provident a. 선견지명의
sieve n. (고운) 체 v. 체로 치다[거르다]

19

성게와 불가사리 같은 많은 무척추동물은 신체의 일부를 잃어버리면 다시 재생시킬 수 있다. 그것은 생물학자 마이클 에이브럼스(Michael Abrams)가 새끼 물해파리의 팔 여덟 개 중 둘을 제거했을 때 일어나기를 예상했던 것이다. 그러나 에이브럼스가 실험을 점검해보았을 때 "그는 '교수님 이건 믿지 못하실 거예요, ... 이리와 보셔야겠어요!'라고 외치기 시작했지요."라고 에이브럼스의 박사과정 지도교수였던 파사데나 칼텍(캘리포니아 공과대학)의 리 고엔토로(Lea Goentoro)는 회상한다. 팔을 재생시키는 대신에 그 해파리는 남아있는 팔들을 몸을 중심으로 서로 등거리의 간격을 두고 있도록 재배열했던 것이다. <새끼 물해파리의 경우든 다 자란 물해파리의 경우든, 대칭을 이룬다는 것은 이동과 먹이포식에 대단히 중요하다.> 에이브럼스가 실험한 동물이 그것(대칭)을 이루기 위해서 몸의 근육들이 수축되었고 이것이 남아있는 팔들을 밀고 당겨서 마침내 팔들이 다시 한 번 균등한 간격으로 있게 되었다. 과학자들은 과학에 완전히 새로운 현상을 우연히 발견했는데, 이것을 그들은 "대칭화"라 부른다. 그것은 분명 해파리가 자가 치유하는 중요한 방식이며 재생 메커니즘을 연구하는 과학자들에게 유용한 것으로 판명될 수 있을 것이라고 고엔토로는 말한다.

② ▶ 제시문은 물해파리에게 있어 대칭을 이룬다는 것의 중요성을 언급한 내용이므로 물해파리가 남아있는 팔들을 몸을 중심으로 서로 등거리의 간격을 두고 있도록(대칭을 이루고 있도록) 재배열했다고 한 문장과 대칭을 이루는 것을 to achieve that로 표현한 문장 사이인 Ⓑ에 들어가는 것이 적절하다.

invertebrate n. 무척추동물
urchin n. 성게
sea star 불가사리
regrow v. 재생하다
moon jelly 물해파리
limb n. 팔다리
jellyfish n. 해파리
rearrange v. 재배열하다
space v. ~에 일정한 간격을 두다
equidistantly ad. 등거리로
stumble upon 우연히 만나다, 발견하다

20

좋은 비평은 우리에게 탐구하고 토론할 아이디어를 제공한다. 정수기 효과는 스캔들에 관한 것뿐 아니라 독자들과 시청자들 사이에 오가는 대화에 관한 것을 나타내는 말이기도 하다. 이 부분(대목)에서 나는 21세기에는 뭔가 사정이 다르다고 말하고 싶어진다. 인터넷과 소셜미디어로 인해 우리는 비판에 더 빠르게 접근할 수 있다. (그로 인해 우리는 더 쉽게 비판을 받을 수 있다.) <그러나 더 중요한 것은 우리가 바로 국제적인 대화의 장에 참여할 수 있다는 것이다.> 정수기 효과는 지역적일 뿐만 아니라 국제적이기도 하다. 여전히 주목할 만한 가치가 있는 흔한 말이지만, 새로운 매체는 시간과 공간을 무너뜨리고 있다. 스티븐 스필버그(Steven Spielberg) 감독의 최신 영화에 대한 이념적인 전제를 복도에서 한 동료와 대화를 하고 그러고는 러시아, 중국, 영국 출신의 학자들과 온라인 그룹 토론을 하는 것은 드문 일이 아니다. 그러한 대화는 작품에 대한 우리의 이해를 확대시켜줄 뿐만 아니라 우리가 살고 있는 세계까지 확장시킨다. 희망컨대 이러한 대화는 우리를 차이를 인정하는 것에 더 가깝게 해주거나 적어도 차이를 인정할 수 있도록 마음을 열 수 있게 줄 것이다. 비평은 그 자체로 예술 작품이며, 인식을 새롭게 하고, 그 자체로 새로운 활력을 주며, 그것에의 참여와 다른 사람들과의 참여를 필요로 한다.

②

▶ 제시문에서 "더 중요한 것은 우리가 바로 국제적인 대화의 장에 참여할 수 있다는 것이다."라고 했으므로 제시문 다음부터는 인터넷과 소셜미디어로 인해 우리가 국제적으로 비평을 할 수 있게 되었다는 내용이 와야 한다. Ⓑ 다음에서 the water cooler(정수기 효과)가 지역적일 뿐만 아니라 국제적이기도 하다고 했으며, Ⓑ 다음부터 국제적인 비평과 관련된 내용이 이어지므로 정답은 ②이다.

water cooler effect 정수기 효과(두 명 이상의 직원이 정수기 앞에서 비공식적인 면담 대화를 함으로써 생기는 효과)
thrust oneself upon 억지로 끼어들다; 뛰어들다
cliché n. 상투적인 문구, 생각
premise n. (주장의) 전제
appreciate v. 진가를 알아보다, 인정하다

10 빈칸완성

01

겉으로는 유쾌하고, 현대적이며, 비할 바 없는 물질적 번영을 누렸지만, 1920년대 미국의 젊은이들은 문학적인 초상화 제작자 거트루드 스타인(Gertrude Stein)이 명명했던 것처럼 "잃어버린 세대"였다. 안정되고 전통적인 가치 구조가 없었으므로, 사람들은 저마다의 정체성을 상실했다. 안정되고, 든든한 가정의 삶, 친숙하고 차분한 지역사회, 농장의 파종과 수확을 이끌어 주었던 자연의 변치 않는 리듬, 사회를 떠받치는 애국심, 독실한 신앙과 의견에 따라 심어진 도덕적 가치관, 이 모든 것들이 제1차 세계대전과 그 여파로 훼손된 것처럼 보였다.

② ▶ '1920년대 미국의 젊은이들을 잃어버린 세대라고 불렀고, 전통적인 가치 구조가 없고, 정체성을 상실했다'는 진술에 주목할 때, 기존의 전통적 가치관들이 '훼손된' 것임을 알 수 있다. ① 축성된 ③ 주입된 ④ 강화된

gaiety n. 흥겨움, 유쾌함
unparalleled a. 비할 데 없는
prosperity n. 번영, 번창
inculcate v. 심어주다
aftermath n. 여파, 영향

02

몹시 추운 홍적세 동안, 털로 뒤덮인 매머드는 빙하시대의 다양한 식물들을 우적우적 먹었다. 이 식물들에는 스트론튬 같은 동위원소들이 포함되어 있었으며, 이러한 동위원소들은 소화를 통해 매머드의 몸 안으로 들어가서, 엄니 조직의 일부가 되었다. 장소가 다르면 스트론튬 또한 다른 특징을 갖게 되었고, 이러한 특징이 매머드의 엄니 안에 고스란히 보존되었다. 엄니는 그 성장방식으로 인해 개별 매머드의 삶을 기록하고 있는데, 매머드의 유년기는 엄니의 꼭대기 부분에, 성인기는 엄니의 밑 부분에 보존되어 있다.

② ▶ 빈칸 다음에 이어진 "장소가 다르면 스트론튬 또한 다른 특징을 갖게 되었고, 이러한 특징이 매머드의 '엄니(tusks)' 안에 고스란히 보존되었다."는 진술을 통해, 스트론튬 같은 동위원소들이 소화를 통해 매머드의 몸 안으로 들어가서 '엄니 조직(tusk tissues)'의 일부가 되었음을 추론할 수 있다. ⑤는 trivial을 significant로 바꿔야 한다.

frigid a. 몹시 추운
Pleistocene n. 홍적세
woolly a. 털이 뒤덮인, 털북숭이의
munch v. 우적우적 먹다
isotope n. 동위원소
digestion n. 소화
strontium n. 스트론튬
signature n. 특징
tusk n. (바다코끼리·코끼리·멧돼지 등의) 엄니
geochemical a. 지구화학적인
extirpate v. 근절시키다
archive n. 기록

03

우리는 신체활동이 사람의 수면을 돕는다는 것을 알고 있다. 화면을 보는 시간이 더 많아지면 또한 신체활동에 보내는 시간이 줄어들 가능성이 커진다는 상관관계가 연구로 입증되었다. "그것은 낮 시간에 앉아서 지내는 행동을 더 많이 초래한다. 만약 손에 스마트폰을 들고 있다면, 팔을 빨리 흔들거나 다리를 움직이지 않을 것이다. 만약 그런 생활을 6개월 넘게 한다면, 매일 거의 움직이지 않는 완전히 새로운 세대가 탄생할 것이다."라고 아동 건강교육 분야의 프리랜서 강사 애릭 시그만(Aric Sigman)은 말한다.

③ ▶ Ⓐ와 관련하여 '신체활동이 줄어든다'는 것은 주로 '앉아서 지내는' 시간이 많아진다는 것을 의미한다. Ⓑ와 관련하여, 이는 결국 거의 '움직이지' 않는 생활을 하게 된다는 것을 의미할 것이다. ① 인사불성의 — 운동을 일으키는 ② 신경쇠약의 — 변덕스러운 ④ 정신의 — 신체의

physical activity 신체활동
induce v. 유발하다, 초래하다
swing v. 흔들다
independent a. 독립한; 독자적인

04

그러나 그러한 접근방식이 보편적이지는 않다. 대신에 우리의 흔한 경험에서 가치에 대한 생각은 주로 경제적 관점에 기반을 두고 있다. 예를 들어 어떤 것의 가치는 그것이 가지고 있는 근본적 가치의 기능이라기보다는, 그것을 얻기 위해 한 사람이 얼마나 기꺼이 투자할 수 있느냐가 기준이 된다는 생각이다. 심지어, 우리가 시장중심적인 기업들로부터 의도적으로 거리를 두려고 종종 시도하는 예술도 서구 사회에서는 명백히 경제적인 기능을 한다. 많은 경우에 예술 표현들은 상품으로 소비된다. 그리고 흔히 예술은 다른 상품을 파는 목적으로 이용된다. 예를 들어 음악은 라디오와 텔레비전 광고에 다양하게 사용된다.

③ ▶ 예술이 다른 물건을 팔기 위한 도구로 사용되는 예를 찾아야 한다. 광고에서 사용되는 음악이 바로 그러한 예이므로 정답은 ③이다.

by no means 절대 ~하지 않다
universal a. 보편적인
measure n. 기준
be willing to 기꺼이 ~하다
inherent a. 본질적인
routinely ad. 흔히

05

아리스토텔레스(Aristotle)는 각 공동체들(oikos)이 각자의 역사, 충성의 계보, 재산, 씨족신을 지닌 채, 다양한 씨족들이 모여 이루어진 '시노이키스모스(synoikismos)'로서의 도시를 생각했다. 무역 및 전시 상호 지원을 위해, 도시는 다른 부류의 사람들로 구성되므로 비슷한 사람들만으로는 도시가 생겨날 수 없다. 그러므로 도시는 사람들로 하여금 자신들과는 다른 충성심을 지닌 사람들에 관해 생각하고, 그들을 상대할 수밖에 없도록 만든다. 상호간의 공격성으로 도시를 유지시킬 수 없음은 분명한데, 아리스토텔레스는 이 교훈을 한층 더 난해하게 만들었다. 그는 부족주의란 실제로 다른 사람들을 모른 채 그들이 어떤 사람들인지 안다고 생각하는 것과 관련 있다고 말했다. 그들을 직접 경험해 보지 않아서, 당신은 두려운 환상에 의지하게 되는 것이다. 요즘 말로 하자면, 이것은 일종의 고정관념적 사상이다.

③ ▶ 빈칸 Ⓐ 앞 문장에서 '도시는 다른 부류의 사람들로 구성된다'고 하였으므로 이를 재진술하면 '동질적인 혹은 비슷한(similar) 사람들만으로는 도시가 생겨날 수 없다'고 할 수 있다. Ⓑ와 관련하여, 여러 다른 씨족들이 모여 하나의 도시를 형성하였음에도 불구하고 '자신들과는 다른 충성심을 지닌 사람들'을 이해하지 못하고, '다른 사람들을 모른 채 그들을 안다고 착각하며, 그들에 대한 막연한 두려움을 지니고 사는 어떤 고정관념'이 있다면 그것을 '부족주의, 동족의식(tribalism)'이라고 할 수 있을 것이다. ① 하위의 — 맹목적 애국주의 ② 혼혈의, 잡종의 — 자기민족 중심주의 ④ 외생의, 외래의 — 민족주의

synoikismos n. 시노이키스모스(그리스어로 집주(集住: 모여 산다)의 뜻, 몇 개의 씨족적 촌락을 하나로 합쳐 일시에 형성된 도시)
oikos n. 집; 공동체
allegiance n. 충성
oblige v. 의무를 지우다
aggression n. 공격
precept n. 교훈, 가르침
subtle a. 미묘한, 난해한
fall back on ~에 기대다, 의지하다
bring ~ up to date ~을 최신식[의 것]으로 하다

06

일부 언어의 관행은 특히 여성들에게 불공평하다. 여성들은 언어적인 면에서 남성보다 훨씬 덜 눈에 띄며, 따라서 불리한 입장에 있었다. 인류(human race)에 해당하는 또 다른 단어는 'woman'이 아니라 'man' 또는 'mankind'이다. 총칭적으로 인간은 흔히 'he'로 불린다. 프로젝트를 어떻게 운영하나요? 당신은 프로젝트에 '사람을 배치합니다(man).' 누가 부서를 감독하거나 회의를 진행하나요? '회장님(chairman)'입니다. 누가 일꾼들을 이끕니까? '작업반장(foreman)'입니다. 연구원을 상상하여 보라. 그 모습이 머리에 떠오르는가? 여성이 상상되는가? 아니라면? 그것은 연구원의 표준적인 그림, 즉 판에 박힌 그림이 남성의 모습이기 때문이다. 아니면, 이 문장을 읽어보라. "연구원들은 종종 사생활보다 자신의 연구를 우선시하고 남편을 소홀히 한다." 마지막 단어에 놀랐는가? 또다시 연구원의 전형적인 그림은 남성의 모습이다.

① ▶ 빈칸 앞에서 "연구원이 연구를 우선시하고 남편을 소홀히 한다"라고 했는데, 이는 연구원이 여성인 상황을 가리키며, 빈칸 뒤에서 이 내용과 관련지어 연구원에 대한 전형적인 그림이 남성의 모습인 상황이 되려면 연구원에 대한 일반적인 고정관념(남성)과 달리 연구원이 여성이었음을 상기시키는 질문이 적절할 것이므로 빈칸에는 ①이 정답이다. ①의 last word는 husbands를 가리키므로, 여성이 연구원임을 알 수 있다.

unfair a. 부당한, 불공평한
visible a. (눈에) 보이는, 알아볼 수 있는
generic a. 포괄적인, 총칭[통칭]의
man v. ~에 인원을 배치하다
stereotype n. 고정관념, 정형화된 이미지

07

1968년, 생태학자 개럿 하딘(Garrett Hardin)은 『사이언스(Science)』지에 게재된 논문 『공유재의 비극(The Tragedy of the Commons)』에서 어떤 사회적 딜레마를 연구했다. 그는 만약 한 집단의 구성원들 모두가 자신의 이익을 위해 타인을 고려하지 않은 채 공공 자원을 이용한다면, 모든 자원이 결국에는 고갈될 것이라고 주장하면서 합리적으로 이기심을 추구하는 개인들의 문제를 지적하였다. 전체적으로 볼 때, 하딘은 공공재를 감시하는 수단으로서 양심에 의존하는 것은 보다 이타적인 사람들보다는 흔히 무임 승차자들이라고 알려진 이기적인 개인들만 이롭게 할 뿐이라고 주장하면서 그것에 반대한다. 공공 자원에 대한 과잉 착취를 피하는 데 있어서, 그는 "자유는 필연성에 대한 인식이다"는 헤겔(Hegel)의 금언을 고쳐 말함으로써 결론을 내린다. 그는 '자유'가 공공재의 비극이 완성될 뿐이라고 본다. 처음부터 자원을 공공재로 인식함으로써, 그리고 공공재로서 자원은 관리해야 할 필요가 있다는 것을 인식함으로써 인간들은 "다른 더 소중한 자유들을 보존하고 길러나갈 수 있다"고 그는 믿는다.

③ ▶ 하딘은 개인의 이기적 활동으로 인해 공유재 전체가 고갈되는 공유재의 비극을 회피하기 위해서는, 공유재를 개인의 '자유(freedom)'에 맡겨두기보다는 '관리(management)'가 우선임을 역설한다. 그럴 때에 비로소 인간들은 '더 소중한 다른 자유들도 지킬 수 있다'라는 말이 적절하다.

with no regard for ~은 고려하지 않고
deplete v. 고갈시키다
police v. (규칙 준수를) 감시하다
selfish a. 이기적인
altruistic a. 이타적인
restate v. 다시 말하다; 고쳐 말하다

08

당신이 사업을 시작할 때 아마도 점진적으로 수익이 나는, 성공을 향해 나가는 상승곡선을 머릿속에 그렸을 것이다. 물론 당신도 성공으로 가는 도중 몇몇 장애물을 만날 수도 있다고 생각했을 것이다. 하지만 어떤 사업을 실제로 만들고 성장시키는 것인 롤러코스터 타기를 하게 되리라고는 상상하지도 못했을 것이다. 새로운 고객을 늘리고 수익을 거두는 과정에서 사업상 차질을 겪을 수도 있다. 가장 큰 고객을 잃거나 제조 과정에 커다란 실수로 인해 출발점으로 돌아갈 수도 있다. 그런 일이 일어나면, 어떤 지점에서 차질을 겪었던 회사들이 결국은 성공했다는 점을 기억하는 것이 중요하다. 여기에 실망을 극복하고 성공을 찾아내는 12가지 방법이 있다.

⑤ ▶ 첫 번째 빈칸 앞에 언급된 '길' 다음에 나오는 to는 목적지를 가리키는 전치사이므로, Ⓐ에는 '성공'이라는 말이 필요하다. 뒤의 빈칸들에 대해 말해 보자면, eventually는 '결국'이라는 말이므로, Ⓑ에는 실패의 내용이 나오고 Ⓒ에는 성공의 내용이 필요하다.

gradual a. 점진적인
rewarding a. 수익이 나는
bump n. 장애물
revenue n. 수익
setback n. 차질, 좌절
square one 출발점

09

아나사지 문화라고 불리는 원형적인 푸에블로 문화는 대략 AD 100년부터 1600년까지 존재했던 선사 시대의 토착적인 아메리카 문명으로서, 오늘날 미국의 애리조나 주, 뉴멕시코 주, 콜로라도 주 그리고 유타 주의 경계들이 교차하는 지역이 그 주된 중심지이다. 원형적인 푸에블로 인디언의 후손들은 호피, 주니, 아코마, 라구나 등을 포괄하는 현대의 푸에블로 인디언 부족들로 구성되어 있다. 농부인 원형적인 푸에블로 인디언들과 유목민인 그들의 이웃 인디언 부족들은 종종 서로 적대적이었다. 원형적인 푸에블로 인디언들은 AD 1300년경 그들의 터전을 포기했다. 이는 문화적 요인과 환경적 요인이 결합된 탓이었다고 믿어진다. 대가뭄(1276-99)은 십중팔구 대규모의 흉작을 야기시켰을 것이다. 동시에 아마도 이 대가뭄의 여파 속에서 야생 식량의 이용가능성을 놓고 원형적인 푸에블로 인디언들과 원형적인 나바호 인디언 및 아파치 인디언 무리들 사이에 갈등이 증가했을 것이다.

③ ▶ 푸에블로 인디언들이 극심한 가뭄에 직면하게 되었다는 단서로부터 정답을 추론할 수 있다.

ancestral a. 조상의; 원형의, 선구의
intersect v. 엇갈리다, 교차하다
descendent n. 후손
nomadic a. 유목의; 방랑하는
convergence n. 한 점으로 집합함, 수렴
crop failure 흉작

10

우리의 시간관의 변화, 아울러 체험적 현실 전체에 대한 평가의 변화는 서서히 일어난 것으로, 그것은 제일 먼저 인상파의 그림에서, 다음에는 베르그송(Bergson)의 철학에서, 끝으로는 가장 명확하고 의미심장하게 프루스트(Proust)의 작품에서 일어났다. (프루스트에 이르면) 시간은 이미 분해와 파괴의 원리가 아니고, 그 속에서 이념과 이상이 가치를 잃고 삶과 정신이 실체를 상실하는 요소도 아니며, 오히려 (우리는 시간이라는 형식을 통해) 우리의 정신적 존재, 생명 없는 물체와 기계 작용에 반대되는 우리 삶의 본질을 포착하고 의식하게 되는 것이다. 우리는 시간 속에서 우리 본연의 삶에 이르는 데 그치지 않고 시간을 통해서 비로소 그렇게 된다. 우리는 단순히 우리의 삶의 개개 순간의 총화일 뿐 아니라 이 순간들이 모든 새로운 순간을 통해 획득하는 모든 새로운 국면들의 귀결이라는 것이다. 따라서 지나간(잃어버린) 시간은 우리를 가난하게 만들지 않는다. 오히려 지나가 버림으로써 비로소 우리의 생활에 내용을 부여한다.

③ ▶ 시간이 이념과 이상에게서 가치를 빼앗고 삶과 정신의 실체를 상실하게 하는 요소가 아니라 도리어 우리 삶에 내용과 의미를 주는 요소라는 단서로부터 정답을 추론할 수 있다.

explicitly ad. 명백하게, 솔직하게
dissolution n. 해산, 소멸, 분해, 용해
antithesis n. 대조, 대조법, 반대
rigid a. 굳은, 딱딱한; 한 곳에 고정된; 엄격한, 엄중한
deprive v. 빼앗다, 박탈하다
evacuate v. 떠나다, 철수하다; 배설하다
instill v. 침투시키다, 주입시키다; 스며들게 하다

11

우리 인간은 바로 우리의 경험을 이해함으로써 점점 더 현명해지고 우리가 사는 주변 환경을 더 잘 지배하게 된다. 이것은 인류가 수세기에 걸쳐 발달해온 것에 대해 사실이었으며, 우리들 개인 각자가 살아가는 일생에 대해서도 마찬가지로 사실이다. 다행히 우리는 여러 가지를 알아차릴 수 있는 이러한 능력을 갖고 있다. 우리는 주변 세계에 있는 사람들과 사물들과 사건들을 관찰한다. 우리는 그(것)들의 유사점과 상이점들을, 그(것)들의 패턴과 규칙성들을 알아차리는데, 특히 그러한 특징들이 우리에게 해로울 수 있거나 아니면 그 대신 우리에게 이로워질 수 있거나 할 때 잘 알아차린다. 많은 경우 우리는 관찰을 하면서 수를 헤아리거나 측정하는 일을 하게 된다. 어쩌면 우리는 그때그때 대충 그렇게 하고 종종 너무나 직관적으로 그렇게 하다 보니 이러한 정량화(수량화)의 습관을 좀체 의식하지 못한다. 그래도 우리의 관찰과 비교는 종종 "얼마나 많이?", "얼마나 오래?", "얼마나 자주?", "얼마나 멀리?", "얼마나 어려운가?", "얼마나 빨리?", "얼마나 잘?" 등등의 말로 이루어진다.

① ▶ 빈칸 Ⓐ 앞의 or는 '아니면'의 뜻으로 'A or B(A 아니면 B)' 구조를 이루어 could endanger us와 could be turned to our advantage가 양자택일의 관계에 있으므로 빈칸 Ⓐ에는 alternatively(대신으로)가 적절하다. 관찰을 계수(수 헤아림)와 측정의 형태로 하게 된다고 한 것은 관찰 자료를 '정량화'하는 것을 의미하고 이것을 마지막 문장에서 how로 시작되는 여러 의문형들이 나타내고 있다. 따라서 빈칸 Ⓑ에는 quantification이 적절하다. ② 반어적으로, 얄궂게도 — 계층화 ③ 뒤이어서 — 자격 부여 ④ 모순되게도 — 표준화

make sense of ~의 뜻을 이해하다
to one's advantage ~에게 유리하게[이롭게]
rough-and-ready a. 조잡한, 날림으로 만든, 임시변통의, 대충하는
intuitively ad. 직관적으로

12

1905년 앨버트 아인슈타인(Albert Einstein)에 의해서 공식화된 상대성 이론은 물리 법칙이 어느 곳에서나 동일하다는 개념이다. 상대성 이론은 시공간 속에서 사물들의 행동을 설명하고, 블랙홀의 존재에서부터 중력에 의한 빛의 굴절, 궤도를 돌고 있는 수성의 움직임에 이르는 모든 것을 예측하는 데 사용될 수 있다. 상대성 이론은 복잡해 보이지만 간단하다. 첫 번째로, '절대적' 준거 기준이 없다. 당신이 사물의 속도나 사물의 운동량 혹은 시간이 경험되는 방식 등을 측정할 때, 그 모든 것은 항상 다른 어떤 것과의 관계 속에서만 이루어진다. 두 번째로, 누가 그것을 측정을 하는 것인지 혹은 그것을 측정하는 사람이 얼마나 빨리 움직이는지와 무관하게 빛의 속도는 항상 동일하다. 세 번째로 그 어떤 것도 빛보다 빠를 수 없다. 이러한 아인슈타인의 가장 유명한 이론이 함축하고 있는 바는 심오하다. 만일 빛의 속도가 항상 동일하다면, 이것은 지구에 비해서 상대적으로 매우 빠르게 이동하

formulate v. 공식화하다; 고안해 내다; 계획하다
theory of relativity 상대성 이론
deceptively ad. 속임수로, 기만적으로
frame of reference 기준틀, 좌표계
Mercury n. 수성; 헤르메스 신
velocity n. 속도; 속력
momentum n. 운동량; 움직이는 물체의 타성
time dilation 시간지연, 시간팽창

고 있는 우주비행사가 지구에 묶여 있는 관찰자보다 시간을 몇 초 더 느리게 측정한다는 것을 의미한다. — 이 경우는 우주비행사의 시간이 본질적으로 더 느리게 흘러가는 데 이런 현상을 시간지연이라고 부른다.

③ ▶ "지구에 비해서 상대적으로 매우 빠르게 이동하고 있는 우주비행사가 지구에 묶여 있는 관찰자보다 시간을 몇 초 더 느리게 측정한다는 것을 의미한다."라는 단서로부터 정답을 추론할 수 있다.

13

펭 왕(Peng Wang)이라는 이름의 중국 화가는 그림 소재로서 쓰레기에 관심이 있었는데, 1996년에 "의료폐기물"이라는 레테르가 붙은 비닐봉지에 인간 태아가 싸여있는 것을 우연히 발견했다. 그는 그 광경에 너무나 큰 마음의 충격과 자극을 받아서 중국의 한 자녀 정책을 자신의 중요한 작품 주제로 삼았다. 왕은 난푸 왕(Nanfu Wang)과 지아링 장(Jialing Zhang)이 만든 "한 자녀 국가(One Child Nation)"라는 설득력 있고 불온한 내용의 다큐멘터리에서 인터뷰를 받은 여러 사람들 중 하나인데, 이 다큐멘터리는 각 가정마다 한 자녀만 낳도록 강요하는 1979년에 시작되어 2015년에 종결된 중국의 정부 정책을 탐구한다. 법이 무겁게 집행되어, 법을 위반한 가정은 엄청난 벌금에 직면하거나 가정 파괴에 직면하게 되었다. 더 나쁘게도, 많은 여성들이 불임시술이나 낙태를 강제로 받았는데, 심지어 임신 8, 9개월이 지나서 낙태 수술을 받는 경우도 있었다. 원치 않는 아기는 종종 버려져 죽도록 방치되거나 고아원에 팔리기도 했다. 왕과 장은 둘 다 한 자녀 법규가 시행되던 중국에서 태어났는데, 그 정책뿐 아니라 그 정책의 광범위한 영향도 탐구하며 한 국가가 정치적 이득을 위해 여성의 몸을 통제하기로 할 때 어떤 일이 일어날 수 있는지를 냉철하게 보여준다.

① ▶ 바로 앞 문장까지에서 중국 정부의 한 자녀 정책이 낳은 폐해가 설명되는데 이 정책은 곧 국가가 인구 억제를 통한 국민소득 증대라는 정치적 이득을 위해 여성들에게 강제로 불임시술, 낙태 등을 행하게 하는 것이므로 빈칸에는 ①이 적절하다.

fetus n. 태아
mandate v. 명령하다, 강요하다
stiff a. (벌이) 엄한, 엄청난
sterilization n. 불임시술; 살균
abortion n. 낙태
orphanage n. 고아원
far-reaching a. 광범위한
chilling a. 냉철한
offer a glimpse of ~의 모습을 보여주다

14

"행복 박사(Dr. Happiness)"라고 알려진 에드 디너(Ed Diener)는 경험적으로 측정될 수 있는 행복의 측면인 "주관적 안녕감(subjective well-being)", 즉 SWB라는 표현을 만든 긍정 심리학을 주도하는 연구가다. 에드 디너의 주요한 공헌 중 하나는 사람들이 실제로 행복한지 그렇지 않은 지에 대한 그의 연구다. 디너는 미국인 중 1/3은 "매우 행복하다"라고 답하고, 10명 중 1명만이 "행복하지 않다"라고 답하는 것을 확인했다. 대다수는 스스로 "만족한다"라고 평가한다. 이 연구 결과는 다른 여러 나라에서도 볼 수 있는데, 전 세계에서 긍정적인 수준의 "주관적 안녕감"이 존재한다는 것을 보여준다. 더 나아가 그는 장애가 있는 사람들과 심지어 사지 마비 환자와 같은 대부분의 사회적 약자들마저도 평균보다 더 행복하다고 보고한다는 것을 발견했다. 이러한 결과들은 철학자들과 시인들이 인간 존재의 비참함에 대해 전형적인 묘사를 한 것을 볼 때 다소 놀라운 것이다. 그러나 디너는 인간에게 "긍정적인 감정"을 주는 유전적인 근거가 있다는 가설을 세웠는데, 즉 기본적으로 우리는 행복하게 느끼도록 프로그램화되어 있고 심지어 불구가 되는 끔찍한 사건들도 종종 아주 일시적으로만 행복을 망쳐 놓는다는 것이다. 쾌락 적응의 원칙 때문에 우리는 빠르게 행복의 '설정 수준'으로 다시 되돌아갈 수 있다.

③ ▶ SWB를 연구한 디너 박사는 인간은 기본적으로 행복하게 느끼도록 프로그램화되어 있고 끔찍한 사건에도 일시적으로만 영향을 받는다는 가설을 세웠다. 따라서 행복과 관련된 쾌락 적응은 행복을 잃더라도 빠르게 회복될 수 있게 할 것이므로 빈칸에는 ③이 적절하다.

aka ~라고도 알려진(= also known as)
empirically ad. 경험적으로; 경험에 기인하여
contribution n. 공헌, 기여
replicate v. 반복하다; 재생[재현]하다
quadriplegic n. 사지 마비 환자
paralyze v. 마비시키다
hedonic a. 쾌락의, 향락적인
revert v. 돌아가다, 되돌아가다

15

태즈메이니아는 뚜렷한 사계절을 가지고 있는데 가장 따뜻한 달들은 12월부터 3월까지이다. 여름의 하루 평균 최고 기온은 섭씨 17도에서 23도 사이이고, 겨울철의 평균 기온은 섭씨 3도에서 11도이다. 강우량은 섬 전체에 걸쳐 극단적일 만큼 다양하다. 평균 강우량이 626밀리미터에 불과한 호바트는 호주에서 (애들레이드 다음으로) 두 번째로 건조한 주요 도시이다. 반면 서부해안 지대의 평균 강우량은 2,400밀리미터이다. 이 덕분에 이 지역에는 열대 우림이 우거져 있다. 태즈메이니아에 있는 어느 지역을 여행하든, 당신은 갑작스럽고 일시적인 기상악화에 대비해야 한다. 특히 부시워킹(관목, 잡목림, 가시덤불 등이 밀생해 있는 지역의 산길을 걷는 행위)을 하고 있을 때는 더 그렇다. 방수가 되는 겉옷을 포함해서 항상 여분의 따뜻한 옷가지를 챙겨야 한다.

1 ③ ▶ "평균 강우량이 626밀리미터에 불과한 호바트는 호주에서 (애들레이드 다음으로) 두 번째로 건조한 주요 도시이다. 반면 서부해안 지대의 평균 강우량은 2,400밀리미터로서 이 덕분에 이 지역에는 열대우림이 우거져 있다."라는 단서로부터 정답을 추론할 수 있다. ① 따르다, 순응하다 ② 경감하다 ④ 혼동하다

2 ② ▶ "방수가 되는 겉옷을 포함해서 항상 여분의 따뜻한 옷가지를 챙겨야 한다."라는 단서로부터 정답을 추론할 수 있다. ① 부분, 일부 ③ 완전; 전부, 전체 ④ 개선, 향상

distinct a. 뚜렷한, 확실한; 별개의
rainfall n. 강우량
vary v. 다양하다, 가지각색이다
dramatically ad. 극적으로
rainforest n. 열대 우림
thrive v. 잘 자라다, 무성하다
temporary a. 일시적인, 임시의
deterioration n. 악화
bushwalking n. <스포츠> 부시워킹
waterproof a. 방수의

16

중세 시대라는 용어로 역사학자들은 서로마제국의 멸망에서부터 이탈리아의 르네상스까지의 서유럽의 역사, 대략 기원후 400년에서 1400년까지를 지칭하려고 한다. 물론 5세기부터 15세기 사이에 살았던 유럽 사람들 가운데 자신들이 "중세 시대"에 살고 있다고 생각한 사람은 아무도 없었다. 이 용어 "중세 시대"는 15세기 르네상스 시절 이탈리아 지식인들이 그들이 그토록 숭상했던 고전고대(고대 그리스와 로마)의 작가 및 예술가들로부터 그들이 분리해낸 그 시대를 폄하하기 위해 처음 사용했다. 그러므로 본래 중세 시대라는 개념은 그 시대를 고전문명의 성취가 무지와 미신으로 인해 퇴색되어버린 문화적 낙후의 시대로 부정적으로 표현하는 것이었다. 그것이 15세기 엘리트들의 관점이었다.

1 ③ ▶ 르네상스 시대 지식인들이 자신들이 숭상하는 고전고대 시대에 비해 그 시기를 '부정적으로 표현'하기 위해 사용했으므로 '비방하다, 폄하하다'는 의미가 들어가는 것이 적절하다. ① 격리하다, 차단하다 ② 믿을 만함[진짜임]을 입증하다 ④ 별이 되게 하다; 찬양하다

2 ② ▶ 고전시대의 '성취'가 무지와 미신에 의해 '가려지다, 퇴색되다'는 의미가 들어가는 것이 적절하다. ① 찬미하다 ③ 눈부시게 빛나다, 빛을 발하다 ④ 강화하다

denote v. 의미하다, 나타내다
intellectual n. 지식인
antiquity n. 고대
frame v. (특정한 방식으로) 표현하다
backwardness n. 낙후, 후진성

17

아담 스미스(Adam Smith)는 "가치라는 말은 두 가지 상이한 의미를 가지고 있으며, 어느 때에는 어떤 특정물의 효용을 표현하고 또 어느 때는 그 특정물의 소유가 뜻하는 다른 상품에 대한 구매력을 표현한다."라고 보았다. 전자는 '사용상의 가치', 후자는 '교환상의 가치'라고 불릴 수 있을 것이다. "사용상의 가치가 가장 큰 물품이 때로는 교환상의 가치가 거의 또는 전혀 없는 때가 있으며, 이와 반대로 교환상의 가치가 가장 큰 물품이 사용상의 가치는 거의 또는 전혀 없는 때가 있다."라고 그는 계속하여 설명한다. 물과 공기는 대단히 유용하다. 그것들은 실제로 인간의 생존에 필수불가결한 것이긴 하지만, 보통의 상황에서 그것들을 교환하여 아무 것도 취할 수 없다. 이와 반대로 금은 공기나 물에 비하면 거의 무용한 것이지만, 대량의 다른 상품과 교환될 것이다.

1 ④ ▶ water and air는 사용상의 가치가 큰 물품으로 소개되었다. 세미콜론 앞에서 대단히 유용하다고 했으므로 인간의 생존에 반드시 필요한 것이라고 볼 수 있다. ① 풍부한 ② 도처에 있는 ③ 부족한 ⑤ 보통의

2 ③ ▶ 마지막 문장에 gold는 교환상의 가치가 큰 물건의 예이다. 사용상의 가치는 크지 않지만, 대량의 다른 상품과 교환될 수 있다고 해야 하므로 빈칸에는 ③이 적절하다.

utility n. 유익; 효용
possession n. 소유; 입수
abundantly ad. 풍부하게; 매우, 아주
indispensable a. 불가결의, 없어서는 안 될
circumstance n. (보통 pl.) 상황, 환경

18

도널드 스튜어트(Donald Stuart)를 기술하기 위해 가장 자주 사용되는 말은 '복잡한'이라는 단어다. 분명한 것은 그의 가족, 가족들의 강한 사회주의적 정치성향과 인도주의적 믿음에다 본인 자신의 인생경험까지 모두 함께 어우러져 그의 성격이 복잡해졌다는 것이다. 도널드 스튜어트는 가볍게 보아 넘길 수 있는 그런 사람은 아니었다. 그에 대한 사람들의 평가는 다양했는데, 그가 쓴 글, 정치, 오스트레일리아 원주민의 주장을 옹호한 것에 대한 깊은 관심과 존중, 그리고 그의 관습에 얽매이지 않는 행동에 대한 애정 어린 수용이 있었는가 하면, 그의 비사회적인 음주습관과 노골적인 말투를 멸시하는 이야기들도 있었다. 오스트레일리아 서부지역 작가협회 멤버들, 그중 대개 젊은 사람들은 그에게 관용을 보여주었고, 문학행사가 끝나면 즐거운 마음으로 그를 거들어 차에 태워주었으며, 안전한 귀가에 걱정을 나타내곤 했다. 그런가 하면 그가 터무니없는 행동을 한다고 간주했던 사람들은 그런 행동을 겪으면서 짜증을 내기도 했다.

1 ④ ▶ "그에 대한 사람들의 평가는 다양했는데, 그가 쓴 글, 정치, 오스트레일리아 원주민의 주장을 옹호한 것에 대한 깊은 관심과 존중, 그리고 그의 관습에 얽매이지 않는 행동에 대한 애정 어린 수용이 있었는가 하면, 그의 비사회적인 음주습관과 노골적인 말투를 '멸시하는(dismissive)' 이야기들도 있었다."는 문장에서 빈칸 Ⓐ에는 '관심, 존중, 애정 어린 수용'과 반대 의미를 지닌 부정적인 의미의 표현이 나와야 한다. ① 절충적인 ② 고요한, 평온한 ③ 우연한

2 ① ▶ "그가 '터무니없는(outrageous)' 행동을 한다고 간주했던 사람들은 그런 행동을 겪으면서 '짜증(annoyance)'을 내기도 했다."는 진술과, "그의 비사회적인 음주습관과 노골적인 말투를 멸시하는 이야기들도 있었다."는 진술을 종합해보면, 빈칸에는 '터무니없는, 지나친(outrageous)'의 의미를 갖는 부정적인 표현이 가장 적절하다. ② 마음이 맞는 ③ 소송[논쟁]하기 좋아하는 ④ 독창적인

overlook v. 간과하다
affectionate a. 애정 어린
unconventional a. 관습에 얽매이지 않는, 독특한
championship n. 옹호, 지지
Aboriginal a. 오스트레일리아 원주민의
unsociable a. 비사회적인
outspokenness n. 거리낌 없음, 노골적으로 말함
annoyance n. 짜증, 약이 오름
suffer v. 겪다

19

주관주의에 따르면 삶의 의미는 각자의 가변적인 정신 상태에 따라 사람마다 다르다. 흔히 볼 수 있는 예로서는, 자신이 강력히 원하는 것을 더 많이 얻을수록, 높은 순위를 가진 목표를 더 많이 달성할수록, 자신이 정말 중요하다고 믿는 것을 더 많이 할수록 자신의 삶이 더 의미 있다는 견해들이다. 주관주의는 실용주의, 실증주의, 실존주의, 비인지주의, 흄주의 등이 상당히 영향을 미친 20세기 대부분 동안 지배적이었다. 그러나, 20세기의 마지막 25년 동안, "성찰적 균형"이 널리 받아들여진 논쟁적 절차가 되었고, 이에 따라 보편적인 수용을 강요하지 않는 덜 논쟁적인 규범적 주장을 수반하고 설명함으로써 보다 논쟁적인 규범적 주장이 정당화된다. 그러한 방법은 객관적인 가치의 존재를 방어하기 위해 사용되어 왔으며, 그 결과 의미에 대한 주관주의는 그 지배력을 상실하게 되었다.

1 ② ▶ 주관주의는 '사람마다 다르다'고 했으므로, 사람마다 그리고 사람의 정신 상태에 따라 '다른' 즉, '가변적인' 것이라고 추론할 수 있다. ① 신중한 ③ 뻔뻔한 ④ 칭얼대는

2 ③ ▶ '규범적 주장이 정당화된다'는 것은 전술한 '주관주의의 지배'와는 다른 상황에 해당한다. 따라서 Ⓑ에는 전환 또는 역접의 연결어가 들어가는 것이 적절하다. '객관적 가치의 존재가 방어'되었다면 그 결과 주관주의는 약화될 것이다. 따라서 Ⓒ에는 '그 결과'에 해당하는 표현이 들어가는 것이 적절하다. ① 그럼에도 불구하고 — 게다가 ② 게다가, 더욱이 — 예를 들면 ④ 그러므로 — 그런데

variable a. 가변적인
pragmatism n. 실용주의
positivism n. 실증주의
existentialism n. 실존주의
noncognitivism n. 비인지주의
Humeanism n. 흄주의
reflective a. 사색적인
equilibrium n. 균형
argumentative a. 논쟁적인
by virtue of ~의 힘으로, ~덕분에
entail v. 수반하다
normative a. 규범적인

20

전통 논리학과 형이상학도 인간의 수수께끼를 이해하고 해결하는 데는 더 나은 입장에 있지 않다. 이성적인 사고와 논리적이고 형이상학적인 사고는 모순이 없고 일관된 성격과 진리를 가진 대상들만을 이해할 수 있다. 그러나 우리가 인간에게서 결코 발견하지 못하는 것이 바로 이 (모순 없고 일관된) 동질성이다. 철학자는 인조인간을 구성하도록 허용되어 있지 않다. 그는 진짜 인간을 설명해야 한다. 소위 인간에 대한 모든 정의들은 우리의 인간 경험에 기초해 있지 않고 그 경험에 의해 확증되지 않는 한 공허한 추측에 불과하다. 인간을 아는 데는 그의 삶과 행동을 이해하는 것 이외에 달리 방법이 없다. 그러나 여기서 우리가 (인간에 대해) 발견하는 것은 아무리 단 하나의 간단한 공식 안에 포함시키려 해도 포함되지 않는다. 모순은 다름 아닌 인간 존재의 요소다. 인간은 "본성"이 없고 단순하거나 동질적인 존재가 아니다. 그는 존재와 비존재의 이상한 혼합이다. 그는 정반대의 이 두 극단 사이에 있다.

1 ④ ▶ 앞 문장의 '진짜 인간'은 우리가 실생활에서 경험하는 인간이고 인간을 그런 경험에 기초해 정의하지 않는다면 인간에 대한 알맹이 없는 공허한 추측이 되어버릴 것이므로 Ⓑ에는 hazy(모호한)나 lax(느슨한)나 airy(공허한)가 적절하고, 인간의 삶과 행동을 이해하는 것을 통해 발견하게 되는 인간의 모습은 모순되고 일관성 없는 다양하여 간단히 공식화하기 어려울 것이므로 Ⓒ에는 eludes(피하다)나 resists(저항하다)나 defies(허용하지 않다)가 적절하며, Ⓓ에는 Discrepancy(불일치)나 Contradiction(모순)이 적절하다. ① 엄격한 — 피하다 — 불쾌감 ② 모호한 — 저항하다 — 변천, 부침 ③ 느슨한 — 부추기다 — 불일치

2 ③ ▶ 이 글은 인간은 어떤 존재인가라는 인간에 대한 정의를 다룬 글인데 Ⓐ 다음 문장에서 논리적이고 형이상학적 사고는 인간을 정의하는 것과 달리 모순이 없고 일관된 성격과 진리를 가진 대상들만을 이해할 수 있다고 했으므로 Ⓐ에는 ③이 적절하다. ① 논리학인 것과 형이상학인 것을 명쾌하게 구분하기란 사실상 불가능하다. ② 형이상학은 세계에 대한 인간의 인식과 연관된 논리가 아니라 인간 조건의 의미에 기초한 논리를 사용한다. ④ 그 어떤 논리학이나 형이상학 이론도 인간 본성에 대한 어떤 근본적인 가정들을 반드시 포함하고 있다.

rational a. 이성적인, 합리적인
metaphysical a. 형이상학적인
comprehend v. 이해하다
contradiction n. 모순
consistent a. 일관성 있는
homogeneity n. 동질성
artificial a. 인공의, 인조의
airy a. 공허한, 허황된, 덧없는
speculation n. 추측
defy v. 도전하다, 저항하다
homogeneous a. 동종의, 동질의